Beltz Taschenbuch 901

Über die Autoren:

Dr. sc. hum. Matthias Ochs, Dipl.-Psych., geb. 1968, ist psychologischer Psychotherapeut und systemischer Familientherapeut (HSI/SG). Er arbeitet in einem Krankenhaus, wo er Kinder und Jugendliche mit onkologischen, psychosomatischen und chronischen Erkrankungen sowie deren Familien psychotherapeutisch betreut. Außerdem ist er als Familien-, Paar- und Einzelpsychotherapeut in einer Ehe-, Familien- und Lebensberatungsstelle, als Lehrbeauftragter am Universitätsklinikum Heidelberg und als Dozent und Supervisor in der Kinder-, Jugend- und Familienhilfe tätig. Er ist Autor zahlreicher Fachpublikationen zum Thema »Familientherapie« – und Vater eines Sohnes.

Rainer Orban, Dipl.-Psych., geb. 1967, Vater von zwei Kindern, ist Diplom-Psychologe und systemischer Familientherapeut (IGST). Er ist Leiter einer Kinder-, Jugend- und Familienhilfeeinrichtung in Sulingen, 50 km südlich von Bremen. Hier und als Dozent von Fortbildungen beschäftigt er sich seit Jahren damit, wie Familien geholfen werden kann, die Herausforderungen unserer Zeit adäquat zu bewältigen.

Matthias Ochs, Rainer Orban

Familie und Beruf

»Work-Life-Balance« für Väter

Das Werk und seine Teile sind urheberrechtlich geschützt. Jede Nutzung in anderen als den gesetzlich zugelassenen Fällen bedarf der vorherigen schriftlichen Einwilligung des Verlages. Hinweis zu § 52a UrhG: Weder das Werk noch seine Teile dürfen ohne eine solche Einwilligung eingescannt und in ein Netzwerk eingestellt werden. Dies gilt auch für Intranets von Schulen und sonstigen Bildungseinrichtungen.

www.beltz.de

Beltz Taschenbuch 901

© 2007 Beltz Verlag, Weinheim und Basel
Umschlaggestaltung: glas ag, Seeheim-Jugenheim
Umschlagillustration: getty/Image Source, Deutschland
Satz: WMTP GmbH, Birkenau
Druck und Bindung: Druck Partner Rübelmann, Hemsbach
Printed in Germany

ISBN 978-3-407-22901-4

Inhaltsverzeichnis

Einleitung 9

Kapitel 1: Flexibilität und Ökonomie sind Trumpf?! 21

Kapitel 2: Living simply: Entkomplizieren Sie Ihr Leben! .. 35
Vom Scheitern der Männer 35
Was machen erfolgreiche Männer beim Zusammenspiel von
Job und Familie anders? 38
Einige »Basics« fürs »Living simply« 38
Entrümpeln und »entmüllen«: Das kleine Einmaleins der
Living-simply-Strategie 41
Was bedeutet »Living simply« für die bessere Vereinbarkeit
von Job und Familie? 43
Simplify-Ideen für das gelingende Navigieren zwischen Arbeit
und Familie 43
Simply Living und Lebenskunst 49

Kapitel 3: Wertschätzen Sie (Familien-)Zeit! 52
Zeit mit der Familie: Die beste Stärkung des familiären
Immunsystems – und Ihres eigenen als Mann! 53
Das kleine Einmaleins, wie Sie Zeit mit Ihrer Familie
schaffen 54
Die Küche ist keine To-go-Pizzeria: Die Power gemeinsamer
Mahlzeiten 56
Tipps für Familienmahlzeiten: Verbundenheit, Kommunikation und Spaß miteinander fördern 60
Der »Familien-Hängematten-Tag«: Unverplante Zeit mit der
Familie verbringen 64
Einige »Regeln« für die Familien-Hängematten-Zeit 66
Entspannt die Ver(sch)wendung von Zeit wahrnehmen 72
Counting out Time: Wie verwende ich meine Zeit 73

Kapitel 4: Get organized: Organisieren Sie sich zu Hause! .. 76
Get organized at home: Einige nützliche Utensilien aus der
Haushalts-Werkzeugkiste 78
Das kleine Einmaleins des Haushaltsmanagements 78
Tipps für Haushaltsführung und Pläne 81
Haushaltsmanagement für Kinder – vom Papa abgeguckt! ... 87

Kapitel 5: Work at Work: Nutzen Sie die Arbeitzeit zum Arbeiten! 90
Tipps, um Burn-out zu vermeiden 91
Back to the Roots: Klassische Arbeitsmanagement-Methoden 93
All those To-do lists: Die große Kunst mit To-do-Listen zu arbeiten.. 103

Kapitel 6: You can get Satisfaction: Steigern Sie Ihre Arbeitszufriedenheit! 109
Setzen Sie Prioritäten, die Sie darin unterstützen, befriedigend zu arbeiten 109
Eine weit verbreitete Krankheit: »Morbus Aufschieberitis« ... 110
Entwickeln Sie realistische Erwartungen bezüglich Ihrer Leistungsfähigkeit 112
Fehlendes emotionales Involviertsein in die Arbeit 112
Finden Sie ein für sich befriedigendes Level für Multitasking 115
Nutzen Sie den technologischen Fortschritt für sich......... 115
Unterziehen Sie sich regelmäßig einem Selbst-TÜV 116
Machen Sie sich Ihre eigenen impliziten Annahmen und diejenigen Ihrer Arbeitsstelle über Arbeit bewusst 117
Finden Sie Möglichkeiten, eigene Ideen im Job einzubringen und Ihren Arbeitsplatz (mit)zugestalten 118
Halten Sie Ausschau nach dem Sinn und der Bedeutung in Ihrer Arbeit, suchen Sie sich Unterstützung 120
Flexibilität am Arbeitsplatz: Das Allerbeste, um Vereinbarkeit von Job und Familie gut zu organisieren................ 124

Kapitel 7: Entwickeln Sie Übergangsrituale! 127
Übergang Familie–Arbeit 127
Übergang von der Arbeit zur Familie 131

Kapitel 8: Optimieren und genießen Sie gute Zeiten zu Hause! 136
Entspannung und Co. 137
Move yourself – Ausgleich durch Bewegung 143

Kapitel 9: Genießen Sie Ihre Familie! 145
Die »Leichtigkeit des Seins« leben. 145
Familiäre Verbundenheit zu leben stärkt Sie als Mann! 146
Seien Sie Unternehmer, unternehmen Sie etwas mit Ihrer Familie!. 147
Lachen Sie mit Ihrer Familie. 153

Kapitel 10: Leben Sie Gleichberechtigung: Bleiben Sie im Dialog mit Ihrer Partnerin 154
Das Abenteuer Gleichberechtigung 156
Das Paar-Immunsystem 157
»Buchhaltung« in Paarbeziehungen 159
Wenn Paare Eltern werden 160
Clocks, Calenders and Couples – das Thema »(keine) Zeit« in Paarbeziehungen 161
Welchem »Zeitmythos« hängen Sie an? 162
Happiness is easy?!: Zum Gelingen von Gleichberechtigung in Partnerschaften 166

Kapitel 11: Schaffen Sie soziale Netzwerke! 169
»Medikament« und Entlastung. 169
Starke Familien verfügen über starke soziale Netzwerke 170
Soziale Netzwerke entstehen nicht wie von Zauberhand 172
Wie man als Mann soziale Netzwerke für sich und seine Familie schafft 176
Finden Sie gute Erzieher 178

Kapitel 12: Treffen Sie Entscheidungen (pro)aktiv......... 181
Der Sprit für Entscheidungsprozesse: Proaktivität 181
Listen to your Heart: Und was ist mit den Gefühlen bei
Entscheidungen ...?!................................. 183
Rückschläge und innere Kämpfe nach getroffenen
Entscheidungen: Ganz normal......................... 185
Wie Sie gute Entscheidungen treffen 186

**Kapitel 13: Do it your Way: Mut zur eigenen Vision
(als Mann)!**... 192
Lebensvisionen und Leitbilder – auch jenseits von Familie
und Partnerschaft 192
Sich selbst auf die Schliche kommen: Die Methode der
progressiven Abstraktion 198
Sonic Youth oder die Power jugendlicher Visionen 200

Epilog.. 204
Literaturverzeichnis.................................... 206
Bildnachweis 214
Kontakt 215

Einleitung

»Zwei Dinge braucht der Mensch zum Glück:
Arbeit und Liebe.«
Sigmund Freud

Wenn wir in den letzten Monaten gefragt wurden, was wir denn gerade so machen, und erzählten, dass wir ein Buch schreiben, wie Männer Arbeit und Familie besser unter einen Hut bringen, rief dies unterschiedliche Reaktionen hervor. Die Männer zeigten zunächst meist vorsichtiges, aber dann plötzlich intensives Interesse. Die Frauen reagierten entweder mit einem spontanen »Ja, das ist ja Klasse, das schenke ich meinem Mann …, damit er endlich mehr Zeit für mich und die Kinder hat« oder, was häufiger vorkam, mit einem belustigten »Ha, wo haben die Männer denn da ein Problem, – der Familienstress bleibt doch an uns Frauen hängen«.

Fakt ist: Wissenschaftliche Untersuchungen zeigen, dass der Stress, der daraus entsteht, Arbeit und Familie miteinander zu vereinbaren, bei Männern systematisch unterschätzt wird: Dieser Stress wird *generell* für Frauen *zwei- bis viermal höher* eingeschätzt als für Männer. Wenn arbeitende Frauen und Männer aber nach *ihrem eigenen Stress* diesbezüglich befragt werden, kommt bei der Großzahl der Untersuchungen heraus, dass Männer und Frauen diesen *ungefähr als gleich hoch* einschätzen.

Auch wenn zurzeit die Sensibilität für die Probleme von arbeitenden Vätern etwas wächst, so scheint das Denken darüber doch eher so zu sein, wie das die amerikanische Expertin für Familie und Arbeit, Rosalind Barnett, folgendermaßen treffend beschreibt: »Es wird gemeinhin angenommen, dass Männer in sich eingebaute Schleusentore haben, die die verschiedenen Bereiche ihres Lebens wasserdicht voneinander separieren. Wir glauben immer noch, dass Männer auf der Arbeit nicht auch vor ihren Computern sitzen und sich Sorgen um ihre Kinder machen könnten.«

Tatsache ist jedoch: Männer können eben genau dies doch – auch wenn sie darüber oft nicht viel reden (wie sie über vieles, was sie bewegt, nicht viel reden, was womöglich die Verbreitung der beschriebenen Sichtweise etwas erklärt …).

 Die Firma Levi Strauss & Co. wollte zum Beispiel im Jahre 1996 in einer groß angelegten Kundenbefragung von Männern unter anderem wissen, was für sie »Erfolg« bedeutet. 84 Prozent der befragten Männer antworteten darauf, ein guter Vater zu sein, und 76 Prozent, eine befriedigende Partnerschaft zu führen.

In einer aktuellen Studie der Kölner IGS Organisationsberatung GmbH wurden über 1.000 Männer zum Thema befragt: 77 Prozent der befragten Männer gaben an, dass ihre Familie positive oder sehr positive Auswirkungen auf ihre berufliche Leistung hat. In derselben Untersuchung kam zudem heraus, dass nahezu jeder zweite Mann schon einmal einen Karriereschritt zugunsten der Familie ausgeschlagen hatte.

Väter sind, genau wie Mütter, eben auch Eltern – und das wurde im Laufe der menschlichen Evolution auf ganz grundlegender biologischer Ebene verankert. Der amerikanische Kinderpsychologe Michael E. Lamb hat in schon älteren Experimenten aus den 70er-Jahren des letzten Jahrhunderts klar zeigen können, dass Männer *die gleichen* körperlichen Reaktionen auf schreiende oder entspannte Kinder zeigen wie Mütter – ganz egal, ob man den Blutdruck, die Herzrate oder die Hautleitfähigkeit misst. Warum sollten sie sich also auf ihrem Arbeitsplatz nicht genauso Sorgen machen, ob es dem kleinen Fratz im Kindergarten auch gut geht? Und die Forschung zeigt wieder: *Das tun sie auch!* (Dies wird unter anderem durch die Studien von Kirby Deater-Deckard und Kollegen aus den 90er-Jahren belegt.)

Das Bild der distanzierten Väter, die aufgrund ihrer geschlechtlich determinierten Grobklotzigkeit nicht so recht eine gefühlsmäßige Bindung zu ihrem Nachwuchs eingehen können, ist einer dieser viel erzählten (mitunter schwer zu ertragenden) Mythen.

Kein Wunder also, dass Probleme mit dem Vatersein sich stärker auf die Gesundheit von Männern niederschlagen als Probleme mit dem Job. »Tatsächlich stellte sich als stärkster Vorhersagefaktor dafür, ob Männer stressbezogene körperliche Symptome entwickeln, ihre subjektives Erleben als Elternteil und gerade nicht als Arbeitnehmer heraus«, wie Barnett in ihrem Buch »She works/He works« resümiert.

Bedeuten die erwähnten Zahlen von der Freude und biologischen Verankerung des Vaterseins, dass Männern die Lust an Beruf und Karriere vergangen ist? Mitnichten! Gerade Männer mit Kindern im Vorschul- und Grundschulalter lechzen regelrecht nach Herausforderung und Verantwortung im Job. Eine aktuelle Studie der Bundeszentrale für gesundheitliche Aufklärung mit dem Titel »Männer leben – Eine Studie zu Lebensläufen und Familienplanung« ermittelte, dass Familienväter sich besonders stark beruflich engagieren: Sie arbeiten zu 88 Prozent Vollzeit und 33 Prozent der Familienväter arbeiten sogar über 45 Stunden pro Woche. Das hat einerseits damit zu tun, dass Erfolg im Beruf für Männer natürlich weiterhin einen zentralen Stellenwert einnimmt. Anderseits hängt dies damit zusammen, dass in Deutschland 93 Prozent der berufstätigen Väter 36 Stunden und mehr in der Woche arbeiten; von den berufstätigen Müttern arbeiten so viel aber nur 23 Prozent. Das heißt: »Kohle ranzuschaffen« bleibt weiterhin meist die Aufgabe der Männer. Das ist rein wirtschaftlich betrachtet für die Familie insofern sinnvoll, da Männer immer noch durchschnittlich 30 Prozent mehr Geld verdienen als Frauen. Was aber ebenso hauptsächlich an den Männern kleben bleibt, das ist – in einem Klima der chronischen Angst um den Arbeitsplatz – der ständige finanzielle Druck, kontinuierlich das Konto gut füllen zu können: Ein (gut) gefülltes Konto wiederum ist in Deutschland durchaus hilfreich und notwendig, um sich wirklich mit Freude für Kinder zu entscheiden. Kinderbetreuungsplätze sind zum Beispiel trotz bestgemeinter familienpolitischer Initiativen des Bundesministeriums für Familien, Senioren, Frauen und Jugend (BMFSFJ) weiterhin nicht nur rar, sondern oft auch (viel zu) teuer.

Die durch die Ministerin von der Leyen losgetretene Diskussion um die Kinderbetreuung beweist: Deutschland hinkt an vielen Stellen der Entwicklung hinterher. Das nun ab 2007 gültige Elterngeld sollte zunächst nur dann die vollen 12 Monate (und eben nicht nur 10 Monate) ausgezahlt werden, wenn der andere

Elternteil die letzten zwei Monate die Betreuung übernimmt – also in der Regel der Vater. Ein Aufschrei ging durch die konservativen Reihen. Der Mann als aktiver Vater als der ultimative Beginn vom Ende des Abendlandes. Das teure und unsinnige Ergebnis: Ab 2007 also nun Elterngeld für 12 (+2) Monate (wenn die Partner sich abwechseln).

Kein Wunder also, dass sich zwei Jahre nach der Geburt des ersten Kindes *jeder dritte Vater ausgebrannt und niedergedrückt fühlt*. In der schon erwähnten Studie der Kölner IGS Organisationsberatung GmbH ergab sich außerdem: Über 90 Prozent kennen das Gefühl der Überforderung durch die Anforderungen, die an sie gerichtet werden. Wie eine große, vom Münchner Max-Planck-Institut für Psychiatrie Ende der 90er-Jahre durchgeführte Studie zum Auftreten von Depressionen zeigt, stellen Männer mit Anfang 30 eine große, von Ärzten scharenweise übersehene Depressions-Risikogruppe dar – vielleicht, weil nicht sein kann, was nicht sein darf: erschöpfte und depressive Männer, die von ihrer Lebensphase her eigentlich in Saft und Kraft stehen müssten.

 Bei unseren Paarberatungen erleben wir häufig Folgendes: Die Männer, die in Arbeit sind, rackern sich in der Regel ab. Die Frauen versuchen ebenfalls irgendwie, neben dem (in der Regel einzigen) Kind noch ein bisschen »Karriere zu machen« – was oft nicht sehr viel mehr bedeutet, als zumindest den Fuß noch ein wenig in der Tür ihres gelernten Jobs zu haben. Zudem wünschen sie sich, medial gut gefüttert, einen Partner, der alles ist: beruflich erfolgreich und gut verdienend, gleichzeitig ein liebender und Zeit habender Vater mit tollem Körper, beliebt im anregenden Freundes- und Familienkreis und ein einfühlsamer und aufregender Liebhaber. Dass dann das große Wehklagen ausbricht, ... wen wundert's?

Viele Väter wollen eine »möglichst ideale Kombination aus Vaterdasein und Berufstätigkeit«. So formuliert es der Münchner Familienforscher Fthenakis auf der Grundlage etlicher von ihm für das BMFSFJ durchgeführter Studien.

Männer wollen eben – genau wie Frauen! – beides: Erfolg als Vater und Ehemann *und* Erfolg im Beruf! Der Unterschied zu den berufstätigen Müttern bestehe jedoch darin, so Fthenakis in der Zeitschrift »Focus«, dass die Vereinbarkeit von Erziehung und Erwerbstätigkeit bei den Müttern endlos debattiert wird, das schlechte Gewissen und die schwierige Doppelrolle der Väter in der öffentlichen Wahrnehmung hingegen keine Rolle spielen.

Daher ist es uns ein Anliegen, aufzuzeigen, was Männer *konkret tun können*, um einen Weg aus der Misere zu finden. Zudem sind wir selbst gewissermaßen »betroffene« Väter. Das hat uns natürlich zusätzlich zum Verfassen dieses Ratgebers motiviert. Denn eines ist klar: Auch wenn die heutigen Rahmenbedingungen es schwer machen, Beruf und Familie gut zu verbinden – der Weg dahin ist letztlich »on the long run« lohnend. Und eine *Lebenskunst* dazu.

Im Zuge des gesellschafts- und familienpolitisch nicht hoch genug wertzuschätzenden Bemühens von Frauen, Kind, Kegel und Job unter einen Hut zu bringen, wurde das Konzept des *Balancings* entwickelt. Damit ist gemeint, die verschiedenen Bereiche des eigenen Lebens in ein Gleichgewicht zu bringen, das es ermöglicht, zufrieden und erfüllt zu leben.

So weit, so gut. Irgendwie gute Idee, keine Frage. Das Problem mit der Metapher von der Balance und vom Gleichgewicht ist nur, dass sie einige unglückliche Implikationen nach sich zieht. Denn es unterschlägt, dass bei einer Waage nicht beide Gewichte (Familie und Beruf) oben sein können: Entweder sind beide Seiten bei einem mittleren Wert im Gleichgewicht oder eine Seite der Waage ist höher als die andere.

Unserer Überzeugung nach gibt es jedoch keinen Grund, warum Männer nicht nach hohen Werten, *nach einem Optimum in diesen beiden Teilbereichen ihres Lebens streben sollten?!*

Wir plädieren daher dafür, statt des Begriffes des Balancierens den Begriff des *Navigierens* zu verwenden. Diesen Begriff kennen wir zum Beispiel aus der Seefahrt. Schiffe navigieren zwischen Kontinenten, vorbei an Klippen und Untiefen. Schiffe balancieren ihre Route nicht aus! Ähnlich sollten wir mit den »Kontinenten« Familie und Beruf verfahren – zwischen ihnen klug navigieren. Und beim Navigieren auch manchmal driften, uns entspannen.

In der systemischen Familientherapie wird der Begriff »Navigieren« verwendet, um zu beschreiben, wie lebende Systeme sich in ihrer Umwelt bewegen. Diese Vorstellung, dass wir uns navigierend (und nicht in einem ständigen Balanceakt austarierend und ausbalancierend – puh, wie anstrengend!) einen Weg suchen, der es uns ermöglicht, beide Bereiche unseres Lebens, »Familie« und »Beruf«, miteinander auf gelingende Weise zu verknüpfen, ist uns bei weitem näher und sympathischer!

Wir möchten Sie daher mit diesem Buch anregen, zu betrachten, wie es gelingen kann, *das eigene Schiff sicher und erfolgreich zwischen Beruf und Familie zu lenken.*

Uns ist es dabei ein Anliegen, Ihnen eine pointierte und zugleich differenzierte Sichtweise zu bieten. Der Münchner Professor für Familienpsychologie Klaus Schneewind hat 2004 ein Projekt mit dem Titel »Family Life and Professional Work« beendet. Aufgrund aktueller Studien, sowohl aus Europa als auch aus Amerika, schätzt er, dass *40–70 Prozent* der einer Erwerbstätigkeit nachgehenden Eltern die Vereinbarkeit von Beruf und Familie *als konflikthaft erleben oder schon einmal erlebt haben.*

Von den Forschungsdaten her ist es klar: Konflikte in der Vereinbarkeit von Beruf und Familie gehen mit Schwierigkeiten in diesen beiden Bereichen sowie mit Gesundheitsproblemen einher. So genannte Longitudinalstudien (das sind Untersuchungen, die Menschen über eine längere Zeitspanne beobachten) konnten zeigen, dass Probleme in der Vereinbarkeit von Job und Familie einen wesentlichen Faktor darstellen, der gesundheitliche Notlagen, teilweise schwer wiegende psychiatrische Erkrankungen wie Depressionen, Angststörungen oder Drogenabhängigkeit vorhersagt. So wurden etwa kürzlich die deutlich negativen gesundheitlichen Auswirkungen des Langstrecken-Berufspendelns (über 50 km pro einfache Strecke) von der Stuttgarter Forschungsstelle für Psychotherapie wissenschaftlich nachgewiesen.

Die Forschung hat also zunächst einen eher defizitorientierten Blick auf das Thema geworfen. Diese Sichtweise wollen wir in diesem Buch nicht in aller Ausführlichkeit darstellen.

Wir treten hier an, um Ihnen Mut zu machen, die Chancen, die in der dynamischen Verbindung von Familienleben und Job liegen können, zu erkennen und zu nutzen!

Wir möchten Sie dazu einladen, den Reichtum an Lebensqualität, der in einem gelingenden Navigieren liegen kann, in den Blick zu nehmen!

Lassen Sie uns daher nun aus einer komplementären und ermutigenden Perspektive auf die Thematik blicken: In der persönlichkeitspsychologischen Forschung wurde beispielsweise der Frage nachgegangen, welche Charaktereigenschaften bei Männern das Zusammenspiel zwischen Beruf und Familie günstig beeinflussen. In aktuellen Studien aus Skandinavien wurden dazu Antworten gegeben: ein *angenehmes, freundliches Wesen* und *Verantwortungsbewusstsein* sowie wenn Männer über *Resilienz* verfügen.

Resilienz ist ein komplexes psychologisches Konstrukt, das nicht so einfach zu definieren ist. Es existiert eine ganze Reihe an Definitionen, diese weichen teilweise jedoch deutlich voneinander ab. Man kann Resilienz ungefähr mit Widerstandsfähigkeit übersetzen – nicht die Widerstandsfähigkeit eines starren Astes, der im Sturm abbricht, *sondern eher die eines Schilfblattes, welches sich im Wind biegt.*

In unserem letzten Familien-Ratgeber haben wir familiäre Resilienz metaphorisch als *das seelische Immunsystem der Familie* beschrieben, das intakt und leistungsstark arbeitet. Wie das körperliche Immunsystem, so kann auch das seelische Immunsystem sich nur entwickeln und trainieren, *wenn es gefordert wird.* Das körperliche Immunsystem wird durch bakterielle und virale Infekte oder durch Entzündungen in Form gehalten, *das seelische Immunsystem durch Belastungen und Krisen.* Nicht umsonst wurde in der Stressforschung in den 60er-Jahren der Begriff des Eustresses, also des »guten« Stresses, entwickelt.

Das bedeutet: Ohne Belastungen und Krisen entwickelt sich auch kein starkes und kräftiges seelisches Immunsystem. Männliche Resilienz kann definiert werden als die Fähigkeit, als Mann aus Krisen, Konflikten und Stress, aber auch aus den täglichen Herausforderungen und Mühen gestärkt und ausgestattet mit neuen oder wiederbelebten alten Kräften hervorzugehen.

Genau davon handelt unser Buch: Wir werden Ihnen konkretes Handwerkszeug mit auf den Weg geben, wie Sie selbst Resilienz entwickeln können, um erfolgreich zwischen Job, Familie und eigenen Bedürfnissen/Wünschen zu navigieren – um an den Belastungen und dem (Eu)stress, der daraus resultiert, zu wachsen!

Viele der Ideen, die wir Ihnen vorstellen, sind nicht nur »auf unserem Mist« gewachsen. Denn persönliche und eigene berufliche Erfahrungen können nur ein Baustein (von mehreren) eines seriösen Ratgebers sein. Wir gründen und beziehen unsere Ideen außerdem auf *aktuelle wissenschaftliche Untersuchungen*, die sich mit dem Gelingen der Vereinbarkeit von Beruf und Familie beschäftigt haben. Vor allem folgende Studien haben es uns hierbei angetan:

- Die amerikanische Psychologieprofessorin Shelley A. Haddock und ihre Kolleginnen haben in einer Untersuchung, die im Jahr 2001 in der Fachzeitschrift »Journal of Marital and Family Therapy« erschien, 47 Doppelverdiener-Elternpaare aus der Mittelschicht befragt, die von sich sagen, dass sie Beruf und Familie gut vereinbaren. Sie wollte von diesen Paaren wissen, was ihnen denn genau dabei hilft und sie unterstützt, Job, Kinder und Ehe gut unter einen Hut zubringen. Haddock hat die Antworten der Elternpaare in zehn Kategorien gebündelt, die teilweise in die von uns postulierten Strategien eingeflossen sind. Diese Studie gefällt uns unter anderem deshalb so gut, weil wir das gewählte Forschungsvorgehen, nämlich *die Wege ins Glück*, anstelle der Routen ins Unglück zu untersuchen, für einen sehr viel versprechenden Ansatz – nicht nur bei Problemen bezüglich der Vereinbarkeit von Beruf und Familie – halten.
- Eine andere amerikanische Studie, die uns ebenfalls sehr anspricht, wurde unter der Leitung der Familienforscherin Ellen Galinsky durchgeführt. Sie interviewte 78 Eltern und (das ist das Besondere an dieser Untersuchung!) 93 Kinder zum Thema Vereinbarkeit von Beruf und Familie. Galinsky hat ähnlich wie Haddock die vielen Antworten leser- und benutzerfreundlich zu übergreifenderen Statements zusammengefasst. (Die Ergebnisse dieser Studie sind in dem Buch zu finden »Ask the children: the

breakthrough study that reveals how to succeed at work and parenting«(New York: Quill). Leider ist das Buch noch nicht auf Deutsch erschienen). Auch auf diese Forschungsergebnisse greifen wir zurück. Wer immer noch ernsthaft meint, dass Kinder grundsätzlich darunter leiden, dass beide Eltern arbeiten gehen, der wird hier differenziert und fundiert eines Besseren belehrt – und zwar von den Experten für diese Frage: den Kindern.

- Ein kleines, feines Büchlein darüber, wie man(n) Familienrituale, wie Mahlzeiten, Zubettgehzeiten oder einfach Zeiten des Nichtstuns mit viel Spaß und Kreativität in seiner Familie etablieren kann, ist »Putting Family First – Successful strategies for reclaiming family life in a hurry-up world« (New York: Owl Books) von dem amerikanischen Professor für Sozialwissenschaften William J. Doherty und der Lehrerin Barbara Z. Carlson. Auch auf Ideen dieses Buches (ebenfalls bisher nicht ins Deutsche übersetzt) haben wir teilweise zurückgegriffen beziehungsweise diese für die bundesdeutsche Familie adaptiert. Wer nicht glauben kann, dass regelmäßige Familienmahlzeiten wirklich Spaß machen und richtig guttun können, dem empfehlen wir wärmstens, einen Blick in dieses Buch werfen.
- Weitere Arbeiten und Untersuchungen, die uns beeinflusst haben, stammen etwa von dem New Yorker Psychologieprofessor Peter Fraenkel, der auch Direktor des »Center of Time, Work, and the Family« des New Yorker »Ackerman Institute for the Family« ist. Er hat in einem familienwissenschaftlichen Sammelband 2003 einen Grundlagenartikel zum Thema herausgebracht (mit dem Titel: »Contemporary Two-Parent Families: Navigating Work and Family Challenges«), in dem auch einige schöne praktische Ideen enthalten sind.
- Anregend für uns war außerdem die Lektüre des amerikanischen Buches »Working Fathers: New Strategies for Balancing Work and Family« (Reading: Addison-Wesley) von James A. Levine und Todd L. Pittinsky (gibt es leider auch nicht auf Deutsch), in dem systematisch die Problem- und Lösungsbereiche der Vereinbarkeit von Familie und Beruf für Männer ausgearbeitet werden.
- Und noch viele weitere Artikel und Bücher, die wir in der Einleitung nicht alle aufführen wollen, um Sie nicht zu langweilen. Au-

ßerdem gibt es dafür ja auch ein Literaturverzeichnis am Ende des Buches ...

Nach dem Auflisten der ganzen Forschung, auf die wir uns stützen, werden Sie nun vielleicht befürchten, es in der Folge mit einschläfernden Tabellen und endlosen Zahlenkolonnen zu tun zu bekommen. Doch: Keine Angst! Wir kommen beide aus der familienberaterischen Praxis, in der wir seit über zehn Jahren mit beiden Beinen recht fest auf dem Boden stehen. Überall haben wir es bei unserer Arbeit mit arbeitenden Vätern zu tun! Eine der Herausforderungen bei unseren therapeutischen und beraterischen Tätigkeiten war in den letzten Jahren, zu erkennen und zu verstehen, wie das Problem oder die Schwierigkeit, weswegen Paare und Familien unsere Hilfe aufsuchten, *unter anderem mit Fragen der Vereinbarkeit von Beruf und Familie der Väter zusammenhängt.*

Aus diesen Erfahrungen stammen unsere Fallbeispiele und eine Reihe der Ideen, die wir Ihnen vorstellen. Unser Konzept ist also eine Mischung aus fremden, adaptierten und eigenen Ideen.

Wir verstehen unsere Aufgabe darin, *Menschen zu ermutigen.* Wir wollen nicht die Dinge schönreden, die rosarote Brille aufsetzen – und tun dies auch nicht! Wir wollen Ihnen Mut machen! Es ist völlig klar und geradezu banal, dass vor allem Schwierigkeiten, Beruf und Familie gut unter einen Hut zu bringen, nicht im gesellschaftlich luftleeren Raum entstehen. Es sind dazu vor allem zwei sozialpolitische Aspekte deutlich zu benennen:

- Äußere oder innere betriebliche Barrieren, die flexible Arbeitszeiten und Teilzeit für Männer verhindern.
- Immer noch viel, viel zu wenig erschwingliche und qualitativ befriedigende Kinderbetreuungsangebote.

Doch diese hochrelevanten Aspekte können selbst wir mit einem Ratgeber, so größenwahnsinnig wir aufgrund unseres Optimismus womöglich erscheinen, nun einmal nicht verändern.

Wir haben während des Schreibens thematische Blöcke für einzelne Strategien gebildet. Diese Strategien bilden den Kern des Buches. Es sind Strategien dazu, wie die Vereinbarkeit von Beruf und

Familie für Männer gelingen kann. Sie können sich zunächst diejenigen Teile herauspicken, die Sie am meisten interessieren. Natürlich können Sie es auch chronologisch lesen, das ist aber nicht zwingend notwendig.

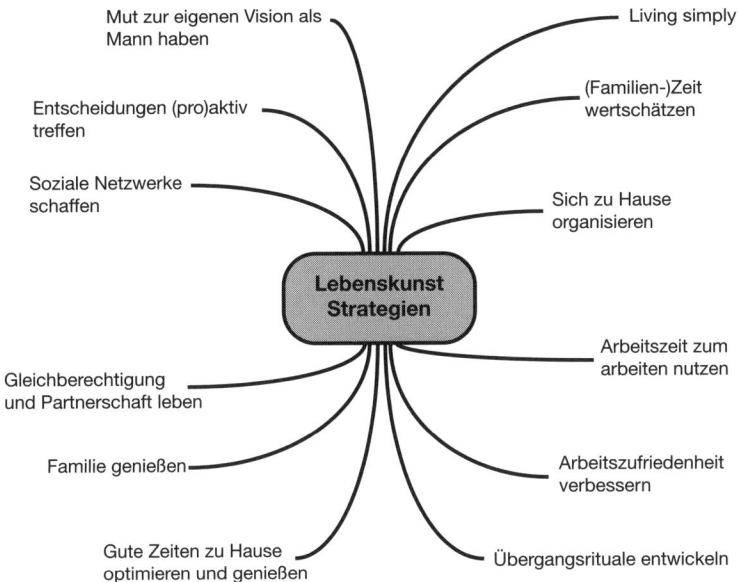

Wenn wir im Folgenden von »Familie« sprechen, so meinen wir damit nicht nur die Kleinfamilie oder biologische Erstelternehe. Wir meinen mit Familie in Anlehnung an einen Pionier der Familientherapie, Lyman C. Wynne, solche Beziehungen, die auf

- Bindung und Fürsorge,
- Kommunizieren,
- gemeinsames Problemlösen und
- Gegenseitigkeit beruhen,

unabhängig von der konkreten Familienstruktur als Patchworkfamilie, Ein-Eltern-Familie etc. Denn, wie die Chicagoer Familientherapeutin Froma Walsh treffend formuliert: »Family processes matter more than family form for effective functioning« (übersetzt heißt dies ungefähr: »Das konkrete Beziehungsgeschehen in Familien ist ausschlaggebender für deren gutes Funktionieren als die Familienform an sich«).

Damit Sie selbst aktiv werden können, finden Sie über das gesamte Buch verteilt Tipps, wie Sie die vorgestellten Strategien umsetzen können, sowie ab und an Beispiele zu den Tipps. *Übertragen Sie diese Tipps auf Ihre konkrete, einzigartige Berufs- und Familiensituation – die wir als Autoren natürlich nicht kennen können.*

Bedanken möchten wir uns bei Frau Dr. Sibylle Riffel fürs Redigieren und bei unserem Lektor Dr. Claus Koch, ohne dessen Glaube an dieses Buchprojekt der vorliegende Ratgeber wahrscheinlich nicht das Licht der Welt erblickt hätte, sowie an unsere weitere Lektorin Frau Ingeborg Sachsenmeier, die uns in der letztlichen redaktionellen Bearbeitung fantastisch unterstützt hat.

Außerdem ein großes Dankeschön an unsere Familien und Freunde, die uns wieder einmal (wie schon vor vier Jahren beim Verfassen unseres letzten Buches) nicht so stressfrei und häufig für sich hatten, wie sie es verdient hätten und dies der Fall gewesen wäre, wenn wir nicht dem Größenwahn verfallen wären, neben unseren ohnehin energie- und zeitaufwändigen »normalen« Jobs noch einen Ratgeber zu schreiben).

Wie die aufmerksame Leserin und der aufmerksame Leser sicherlich schon bemerkt haben, plädieren wir für die Verwendung des Begriffs »Navigieren« anstelle von »Balancieren«, um den Prozess des Vereinbarens von Beruf und Familie stimmiger und besser zu beschreiben. Dennoch kommt im Untertitel unseres Buches der Terminus »Balance« vor. Das hat weniger mit Gesinnungsakrobatik oder Ähnlichem zu tun, sondern vielmehr einfach damit, dass der Begriff des »Balancings« in der Diskussion um die Vereinbarkeit von Beruf und Familie sehr viel gebräuchlicher ist (und somit jeder weiß, was gemeint ist) als jener des »Navigierens«, – der sich erst noch durchsetzen muss.

Kapitel 1: Flexibilität und Ökonomie sind Trumpf?!

»In jedem Menschen liegt eine starke, bittere und widerstandsfähige Kraft, die ihm die Stärke gibt, die er braucht.«
Owe Wikström, Professor für Religionspsychologie

Ende der Achtziger- und Anfang der Neunzigerjahre gab es einen recht eindeutigen Trend: Männer zeigten sich bereit, für Familie und Privatleben beruflich kürzerzutreten. Seit etwa Mitte der Neunzigerjahre verkehrt laut DIW-Analysen sich dieser Trend in sein Gegenteil. Die Ursachen für die Umkehr des Trends seit Ende der Neunziger, dass Männer und vor allem Väter verstärkt ihren Fokus auf Beruf und Karriere richten, sind äußerst komplex und vielschichtig. Wir können diese sicher nicht voll erfassen, sehen darin auch nicht unsere Aufgabe. Klar scheint uns jedoch, dass eine so rasche und radikale Trendwende nur durch gravierende Veränderungen gesamtgesellschaftlichen Ausmaßes verstehbar ist.

Nicht zufällig geht sie nämlich zeitlich einher mit massiven Veränderungen unserer Wirtschafts- und Gesellschaftsordnung. In diese Jahre fallen das Ende des kurzfristigen westdeutschen Wirtschaftsbooms (der bedingt war durch die Wiedervereinigung der DDR mit dem Bundesgebiet), der Beginn des »Siegeszugs« des Neoliberalismus und die fast vollständige Erfassung der deutschen Wirtschaft von der Globalisierung mit all ihren Folgen. Ebenfalls seit diesen Jahren sinken aufgrund hoher Arbeitslosigkeit und großzügiger Steuererleichterungen (um nicht zu sagen -geschenke) die Einnahmen der Staatskassen, sodass staatliche soziale Sicherungen aufgrund finanzieller Schwierigkeiten zunehmend in Frage gestellt werden. Diese Entwicklungen haben zwei sich gegenseitig verstärkende Wirkungen auf die Erwerbstätigen:

- die Sorge um das Fortbestehen des eigenen Arbeitsplatzes sowie
- die mittlerweile sehr berechtigte Sorge, dass Erwerbslosigkeit den vollständigen Sturz ins soziale Abseits bedeutet.

Um diesem sozialen Abstieg zu entkommen, ordnen viele Erwerbstätige fast alles ihrer Arbeit unter. So werden Beruf und Karriere zum dominierenden, bei nicht wenigen *zum absoluten Fixpunkt des Lebens*. Das Primat des Ökonomischen ergreift damit nicht nur die Vorstandsetage, *sondern jeden einzelnen Mitarbeiter*.

Problematisch ist dabei die *kurzfristige* Ausrichtung des ökonomischen Blickwinkels! Eine mittel- und langfristige Planung würde nämlich erkennen, dass die Mitarbeiter, die sich zum einen ihres Arbeitsplatzes sicher sein können, sich aber genauso auf dieser Stelle für das Unternehmen weiterentwickeln, mehr Wertschöpfung für das Unternehmen betreiben als verängstigte Mitarbeiter oder immer wieder neue, die noch angelernt werden müssen. Genauso gehört zu einer langfristig angelegten Unternehmenspolitik, *dass Arbeitnehmer Beruf und Familie vereinbaren können*.

Damit ist vor allem gemeint, dass Mitarbeitern, vor allem Vätern, die in Teilzeit gehen möchten, nicht Aufstiegschancen verwehrt bleiben oder gar der Fortbestand des Arbeitsplatzes in Frage gestellt wird. Wenig bekannt scheint Arbeitgebern zudem zu sein, dass auch die Konflikte, die aus den Schwierigkeiten für Männer, Beruf und Familie zu vereinbaren, entstehen, Kosten verursachen: Im »Handelsblatt« (03.06.2005) wird eine Studie erwähnt, die zeigt, *dass auch die Unternehmer diese Auswirkungen finanziell zu tragen haben*. Eine Studie der Prognos AG hat ans Licht gebracht, dass diese leicht mehrere 100.000 Euro betragen. Diese Studie ergab weiterhin, dass Investitionen in Familienfreundlichkeit betriebswirtschaftlich mit einer Rendite von 25 Prozent belohnt werden.

Auch wirkt sich Familienfreundlichkeit spürbar auf den Krankenstand von Mitarbeiterinnen und Mitarbeitern aus: Eine im April 2006 erschienene Studie des Forschungszentrums Familienbewusste Personalpolitik (FPP) der Universität Münster zeigte, dass sehr engagierte Unternehmen bezüglich Familienfreundlichkeit eine Fehlzeitenquote von nur 4,7 Prozent aufweisen konnten – bei Unternehmen ohne dieses deutliche Engagement in Familienfreundlichkeit lag diese Quote bei 7,6 Prozent.

Interview mit Marcus Schmitz

Marcus Schmitz, *Jahrgang 1969, ist Gesellschafter und Geschäftsführer der IGS Organisationsberatung GmbH, die Väter und Unternehmen bezüglich Vereinbarkeit von Beruf und Familie sowie Familienfreundlichkeit berät. Er ist verheiratet und Vater zweier Kinder im Vorschulalter. Für weitere Information siehe www.marcusschmitz.com.*

Ochs und Orban: Sie beraten Männer bei der Vereinbarkeit von Beruf und Familie: Was sind die häufigsten Probleme, mit denen Männer sich diesbezüglich an Sie wenden? Was raten Sie diesen Männern?

Marcus Schmitz: Ich berate Männer in allererster Linie im beruflichen Umfeld. Dies bedeutet, dass Unternehmen für die Männer Seminare veranstalten oder Coachings durchführen. Die in diesem Zusammenhang häufigsten Probleme sind Überforderung und das Gefühl, »einer Seite von Beruf und Familie« nicht gerecht zu werden. Dies ist meistens die Familie. Männer haben häufig ein schlechtes Gewissen, welches sich auf unerfüllte eigene Ansprüche, auf die der Kinder oder die der Partnerin bezieht.

Was rate ich diesen Männern? Einerseits kann man bei sich selbst ansetzen und *Klarheit darüber gewinnen, was einem wirklich wichtig ist.* Hierbei geht es nicht um eine Präferenz eines Lebensentwurfes, sondern darum, dass die Dinge, auf die man nicht verzichten möchte, auch gelebt werden – auf Kosten der anderen, weniger wichtigen Dinge. Das Zweite, was man raten kann, ist *Selbstbewusstsein.* Dies bezieht sich darauf, auch im beruflichen Umfeld sich gegen die gelebten Werte zu stellen. Wenn einem alle Kollegen prophezeien, dass die zwei Monate Elternzeit, die der Vater nimmt, das Ende der Karriere bedeuten, sie trotzdem zu nehmen (wenn es einem wichtig ist) und zu beweisen, dass es auch danach noch ein Fortkommen gibt. Viele Unterstützungen werden im beruflichen Alltag deshalb nicht umgesetzt, weil sie kulturell nicht erwünscht sind. Sie sind deshalb kulturell im Unternehmen unerwünscht, weil die Führungskräfte unsicher sind, wenn es um die Umsetzung geht. Fordert man allerdings Unterstützungen ein, liefert gleichzeitig dem Vorgesetzten Lösungsvorschläge für die Probleme, die ihm daraus entstehen, geht vieles, was man vorher nie für möglich gehalten hätte.

Ochs und Orban: Beraten Sie auch Firmen bei der Verbesserung der Vereinbarkeit von Beruf und Familie ihrer Mitarbeiter? Wie helfen Sie solchen Firmen?

Marcus Schmitz: Gerade die Firmen stehen im Fokus meiner Beratungstätigkeit. Dies vor allem deshalb, weil Familienfreundlichkeit kein »Luxusthema« ist, sondern vor dem Hintergrund der demografischen Entwicklung erforderlich ist, um zukünftig Fach- und Führungskräfte rekrutieren und an das Unternehmen binden zu können. Bei Unternehmen können unterschiedliche Angebote greifen. Einerseits sind dies die klassischen Instrumente wie flexible Arbeitszeit, Telearbeit, Teilzeitmöglichkeiten – auch für Männer – oder die betrieblich unterstützte Kinderbetreuung. Andererseits – und diesem kommt meines Erachtens noch eine wesentlich größere Bedeutung zu – sind die unmittelbare Führungskraft und die dadurch im Bereich existierende Kultur dafür entscheidend, ob die bestehenden Möglichkeiten genutzt werden.

Lassen Sie mich dies an einem Beispiel erläutern: Ein Unternehmen hat flexible Arbeitszeiten, und ein Vater kommt morgens um 10:00 Uhr, weil er sein Kind immer um 9:00 Uhr in den Kindergarten bringt. Er bleibt dafür abends lange im Büro. Wenn die Kollegen das Hereinkommen um 10:00 Uhr mit der Begrüßung »Mahlzeit!« quittieren, ist es kulturell im Bereich schwierig, die Möglichkeiten, die das Unternehmen bereitstellt, zu leben. Aus diesem Grunde lege ich in meiner Beratungstätigkeit großen Wert darauf, bei den Führungskräften anzusetzen und hier die Bedeutung des Themas »Vereinbarkeit« zu verdeutlichen und als betriebswirtschaftliche Notwendigkeit und nicht als »Sozialleistung des Unternehmens« zu positionieren. Dies kann unter anderem mit Hilfe von Seminarangeboten, Vorträgen oder der Integration in bestehende Weiterbildungsmaßnahmen für Führungskräfte erreicht werden.

Ochs und Orban: Was hilft Ihrer Erfahrung nach Männern bei der Vereinbarkeit von Beruf und Familie?

Marcus Schmitz: Das »Vereinbarkeitsproblem« wird sich hoffentlich entschärfen. Gänzlich lösen wird es sich durch Engagement der Unternehmen oder der öffentlichen Hand nicht. Insofern muss jeder bei sich anfangen. Dabei hilft die Erkenntnis, dass man schlicht und ergreifend nicht alles haben kann. Der beruflich erfolgreiche Vater, der in der Woche noch viel Zeit mit den Kindern verbringen kann, gleichzeitig noch sportlich ist und neben dem Vatersein als attraktiver Liebhaber durch das Leben geht, ist eher die absolute Ausnahme als die Regel. Im Zweifel wird auch er unter der Last der unterschiedlichen Anforderungen, die seine Firma, seine Kinder, seine Partnerin an ihn oder er selbst an sich richten, verzweifeln.

Neben sämtlichen Unterstützungsmöglichkeiten, die von außen die Vereinbarkeit vereinfachen können, ist vor allem die eigene Auseinandersetzung mit sich selbst gefragt. Was sind die Dinge, die mir wirklich wichtig sind? Welche Werte bestimmen mein Handeln? Was möchte ich im Alter von 40, 50 oder 70 Jahren erreicht haben? Was möchte ich, was meine Frau oder meine Kinder über mich sagen und denken?

Die Beantwortung dieser Fragen ist deshalb so wichtig, weil die hinter den Antworten liegenden Wertvorstellungen das eigene Verhalten steuern. Bedeuten mir Macht, Status, Einkommen etwas, dann fallen die Entscheidungen anders aus, als wenn mir Familie, Glück, Harmonie und Miteinander wichtig sind. Das eine ist nicht gut, das andere nicht schlecht. Allerdings muss sowohl bei mir selbst als auch mit der Partnerin das Wertegefüge klar sein. Nur auf diese Weise lässt sich der mit der Vereinbarkeit verbundene Konflikt entschärfen. Dies ist kein Patentrezept, allerdings unbedingte Voraussetzung, um bewusste Entscheidungen zu treffen. Stellen wir uns einen Vater vor, der seinen Traumjob im mittleren Osten angeboten bekommt. Je nachdem, wie sein Wertegefüge aussieht, wird er entscheiden. Wenn berufliche Erfüllung, Karriere, Risiko im Vordergrund stehen, wird die Entscheidung anders ausfallen, als wenn Sicherheit, Familie und örtliches Umfeld dominieren. Nur mit der Auseinandersetzung mit diesen in einem selbst liegenden Wertvorstellungen kann man zu bewussten Entscheidungen gelangen. Nur mit bewussten Entscheidungen kann man es sich selbst und anderen recht machen.

Ochs und Orban: Was hilft Ihnen, Beruf und Familie zu vereinbaren?

Marcus Schmitz: Diese Frage bekomme ich häufig gestellt. Um eines zu verdeutlichen: Ich bin den gleichen Konflikten ausgesetzt wie andere, da ich mich durchaus als beruflich engagiert bezeichnen möchte, verheiratet bin und zwei Kinder im Alter von zwei und vier Jahren habe. Allerdings hilft mir ein an den unterschiedlichen Anforderungen ausgerichtetes Umfeld bei der Vereinbarkeit. Ich habe zum Beispiel mein Büro im Haus, ich bin also auch zwischendurch für die Kinder greifbar, kann mir meine Arbeitszeit, wenn ich im Büro und nicht bei meinen Kunden bin, völlig frei einteilen und lebe meine Vorstellung, dass sich Beruf und Familie ergänzen und nicht widersprechen. Dies bedeutet, dass die Kinder viel über meinen Beruf mitbekommen und ich aufgrund meiner bearbeiteten Themen auch die Familie mit in meine berufliche Tätigkeit nehme.

Darüber hinaus arbeitet meine Frau mit in der Firma, ein Aspekt, der mich an vielen Fronten entlastet und mir das Familienleben vereinfacht. Dies auch dadurch, dass wir gegenseitig voneinander mitbekommen, was den anderen neben der Familie umtreibt und beschäftigt. So können wir unmittelbar an dem Berufsleben des anderen teilhaben.

Darüber hinaus nehme ich mir während des Jahres »Auszeiten«. Dies bedeutet, dass sich für mehrere Wochen die Wichtigkeit der beiden Bereiche »Beruf und Familie« verändert. Beruf wird viel weniger wichtig, die Familie wesentlich bedeutsamer. Ich bin in diesen Zeiten nicht auf Dienstreise, für meine Kinder greifbar, beruflich weit weniger eingespannt und habe keine Termine. Diese Zeit ist für mich sehr wichtig – und ich gehe davon aus, für meine Familie gilt dies ebenfalls.

Genauso, wie es notwendig ist, dass Unternehmen langfristig planen, ist es notwendig, *dass Männer und vor allem Väter langfristig planen.* Das Engagement in der Firma kann (muss heutzutage aber nicht) bedeuten, dass der Arbeitsplatz erhalten bleibt oder sogar Sprossen auf der Karriereleiter genommen werden. Die damit einhergehende zeitliche Vernachlässigung der Familie führt jedoch nicht selten zu Auflösungserscheinungen ebendieser: Scheidung und Trennung jedoch machen nicht einmal ökonomisch Sinn!

Tatsächlich ist die Entwicklung schon ein wenig grotesk: Junge Väter, das zeigen alle Studien, sind zunehmend bereit, partnerschaftlich im Haushalt zu agieren und sich aktiv und engagiert in die Kindererziehung einzubringen. Zugleich, und das ist eben die andere Seite der Wirklichkeit, arbeiten Väter mit kleinen Kindern im Durchschnitt eine Stunde länger als Männer gleichen Alters ohne Kinder.

Trotz all dieser Zahlen sind wir fest davon überzeugt, dass Sie (wenn Sie denn eine Familie haben) Ihre Priorität in der Regel auf die Familie legen sollten! Haben Sie weiter Spaß bei der Arbeit, seien Sie sich nur klar darüber, was für Sie *im Ernstfall* an erster Stelle kommt. Sollte es Ihnen gelingen, gute tragende familiäre Bindungen und Beziehungen zu haben, dann dürften Sie sich mit großer Sicherheit für die Familie entscheiden. Aber – und dies ist eine der Grundprämissen unseres Buches: Dies ist keine Entweder-oder-Angelegenheit, keine Frage von entweder Familie oder Beruf, sondern eine Frage des Sowohl-als-auch. Denn lohnen tut sich das gelingende Navigieren aus unserer Sicht immer.

Frauen haben es da womöglich (noch) leichter als wir Männer: In der FAZ vom Sonntag dem 18. Juli 2004 sagte die damalige Bundesministerin Renate Schmidt im Interview:»Lebensläufe kennen unterschiedliche Phasen. Auch Phasen, in denen man zum Beispiel in Besprechungen aufsteht, wie ich es oft getan habe, weil meine Tochter heulend angerufen hat, um zu erzählen, was für eine Katastrophe gerade wieder passiert ist. Da habe ich um halb vier gesagt: Meine Herren, wir setzen unsere Besprechung morgen früh fort. Ich werde zu Hause gebraucht. Und das ist akzeptiert worden ...«

Wo es für Frauen (in leitenden Positionen!, als Reinigungskraft macht man das wahrscheinlich nur einmal ...) also möglich, weil eher akzeptiert scheint, da geht es aus unserer Sicht für Männer darum, für eine solche Sicht- und Handlungsweise erst noch Akzeptanz herzustellen.

Wir möchten Sie dazu einladen, innerbetrieblich darauf hinzuwirken, flexible, auch in Ihrem Sinne sinnvolle Modelle zu schaffen, welche die Vereinbarkeit von Familie und Beruf erhöhen! Selbstbewusstsein ist hierbei gefordert, wie dies der Unternehmens- und Männerberater Marcus Schmitz im Interview (s. S. 23ff.) betont.

Der amerikanische Familienexperte James A. Levine beschreibt in seinem Bestseller »Working Fathers« welche Elemente konkret an Ihrem Arbeitsplatz die Vereinbarkeit von Job und Familie verbessern können. Das A und O väterfreundlicher Arbeitsplätze ist *die flexible Einteilung der Arbeitszeit*. Mit ihr steht und fällt Eltern- und Familienorientierung im Job. Flexible Arbeitszeiten für Väter bedeuten nicht, dass sie weniger oder schlechter arbeiten – dies ist möglicherweise die Angst von Arbeitgebern und Chefs (was allerdings keine einzige Studie, die wir kennen, ergeben hat!). Es heißt einfach, dass Männer (und natürlich auch Frauen) selbstbestimmter entscheiden können, wann und wo sie ihre Jobaufgaben erledigen. Es ist selbstverständlich, dass eine Flexibilisierung der Arbeitszeit nicht in allen Arbeitsbereichen möglich ist. Aber in vielen Betrieben, Firmen und Institutionen ist oft sehr viel mehr Arbeitszeitflexibilität machbar, *ohne dass die Qualität der Arbeit auch nur einen »Fitzel« leidet*. Im Gegenteil: Die Untersuchungen von James A. Levine zeigen, dass Männer, die ihre Jobzeitstrukturen so gestalten können, dass sie diese mit ihrem Familienleben stimmiger vereinbaren können, besser arbeiten.

Mit der Flexibilisierung der Arbeitszeit hängt ein weiteres Element väterfreundlicher Arbeitsplätze eng zusammen: nämlich die Leistung eines Mitarbeiters *anhand von konkretem Output und nicht aufgrund von schierer Anwesenheit am Arbeitsplatz* zu beurteilen. Dieses Element wird nach FWI-Untersuchungen bei der amerikanischen Computerfirma Hewlett-Packard besonders groß geschrieben. Ted Tucker, ein leitender Angestellter der Firma, hat jeden Freitag frei, um diesen Tag mit seinen Kindern zu verbringen. Er sagt: »Ich werde für die Ergebnisse, die ich erbringe, bezahlt und nicht dafür, *wann* ich sie erbringe.« Die Kontrolle über die Qualität

der Leistung der Mitarbeiter wird bei Hewlett-Packard über ein spezifisches Qualitätsmanagement-Instrument gewährleistet – *und eben nicht dadurch, dass Anwesenheit kontrolliert wird.*
Womit wir bei einem weiteren entscheidenden Punkt von Väterfreundlichkeit und Elternorientierung am Arbeitsplatz wären: *Vertrauen!* Ein vom Betriebsrat und der Geschäftsführung unterstütztes Bekenntnis zu Vaterfreundlichkeit und -orientierung kann nur dann funktionieren, wenn die Geschäftsführung und Leitung ihren Mitarbeitern tatsächlich vertraut – und vice versa die Mitarbeiter ihrer Geschäftsführung und Leitung vertrauen.

Für viele Männer, die wir kennen und die wir in unserer beraterischen Arbeit erleben, ist eine solche Strategie, nämlich innerbetrieblich auf Väterfreundlichkeit und -orientierung hinzuwirken, dennoch zunächst wohl vor allem zweierlei: heiße Luft und schwerer Stoff. Daran ändert auch nicht, dass eine der beiden Säulen, auf die der Bereich »Familie« der von der vorherigen Regierung ausgerufenen Agenda 2010 gründete, die Förderung der Vereinbarkeit von Beruf und Familie für Väter ist. Dies sieht die seit Herbst 2005 amtierende Große Koalition anscheinend ähnlich und setzt ebenso auf die zweite Säule, den Ausbau der Betreuungsmöglichkeiten für Kinder im Vorschulalter.

Um Familienfreundlichkeit in Unternehmen zu fördern, hat Familienministerien Ursula von der Leyen eine Kampagne gestartet: www.erfolgsfaktor-familie.de. Sie sagt dort: »Wer Geld einsetzt, um jungen Mitarbeiterinnen und Mitarbeitern den Wunsch nach einem erfüllten Berufsleben mit Kindern zu ermöglichen, der erhält dafür eine Gegenleistung, die in der Regel höher ist als die Investition.« Zudem werden dort zehn gute Gründe für Familienfreundlichkeit genannt, die Sie ausführlich auf der genannten Homepage nachlesen können.

Zehn gute Gründe für Familienfreundlichkeit

Familienfreundlichkeit lohnt sich,

- weil die große Mehrzahl einen qualifizierten Beruf und ein glückliches Familienleben verbinden will;
- weil mehr Kinder für die Gesellschaft mehr Wachstum und Wohlstand bedeuten;
- weil die deutsche Wirtschaft auf das Wissen von Männern und von Frauen als wichtigste Ressource angewiesen ist;
- weil zufriedene Eltern in Unternehmen besser, motivierter, produktiver und konzentrierter arbeiten;
- weil Mütter und Väter in der Familie wichtige organisatorische und soziale Fähigkeiten auch für den Beruf erwerben;
- weil durch Familienfreundlichkeit gute Arbeitskräfte für Unternehmen gewonnen und im Unternehmen gehalten werden können;
- weil Unternehmen durch familienfreundliche Maßnahmen Vorteile und Innovationen erreichen können;
- weil familienfreundliche Unternehmen als attraktiver und verantwortungsvoller Arbeitgeber wahrgenommen werden;
- weil Fortschritt auch auf den Impulsen der Nachwachsenden basiert;
- weil Kinder die beste Investition in die Zukunft sind – für alle.

Die Politik erweckt also den Anschein, als sei es ihr sehr ernst damit, Beruf und Familie besser als bisher miteinander verknüpfen zu wollen ... Die Praxis in Betrieben ist allerdings eine, die viele Männer gar nicht erst auf die Idee kommen lässt, es sei möglich, Familie und Beruf besser als bisher miteinander verbinden zu können.

 In einer Untersuchung Anfang 2006, die im Auftrag des Ministeriums für Arbeit, Soziales, Familie und Gesundheit des Landes Rheinland-Pfalz durchgeführt wurde, wurden 528 Führungskräfte und 358 Erwerbstätige befragt. 21 Experteninterviews wurden darüber hinaus mit Personalverantwortlichen geführt. Ziel der Untersuchung war die Erschließung der Entwicklungspotenziale und Zukunftschancen einer familienbewusst gestalteten Arbeitswelt. Die Studie kommt zu dem Schluss, dass einerseits dem Thema eine hohe Relevanz beigemessen wird. *Andererseits wird aber ebenfalls deutlich, dass die meisten Betriebe keine konkreten Maßnahmen ergreifen.*

Die Tatsache, dass eine Verbindung von Beruf und Familie vorteilhaft für beide Seiten, *für die Unternehmen wie für die Arbeitnehmer,* sein kann, ist noch nicht bei allen Unternehmern angekommen.

Gerade in Zeiten, in denen wir davon ausgehen müssen, dass die Wochenarbeitszeit wieder auf 40 oder mehr Stunden steigen wird, scheint diese Diskussion über mehr Teilzeitarbeit oder über flexiblere Arbeitszeitmodelle zum Vorteil der Vereinbarkeit von Familie und Beruf eine fast aussichtslose Veranstaltung. Sie wird wahrscheinlich erst wieder dann mit Erfolgsaussichten geführt werden können, wenn Arbeitgeber verstehen, dass flexiblere Arbeitszeiten nicht »nur« der Väter-(und Mütter-)Freundlichkeit dienen, sondern auch ökonomisch attraktiv sind: Denn wer zufriedener ist, arbeitet besser und effizienter!

Wir glauben, dass Sie womöglich besser daran tun, wenn Sie Ihre Energie darin investieren, die Ihnen bleibende Freizeit so gut wie möglich mit Ihrer Familie zu verbringen.

Interview mit Fritz B. Simon

Fritz B. Simon *ist Psychiater, Psychoanalytiker und systemischer Familientherapeut. Er ist Professor für Führung und Organisation am Institut für Familienunternehmen der Wirtschaftswissenschaftlichen Fakultät der Universität Witten/Herdecke. 2005 wählte ihn die Zeitschrift »Personalmagazin« zu einem der »40 führenden Köpfe im Personalwesen« (weitere Information zu seiner Person finden Sie unter www.fritz-simon.de).*

Ochs und Orban: Die Forderung in Betrieben nach mehr Familienorientierung und -freundlichkeit gerade auch für Väter auf der einen Seite und der Ruf nach längeren Arbeitszeiten auf der anderen Seite scheinen sich zu widersprechen: Wie sehen Sie dies aus der systemischen Metaperspektive?

Fritz Simon: Ich halte die Forderung nach längerer Arbeitszeit für kurzsichtig und für ein Symptom dafür, dass die betriebswirtschaftliche Perspektive gegenüber der volkswirtschaftlichen und politischen inzwischen die Dominanz gewonnen hat, was ich für fatal halte (um nicht zu sagen: für dumm).

Für den einzelnen Betrieb ist es sicher gut, wenn bei gleichbleibenden Löhnen die Arbeitszeit steigt, für Volkswirtschaft und Politik, die davon leben, dass die Binnennachfrage gut ist, gilt das nicht – und das holt dann die Betriebe, die ihre Waren ja nur im Ausnahmefall in die USA verkaufen können, wieder ein.

Was wir brauchen, ist meines Erachtens eine vollkommene Neubewertung von Arbeit. Es ist ja noch ein relativ junges Phänomen, menschheitsgeschichtlich gesehen, dass der Sinn des Lebens in Arbeit gesucht und gefunden wird. Das wird sicher nicht so bleiben können. Es gibt unendlich viele andere Aktivitäten, die unsere Kultur (jede Kultur) bestimmen, die sinnstiftend wirken können. Eine schulische Bildung, die allein auf die Vorbereitung für das Berufsleben setzt, greift zu kurz. Gefragt wird in Zukunft sein: Mußefähigkeit. Allgemeinbildung hat man früher dazu gesagt. Scheinbar zielloses Lernen, ästhetische Erziehung, viel Berührung mit Kunst. Förderung von Neugier jenseits des Verwertungszwanges.

Mein (systemisches?) Bild der Zukunft (und damit der Familie) zeigt eine Gesellschaft, in der es ein Grundeinkommen für jedermann gibt, und jeder die Chance hat, seine kreativen oder sonstigen Potenziale zu entfalten. Die grandiose Produktivitätssteigerung, die wir erlebt haben und erleben, sorgt dafür, dass nicht genug Arbeit übrig bleibt (wenn man mal Sklavenarbeiten wie Kloputzen disqualifiziert). Es werden immer noch genügend Leute produktive Arbeit leisten, aber sie werden dies aus Neugier oder Interesse oder weil sie reich werden oder über den Lebenserhalt hinaus konsumieren wollen, tun. So wird wahrscheinlich ein großes kreatives Potenzial freigesetzt, das seinerseits auch ökonomische Werte schafft. Eltern (auch die Väter) haben Zeit, sich ihren Kindern zu widmen, was sich wahrscheinlich nicht negativ auf deren Entwicklung auswirken dürfte.

Menschen, die arbeiten wollen, tun dies nach eigenem Ermessen und bis zu dem Alter, das ihnen vorschwebt. Also insgesamt werden die Menschen wohl länger arbeiten, was die Lebenszeit angeht (bis sie 70, 80, 100 Jahre alt sind), aber jeden Tag viel kürzer. Das dürfte der Qualität der Arbeit auch nicht schaden (kein Mensch kann acht Stunden am Tag maximale Leistungen erbringen …).

> Familienorientierung der Betriebe ist jetzt schon ein Wettbewerbsvorteil für die Unternehmen in der Konkurrenz um kompetente Mitarbeiter. Die meisten ernst zu nehmenden Menschen versuchen beides, Beruf und Familie, unter einen Hut zu bringen, das heißt, beidem gerecht zu werden. Es ist einfach nicht rational, sich für das eine oder das andere zu entscheiden. Daher ist es für jedes Unternehmen ökonomisch schlau, diesem Bedarf gerecht zu werden.
>
> **Ochs und Orban:** Sie beraten viele Unternehmen: Achten Sie als Familientherapeut bei der Beratung von Organisationen auf deren Familienfreundlichkeit (zum Beispiel Teilzeitmöglichkeiten für Männer, Flexibilisierung der Arbeitszeiten)?
>
> **Fritz Simon:** Nein, darauf achte ich nicht. Ich habe meist einen konkreten Auftrag, dessen Zieldefinition in der Regel Familienfreundlichkeit nicht umfasst, sondern das Unternehmen im engeren ökonomischen Sinne betrifft. Ausnahme sind Familienunternehmen, aber da geht es auch nicht um die Familien der Mitarbeiter, sondern der Eigentümer. Generell versuche ich, mir nicht selbst die Aufträge zu geben, sondern die der Kunden zu erfüllen.
>
> **Ochs und Orban:** Was würden Sie als Familientherapeut Männern empfehlen, die Probleme bei der Vereinbarkeit von Job und Familie haben?
>
> **Fritz Simon:** Sie sollen sich fragen, ob sie auf dem Sterbebett wirklich sagen werden: »Ich hätte mehr ins Büro gehen sollen!«
>
> **Ochs und Orban:** Was hilft Ihnen persönlich selbst, die Vereinbarkeit von einem »Hochleistungsjob« und Ihren Familienbelangen zu verbessern?
>
> **Fritz Simon:** Ich habe eine Familie, die sich ignorant gegenüber meinen beruflichen Belangen zeigt und sich für Karriere und ähnliche Dinge in geradezu unanständig demonstrativer Weise nicht interessiert. Das hält für mich den Konflikt zwischen beiden Bereichen am Kochen, sodass ich mich immer wieder neu mal für die eine, mal für die andere Seite entscheiden muss.

Große US-amerikanische Studien belegen: Kinder wünschen sich nicht in erster Linie mehr Zeit oder nur bessere Qualität in der Beziehung, sondern der erste Wunsch ist: *Väter (und Mütter) sollen nicht so angestrengt von der Arbeit nach Hause in die Familie kommen.* Ausgangspunkt dieser Studien war die Frage, ob es Kindern schadet, wenn ihre Mütter arbeiten, oder nicht. Also die ewige Entweder-oder-Debatte. Zahlreiche Studien über fast 30 Jahre zeigen nun, dass es keinen Einfluss auf die Kinder hat, ob Mütter arbeiten oder nicht. Es geht allein um die Frage, was wie mit den Kindern getan wird. Und es ist eben nicht so, wie auch wieder viele uns weismachen wollen, dass alleine die Qualität entscheidend sei. Kinder brauchen von ihren Eltern Zeit *und* gutes Miteinander.

Man kann dies auch so ausdrücken: Es benötigt *fokussierte Zeit* und *verfügbare Zeit* miteinander. *Fokussierte Zeit* meint dabei die Zeit, die wir wirklich mit unseren Kindern verbringen, ohne uns ablenken zu lassen von anderen Dingen, Job, Sport etc. *Verfügbare Zeit* meint die Zeit, die wir einfach da sind, wo Kinder wissen, dass sie, wenn sie uns brauchen, kommen können – also Zeit, in der wir potenziell verfügbar sind.

Um beides, verfügbare wie fokussierte Zeit, auch wirklich nutzbar zu machen, ist es wichtig, wie der Übergang von der Arbeit in die Familie gelingt (siehe Kapitel 7), oder noch besser, fragen Sie sich selbst:

- Wie sehr fordert und beansprucht mich meine Arbeit?
- Ist es mir möglich, meine Arbeit so zu gestalten, dass ich in relativ entspannter Stimmung nach Hause kommen kann?

Denn dies ist es ja, was die besagten Studien belegen: Kinder leiden nicht darunter, ob Eltern arbeiten oder nicht, sondern darunter, wie gestresst ihre Eltern sind. Bezogen auf Väter zeigt sich, dass arbeitende Väter von ihren Kindern durchweg besser eingeschätzt werden bei folgenden Aspekten:

- empfundene Unterstützung durch den Vater,
- Gefühl, vom Vater geliebt zu werden,
- Teilnahme des Vaters an wichtigen Dingen im Leben des Kindes.

Wie die Studien zeigen, haben Kinder überhaupt nichts dagegen, wenn ihre Väter ihren Job gerne tun. Sie wollen auch nicht mehr oder weniger Zeit mit ihnen verbringen: sondern sie wollen in der Zeit, die Väter mit ihnen verbringen, nicht unsichtbar bleiben. Sie wollen gesehen werden.

Zusammenfassung und abschließende Anmerkungen: Wir haben Ihnen in diesem Kapitel eine kurze Skizze über aus unserer Sicht aktuelle gesellschaftliche, wirtschaftliche und politische Entwicklungen gegeben.

Wir wollten Ihnen verdeutlichen, dass es zurzeit einige sehr widersprüchliche Entwicklungen gibt. Auf der einen Seite wird in Sonntagsreden und mitunter sogar in einzelnen Gesetzgebungen versucht, die gesellschaftliche Rolle von Familien und arbeitenden Eltern zu stärken. Auf der anderen Seite erleben wir alle in mehr oder weniger starkem Ausmaß die oft belastenden Folgen der Globalisierung mit immer weiteren betrieblichen Rationalisierungen, berufs- und familienpendelnder Mobilisierung, sozialer und psychischer Fragmentierung sowie Privatisierung von Lebensrisiken. Das bedeutet, das Leben wird so oder so nicht einfacher. Es wird auf den ersten Blick komplizierter. Was Sie dagegen tun können, das zeigen wir Ihnen in einem ersten Schritt im nächsten Kapitel.

Kapitel 2: Living simply: Entkomplizieren Sie Ihr Leben!

»Das Einfache zu verkomplizieren, das kann jeder; das Komplizierte zu vereinfachen, wunderbar zu vereinfachen, das ist Kreativität!«
Charles Mingus

Den Startschuss möchten wir mit einem für uns zentralen Punkt setzen: *der Vereinfachung der Alltags- und Lebensgestaltung!* Dieser Aspekt stellt gemeinsam mit der letzten Strategie »Entwickle eigene Visionen« den Rahmen des Buches dar. Hier beginnt und mit den »Visionen« schließt sich, wenn man so will, der Kreis des in diesem Buch vorgestellten lockeren Konzeptes.

Vom Scheitern der Männer ...

Lassen Sie uns anhand kurzer Fallbeispiele aus unserer familientherapeutischen Praxis deutlich machen, wie Männer es häufig schaffen, sich ein gutes Zusammenspiel von Job und Familie zu verunmöglichen:

- **Sie gehen einem zeitaufwändigen Hobby oder zeitintensiven Freizeitaktivitäten nach.**
  Der Fernseher als Zeitschlucker: Frau Storck kommt in die Paarberatung mit der Beschwerde, ihr Mann hänge fast jeden Abend vor der Glotze, und die wenigen Abende, wo er dies nicht tue, treffe er sich mit seinen Kumpels von der freiwilligen Feuerwehr.
  Der Computer als Zeitkiller: Frau Fliegel beklagt sich in der Paartherapie darüber, ihr Mann verschwinde häufig abends mit einer halben Flasche Wein vor seinem Flugsimulationsvideospiel und danach falle er kaputt ins Bett.
- **Sie lassen ihre Finanzen aus dem Ruder laufen.**
  Die erdrückende Abbezahlung des Hauses: Herr Ohlig erklärt, dass er sich gerne mehr um seinen schwer kranken Sohn kümmern

und ihn öfter im Krankenhaus besuchen würde. Dies sei aber nur schwer möglich, da er sich als Selbstständiger keinen Verdienstausfall leisten könne – vor allem, da die Familie durch die Kosten für die Abbezahlung und Instandhaltung des Hauses, das vor einigen Jahren angeschafft wurde, fast erdrückt würde.

Ein (zu) hohes Lebensniveau: Herr und Frau Priemer stöhnen in der Paartherapie über ihre monetären Belastungen: Sie sind in eine neue Wohnung gezogen, die vom Mietpreis her 200 Euro teurer ist als die vorherige. Zudem haben sie sich eine neue Einbauküche angeschafft, wofür ein Kredit aufgenommen werden musste. Der wöchentliche Eheabend, der zur Verbesserung der Beziehungsqualität eingeführt wurde, beschränke sich nur noch auf Spaziergänge, da Essengehen oder Ausflügemachen, was ihnen ansonsten viel Freude bereite, nicht mehr möglich sei, weil selbst für Benzin kein Geld mehr vorhanden sei.

Die (vermeintlich) sichere Rente: In einer Verbraucherzeitschrift wird berichtet, dass mehr als die Hälfte der Kunden, die eine Kapitallebensversicherung abgeschlossen haben, diese vor Ablauf kündigen – natürlich fast immer mit Riesenverlusten.

- **Sie stellen überzogene Erwartungen an sich, ihre Karriere oder ihre Familie.**

»Infinite Perfectibility« – unbegrenzter Perfektionismus: Der New Yorker Psychologieprofessor Peter Fraenkel beschreibt verschiedene Mythen, denen Eltern anhängen können und die ein entspanntes Navigieren zwischen Arbeit und Familie behindern. Einer dieser Mythen lautet: »Infinite Perfectibility«. Damit meint Fraenkel den Glauben daran,»dass man alles haben kann«: Beide Elternteile eine Superkarriere bei gleichzeitig hoher familiärer Beziehungsqualität; außerdem für die Kinder nur das Beste: die beste Musikschule, den besten Ballettkurs, den besten Kinderpsychologen der Stadt – und dies alles sei natürlich zu schaffen, mit dem richtigen Organizer und den perfekten Zeitmanagement-Tools.

- **Sie gehen aufgrund fehlender sinnvoller Zeitplanung im Chaos ihrer Aufgaben und Anforderungen unter.**

Predigen gegen die frühmorgendliche Sechs-Uhr-Predigt: Herr Baartz ist Pfarrer, und seine Frau beschwert sich in der Eheberatung darüber, dass ihr Mann die Angewohnheit habe, am Sonntag frühmorgens um sechs sich an den Computer zu setzen (der auch noch im gemeinsamen Schlafzimmer steht) und seine Predigten für den morgendlichen Sonntagsgottesdienst zu schreiben. Sie erzählt, dass alle Versuche ihres Mannes, diese Tätigkeit zu einem anderen Zeitpunkt durchzuführen, bisher aufgrund seiner fehlenden oder chaotischen Wochenplanung gescheitert seien. Auch wenn Herr Baartz eine Lanze für die Kreativität des Chaos brechen möchte, bestätigt er seine Frau.

Tipp 1: Vom Verkomplizieren zum Entkomplizieren!

Vielleicht sind Ihnen beim bisher Gelesenen selbst einige Ideen gekommen, wie und wo Sie dazu neigen, Ihr Leben zu verkomplizieren. Möglicherweise haben Sie Lust bekommen, daran etwas zu verändern. Schreiben Sie zwei Aspekte oder Bereiche in Ihrem Leben auf, in denen Sie Ihr Leben verkomplizieren (zum Beispiel morgendliches Aufstehen, Lebensmitteleinkäufe, Terminplanungen), und Lösungsideen, wie Sie diese entkomplizieren können. Probieren Sie verschiedene Lösungsideen aus: Diejenigen, die für Sie praktikabel sind, behalten Sie bei, die anderen verwerfen Sie einfach wieder.

Hier verkompliziere ich mein Leben	Lösungsideen
Beispiel	
Mehrmals in der Woche unter Zeitdruck Lebensmittel einkaufen	Eine Tafel in der Küche anbringen, um im Verlauf der Woche aufzuschreiben, was fehlt. Freitag (nach Sportstudio) im Biomarkt mit Liste einkaufen gehen (mit Sohn). Mit Partnerin Idee besprechen, sich vom Biomarkt regelmäßig frische Lebensmittel liefern zu lassen (Frage: Können wir uns das leisten?).

Was machen erfolgreiche Männer beim Zusammenspiel von Job und Familie anders?

In der bereits im Einführungskapitel kurz beschriebenen Untersuchung der Familienpsychologin Shelley Haddock gaben 38 der 47 befragten Doppelverdiener-Paare an, dass das bewusste Vereinfachen und Entkomplizieren des Lebens für sie sehr hilfreich gewesen sei, um Job und Familie gut unter einen Hut zu bringen. Hier einige Statements der Paare:

- »Wir erlauben uns nicht mehr als zwei regelmäßige Verpflichtungen oder Termine außer Haus in der Woche, egal, was es ist. Freitagabend ist ›Familienabend‹ und wir rücken von diesem Familienabend auch nicht ab.«
- »Bei uns läuft nur selten das Fernsehgerät. Denn wir haben das Gefühl, dass der Fernseher von gemeinsamer Familienzeit total abbringt. Es ist einfach schön, nach Hause zu kommen und ein bisschen zusammen Fahrrad zu fahren oder spazieren zu gehen.«
- »Wir benutzen keine Kreditkarten. Wir haben uns keine Extravaganzen zugelegt, die dir das Geld aus der Tasche ziehen ... sodass wir dann letztendlich Überstunden machen müssten, um die Rechnungen zu bezahlen.«
- »Wir haben keine schicken, teuren Autos, wo die Abbezahlung der Raten dich schier auffrisst.«
- »Wir sind keine fanatischen Saubermacher im Haushalt. Wir haben uns einfach dafür entschieden, dass ein blitzblankes Haus nicht das Wichtigste in unserem Leben ist.«

Einige »Basics« fürs »Living simply«

»Simplify your life« lautet der Titel des bekannten Bestsellers des Heidelberger Zeitmanagement-Experten Lothar Seiwert und des Münchner Pfarrers Werner Küstenmacher, der sich in den vergangenen Jahren wie warme Semmeln verkaufte. Die Grundphilosophie dieses Werkes trifft ins Schwarze: *Einfachheit selbst ist die Lösung,* »weniger ist mehr«.

Kapitel 2: Living simply: Entkomplizieren Sie Ihr Leben! **39**

Diese Erzeugung von Einfachheit kann alle möglichen Lebensbereiche betreffen. Die »Simplify your life«-Autoren schlagen eine »Vereinfachungs-Pyramide« hierzu vor:

Vereinfachungs-Pyramide: 7 Simplify-Stufen zur Vereinfachung

Stufe 7 – Vereinfachen Sie sich selbst:
Ent-decken Sie Ihr Lebensziel, Ent-wickeln Sie Ihre Stärken, Ent-lasten Sie Ihr Gewissen, Ent-rätseln Sie sich selbst.

Stufe 6 – Vereinfachen Sie Ihre Partnerschaft:
Ent-falten Sie Ihre Beziehung, Ent-dramatisieren Sie Ihre Gespräche, Ent-krampfen Sie das Verhältnis von Beruf und Privatleben, Entfesseln Sie Ihre sexuelle Energie, Ent-scheiden Sie heute gemeinsam über Ihr Leben im Alter.

Stufe 5 – Vereinfachen Sie Ihre Beziehungen:
Ent-inseln Sie sich durch Netzwerke, Ent-wirren Sie Ihre Familienbande, Ent-krampfen Sie Ihre Beerdigung, Ent-kräften Sie Ihre Neidgefühle, Ent-ärgern Sie sich.

Stufe 4 – Vereinfachen Sie Ihre Gesundheit:
Ent-locken Sie Ihrem Körper Glücksstoffe, Ent-zünden Sie Ihre Begeisterung, Ent-krampfen Sie das Thema Fitness, Ent-schlacken Sie Ihren Körper, Ent-spannen Sie sich optimal.

Stufe 3 – Vereinfachen Sie Ihre Zeit:
Ent-doppeln Sie Ihr Handeln, Ent-perfektionieren Sie Ihr Leben, Ent-lasten Sie sich durch konsequente »Neins«, Ent-schleunigen Sie Ihr Leben, Ent-fliehen Sie ab und zu.

Stufe 2 – Vereinfachen Sie Ihre Finanzen:
Ent-fernen Sie Ihre Geldblockaden, Ent-zaubern Sie das Thema Geld, Ent-schulden Sie sich, Ent-kommen Sie Ihrem Sicherheitsdenken, Ent-werfen Sie Ihre eigene Sicht von Reichtum.

Stufe 1 – Vereinfachen Sie Ihre Sachen:
Ent-wirren Sie Ihren Arbeitsplatz, Ent-stapeln Sie Ihr Büro, Ent-rümpeln Sie Ihre Umgebung, Ent-machten Sie die Vergesslichkeit

Hier drei von uns entwickelte Beispiele, die Sie in ähnlicher Form wahrscheinlich auch in den »Simplify your life«-Produkten (www.simplify.de) oder in anderen »Living simply«-Konzepten finden können:

Mut zum Papierkorb – und zu Souvenirs: Entrümpeln Sie Ihren Schreibtisch, Ihre Wohnung, Ihr Leben. Trennen Sie sich von Dingen, die Sie nicht brauchen. Dies ist einer der Kernpunkte der Simplify-Philosophie. Haben Sie einerseits Mut zum Papierkorb – und bewahren Sie andererseits ganz bewusst persönliche Erinnerungsstücke auf. Richten Sie zum Beispiel eine Kiste ein, in der Sie einen Gegenstand Ihres Kindes für jedes Lebensjahr aufbewahren. Alles andere (die Sammlung, die Sie inzwischen besitzen, von Steinen, die Ihr Kind Ihnen bei Spaziergängen in die Hand gedrückt hat, oder all die »Gemälde« ...) kann weg! Und: Überlassen Sie als selbstbewusster Mann solche Sachen nicht nur den Müttern ...

Vom weisen Umgang mit Fernseher, Radio, Internet ...: Der Zeitexperte Axel Schlote empfiehlt in seinem Buch »Du liebe Zeit!«: Nutzen Sie Medien bewusst. Machen Sie sich klar, wann und wie Sie welche Medien verwenden. Nehmen Sie sich eine Programmzeitschrift und streichen Sie nur die Fernseh- und Radiosendungen an, die Sie wirklich interessieren. Drücken Sie also nur dann auf den Einschaltknopf, wenn Sie ganz gezielt etwas hören oder sehen wollen. Wenn Sie so vorgehen, dann fungieren Sie zudem als ein wunderbares Lernmodell für Ihre Kinder. Denn Kinder richten sich tausendmal mehr nach dem aus, was Sie tun, als was Sie sagen.

Die lieben Finanzen: Egal, was für einen lebensanschaulichen Stellenwert Sie Geld zuweisen: Wenn die Finanzen entgleisen, die Schuldenlast und die laufenden Kosten Sie erdrücken oder zu geringe Einkünfte einen Lebensstil verhindern, mit dem Sie und Ihre Familie sich einigermaßen wohlfühlen können, dann müssen Sie aktiv werden. Deshalb:

- Verschaffen Sie sich einen guten Überblick über die finanziellen Ressourcen und Belastungen in Ihrer Familie.
- Wenn Sie Schulden haben, erstellen Sie einen realistischen Entschuldungsplan (Schuldnerberatungsstellen helfen hierbei).

- Geben Sie nur das aus, was Sie auch einnehmen, und verplanen Sie nicht jetzt schon das ganze Geld, das Sie möglicherweise erst in fünf oder zehn Jahren verdienen.
- Bekämpfen Sie den eigenen finanziellen Analphabetismus, unter dem nach den Ergebnissen einer Untersuchung der Bertelsmann-Stiftung viele Menschen in Deutschland leiden. Deshalb unsere Anregung: Lesen und beschäftigen Sie sich mit Geldratgebern oder Finanzzeitungen wie zum Beispiel den WISO-Finanzbüchern oder der Zeitschrift »Finanztest« der Stiftung Warentest. Emanzipieren Sie sich somit auch von der Heerschar der Finanz- und Vermögensberater, oder aber: Sie sind einer der glücklichen, die hier eine wirkliche Person ihres Vertrauens gefunden haben.

Entrümpeln und »entmüllen«: Das kleine Einmaleins der Living-simply-Strategie

So »entmüllen« Sie nach der Journalistin Ursula Nuber Ihr Leben.

- *Fangen Sie klein an:* Nehmen Sie sich einzelne Regale oder Schubladen vor, prüfen Sie, ob Sie den Inhalt wirklich brauchen. Wenn Sie alles auf einmal aufräumen wollen, geben Sie wahrscheinlich bald überwältigt auf.
- *Seien Sie hartnäckig:* Bewerten Sie jeden Gegenstand, jedes Kleidungsstück nach dem Wert, den es für Sie noch besitzt. Wenn es wertlos ist und nicht mehr benutzt wird, entsorgen Sie es. Wenn Sie noch unschlüssig sind, legen Sie die Dinge in einen Karton, lassen Sie ihn ein paar Monate stehen. Wenn Sie dann immer noch nichts von seinem Inhalt vermisst haben – weg damit!
- *Lassen Sie sich nicht ablenken:* Lesen Sie nicht jede Zeitung, jede Postkarte, ehe Sie sie wegschmeißen; probieren Sie alte Kleidungsstücke nicht an – sonst werden Sie mit dieser Arbeit nicht fertig.
- *Heben Sie nicht die ganzen Zeitungen und Zeitschriften auf; schneiden Sie aus, was Sie interessiert.* Aber ehe Sie das tun, schmeißen Sie all die bereits gesammelten Zeitungsausschnitte weg, die Sie vielleicht schon jahrelang horten, ohne je einen Blick darauf geworfen zu haben.

- *Füllen Sie den gewonnenen Platz nicht wieder mit neuen Dingen auf.* Denken Sie daran: Was nicht da ist, braucht keine Pflege und keine Aufmerksamkeit.
- *Wenn Sie mit dem Entrümpeln beginnen, nehmen Sie sich zu Anfang pro Woche 20 Minuten Zeit dafür.* Stellen Sie sich hierfür einen Wecker. Sobald dieser klingelt, hören Sie auf! Sie werden erstaunt sein, wie viel Sie in dieser Zeitspanne geschafft haben.

Dieses Entrümpelungsprinzip verstehen wir zunächst ganz alltagspraktisch. Darüber hinaus ist damit aber auch eine grundsätzliche Haltung dem Leben gegenüber gemeint: *sich (von Dingen und Menschen) trennen,* »*neu anfangen*« *und Wichtiges von Unwichtigem unterscheiden können.*

Als systemische Familientherapeuten legen wir immer großen Wert darauf, die Funktionalität, den Nutzen von menschlichem Verhalten zu erkunden und zu verstehen, also die »guten Gründe« für scheinbar »Unsinniges«, »Abwegiges«, »Gestörtes« zu erforschen. Wie alles kann deshalb auch das Horten und Aufheben sein Gutes haben. Viele Menschen, die zu Depressionen, Melancholie und Trauer neigen, sammeln und bewahren sehr gerne.

Tipp 2: Vereinfachung mal fünf!
Die Möglichkeiten der Vereinfachung des Lebens sind vielfältig. Wir möchten Sie daher dazu einladen, eine Liste von fünf Bereichen, von fünf Dingen zu erstellen, von denen *Ihre Partnerin* oder ein anderer Ihnen nahestehender Mensch (zum Beispiel Ihr Kind, ein Freund) möglicherweise denkt, dass es gut wäre, wenn Sie diesbezüglich Ihr Leben vereinfachen würden. Sie können natürlich nicht wissen, was Ihre Partnerin denkt (niemand von uns ist Gedankenleser), aber Sie können darüber Vermutungen anstellen – und diese Vermutungen sind oft sehr aufschlussreich. Und denken Sie daran, frei nach dem großen Kommunikationstheoretiker Paul Watzlawick: Man kann nicht nicht Vermutungen aufstellen ... Probieren Sie es einfach einmal aus!

Was bedeutet »Living simply« für die bessere Vereinbarkeit von Job und Familie?

Wir wollen die Simplify-Idee für die *bessere Passung von Arbeit und Familie nutzen!* Wir verstehen darunter, sich auf der Grundlage des persönlichen Wertes »Integration von Arbeit und Familie« auf das Wesentliche zu konzentrieren.

> Zunächst einmal an Sie direkt die Frage: Wie wichtig ist Ihnen die Integration von Beruf und Familienleben wirklich?
> Schätzen Sie dies auf folgender 10-stufiger Skala ein:
>
> völlig unwichtig   superwichtig
> 0☐   1☐   2☐   3☐   4☐   5☐   6☐   7☐   8☐   9☐   10☐

Wenn die Vereinbarkeit von Job und Familie in Ihrem Leben nicht Toppriorität hat (also auf obiger Skala einen Wert von, sagen wir mal, größer/gleich acht hat), dann brauchen Sie, mit Verlaub, eigentlich gar nicht weiterzulesen. Seien Sie hierbei *aufrichtig* zu sich! In der bereits in der Einleitung erwähnten Resilienz-Forschung wird viel über Selbsterkenntnis als wesentlichen Faktor zur Stärkung des eigenen seelischen Immunsystems gesprochen …

Wenn unter Ihren zwei bis drei wichtigsten Werten die Integration von Arbeit und Familie nicht dabei ist, dann können wir nicht dafür garantieren, dass dieser Ratgeber für Sie konkret von Nutzen sein wird. *Denn Sie können einfach nicht alles tun.*

Simplify-Ideen für das gelingende Navigieren zwischen Arbeit und Familie

Hobbys und Freizeitaktivitäten

Haben Sie zeitintensive Hobbys, kostenintensive Liebhabereien, oder sehr zeitinflexible Freizeitvergnügen? – Mit dem Beantworten dieser Frage sind wir bei einigen von Ihnen womöglich schnurstracks bei einem kniffligen Problem gelandet. Wir empfehlen Ihnen, sich Freizeitbeschäftigungen zuzulegen, *die Ihr Leben nicht zusätzlich durch hohen Zeit- oder Kostenaufwand verkomplizieren*. Das Paradebeispiel hierfür ist Joggen: Es ist zeit- und ortsflexibel und mit wenig Kosten und Zeitaufwand verbunden.

Auf der anderen Seite: Klar, wenn Paragliding oder Tiefseetauchen eine wichtige Kraftquelle für Sie darstellen, dann können Sie nicht »nur« der besseren Passung von Job und Familie zuliebe darauf verzichten. Wenn Sie nicht darauf verzichten wollen, dann möchten wir Sie dazu einladen, Ihre Partnerin und Ihre Kinder für Ihr Hobby zu begeistern oder Wege zu entdecken, wie Sie Ihr Hobby mit Ihrem Familienleben verbinden können. Zwei Beispiele:

Zum Tai-Chi mit der Stieftochter: Nusrat erzählt, dass er seine Stieftochter Charlotte regelmäßig zum Tai-Chi-Training mitnimmt. Er selbst übt diese Disziplin mit Begeisterung aus und konnte Charlotte mit dieser Begeisterung anstecken. Diese Regelmäßigkeit stärkt zudem die Beziehung zwischen Nusrat und Charlotte.

Joachim, der Radrennfahrer: Joachim ist leidenschaftlicher Rennradfahrer, gleichzeitig aber auch passionierter Vater seiner beiden kleinen Töchter. Dummerweise ist Rennradfahren ein zeitintensives Hobby: Unter zwei Stunden mag Joachim sich erst gar nicht aufs Fahrrad schwingen. Seine Lösung: Familienausflüge am Wochenende werden in mindestens einstündiger Autoentfernung vom Wohnort gemacht und das Rennrad auseinandergenommen und in den Kofferraum gepackt. Auf dem Rückweg fährt seine Frau Nicki dann mit dem Auto zurück – und Joachim mit dem Rennrad.

Roadmovie oder Familylife

Fahrten zum Arbeitsplatz: Können Sie durch einen Umzug oder möglicherweise eine neue Arbeitsstelle die Zeit, die Sie fürs Berufspendeln brauchen, eventuell bedeutsam verkürzen? Vielleicht halten Sie diesen Vorschlag für abwegig und denken: »Was, nur um eine halbe Stunde am Tag zu sparen, soll ich meinen Job wechseln oder umziehen?!«

Das stimmt sicherlich, für eine halbe Stunde Zeitersparnis am Tag macht es bestimmt keinen Sinn, einen womöglich guten Job mit netten Kollegen, beruflichen Herausforderungen und einem angenehmen Betriebsklima zu wechseln. Zumal beim chronisch schwierigen Arbeitsmarkt ...

Aber angenommen: Sie sind in der Woche fünfmal, Hin- und Rückweg zusammengerechnet, täglich zwei Stunden berufspendelnd im Auto oder im Zug unterwegs und Sie wollen Ihren Job durchaus noch die nächsten fünf bis zehn Jahre oder sogar länger ausführen. Dann verbringen Sie in zehn Jahren nur für das Berufspendeln bei 220 Arbeitstagen pro Jahr 4.400 Stunden (183 Tage!) on the road or on the rail.

Und weiter angenommen, Sie könnten durch einen Wohnort- oder Arbeitsplatzwechsel eine Stunde täglich an Zeit für die Fahrt zur und von der Arbeitsstätte sparen. Das wären in dem angenommenen Zeitraum von zehn Jahren 2.200 Stunden (über 90 Tage) weniger in der Blechkarosserie oder in der vollen Bahn. Was könnten Sie mit dieser Zeit alles anfangen?! Was für einen Zugewinn an Lebensqualität könnte das darstellen?! Und zudem wird Anfang 2007 die Pendlerpauschale gekürzt ...

Ein Kollege von uns pendelte sechs Jahre lang zwischen seinem Wohnort Mainz und seiner Arbeitsstelle in Ludwigshafen am Rhein. Nun hat er eine neue Stelle in Wiesbaden-Biebrich, direkt auf der anderen Rheinseite von Mainz. Er erzählte bei seiner Abschiedsfeier, dass er ausgerechnet habe, während der sechs Jahre Berufspendeln streckenmäßig viereinhalbmal die Erde im Auto umrundet zu haben ...

Wir sind keine Traumtänzer. Wir kennen aus der beraterischen Arbeit mit berufstätigen Eltern und deren Familien sehr gut die Sachzwänge, in denen man in bestimmten Lebenssituationen stecken kann und die einen Orts- oder Jobwechsel unmöglich erscheinen lassen.

Aber: Wir wissen auch um die Befreiung, um die fast sprunghafte Verbesserung des Gesamtbefindens, die mit einer bedeutsamen Verkürzung der Fahrzeit zum Arbeitsplatz verbunden sein kann.

Geradlinige Kommunikation – der »simple« Weg zum Herzen Ihrer Partnerin und Ihrer Kinder

Geradlinige Kommunikation bedeutet, dass man sagt, was man meint, und meint, was man sagt. Die große amerikanische Familientherapeutin Virginia Satir war Pionier auf dem Gebiet familiärer Verständigung. Ihr Buch »Kommunikation, Selbstwert, Kongruenz« (Paderborn, Junfermann) ist allen empfohlen, die sich in Kommunikation deutlich verbessern möchten!

Satir stellte fest, dass in gesunden Familien, also in Familien, in denen die Mitglieder sich grundsätzlich miteinander wohl fühlen und Schwierigkeiten konstruktiv bewältigen können – gesunde Familien zeichnen sich nämlich gerade nicht durch die Abwesenheit von Problemen aus, sondern durch Fähigkeiten in der effektiven Bewältigung dieser –, Kommunikation direkt, klar, konkret und respektvoll verläuft. In gestörten Paarbeziehungen und in Familien, in denen Mitglieder unter psychosomatischen Beschwerden leiden, beobachten wir häufig, dass eben nicht gesagt wird, was man meint.

Die Menschen machen in solchen Systemen sozusagen aus ihren Herzen eine »Mördergrube«, wie dies der Heidelberger Familientherapeut und Psychoanalytiker Fritz B. Simon einmal treffend beschrieben hat. Persönliche Wahrheiten werden vermieden, um andere Familienmitglieder oder sich selbst zu schonen. Aber, wie Bert Brecht schon treffend formulierte: »Das Gegenteil von gut ist gut gemeint.« Für den erfolgreichen Umgang mit Problemen – gerade auch bezüglich des Navigierens zwischen Familie und Beruf – ist daher eine Form des Miteinanderredens in der Familie, welche sich durch Direktheit, Klarheit, Konkretheit und Respekt füreinander auszeichnet, Voraussetzung.

Weil wir klare, einfache Kommunikation im familiären Miteinander für so wesentlich halten, hier noch einige Tipps dazu:

Nehmen Sie in Ihrer Familie Ich-Positionen ein: Dies ist ein fast schon antiker Ansatz aus der Kommunikationspsychologie. Eine unserer liebsten Kommunikationsübungen, die wir in der Paarberatung vorschlagen, geht so:

»Bitte setzen Sie sich mit Ihren Stühlen so gegenüber, dass Sie sich direkt ansehen können. Sie können sich vorstellen, dass Ihr Stuhl auf Schienen steht, sodass Sie ihn bequem vor- und zurückschieben können, so wie es für Sie vom Abstand, von der Nähe zu Ihrem Partner her gerade stimmig ist. Jeder von Ihnen hat jetzt gleich fünf Minuten Zeit, dem Partner etwas von sich mitzuteilen. Und zwar das, was Ihnen jeweils wichtig ist, dass der Partner von ihnen weiß, was Sie ihm sagen wollen, wie es Ihnen zurzeit mit ihm, mit Ihrem jetzigen Leben so geht. In diesen fünf Minuten spricht nur einer und der andere hört zu. Denjenigen, der spricht, möchte ich dazu einladen, den Partner nicht zu beschuldigen oder anzugreifen, sondern von sich zu sprechen, also zum Beispiel nicht zu sagen: ›Du hast mich gestern verhöhnt‹, sondern: ›Als du gestern das und das gesagt hast, habe ich mich verhöhnt gefühlt.‹ Fangen Sie einfach einmal an. Ich helfe Ihnen dabei, wenn es in eine ungute Richtung gehen sollte. Dies ist ja ein Kommunikationstraining: Von daher ist es ganz normal, wenn Sie zunächst anfangs Schwierigkeiten mit der Übung haben sollten.«

Diese Übung soll dazu anregen, die eigenen Gefühle, Bedürfnisse und Ansichten in Form klarer, »simpler« Statements darzulegen.

Binden Sie mit Ihrer Familie bunte Sträuße an Möglichkeiten: Der amerikanische Familientherapeut Jay Haley und die italienische Familienpsychiaterin Mara Selvini-Palazzolli fanden heraus, dass Familien mit vielen Problemen und Schwierigkeiten sich dadurch auszeichnen, *dass sie zu deren Bewältigung nur über ein sehr begrenztes und starres Repertoire an Lösungsoptionen verfügen.* »Simply Living« bedeutet auch, dass in Familien vielfältige Ideen zum Umgang mit Krisen generiert werden können. Das hört sich auf den ersten Blick wie ein Paradox an: Einfachheit durch Vielfalt zu erzeugen. Es verhält sich hierbei jedoch um ein ähnliches Phänomen, wie das von Platon formulierte: »Der Blick des Verstandes fängt an scharf zu werden, wenn der Blick der Augen an Schärfe verliert.« Das bedeutet, das Bewältigen von Problemen vereinfacht sich, wenn über vielfältige Lösungsansätze verfügt wird. Eine Möglichkeit, Lösungsvielfalt zu erzeugen, stellt das Familien-Brainstorming dar:

Alle Familienmitglieder, Groß und Klein, äußern zu einem bestimmten Problem ihre Ideen, auch schräge, scheinbar unrealisierbare Ideen können dabei sein. Danach betrachtet man die Ideen gemeinsam und ordnet sie hinsichtlich ihrer Originalität, Pfiffigkeit oder auch Realisierbarkeit.

Erzählen Sie sich gegenseitig Storys: Familiäres Leben ist komplex und mitunter paradox. Diese dem familiären Leben also ganz normal innewohnende Vielschichtigkeit und Mehrdeutigkeit können aus unserer Sicht besonders gut in Form von Geschichten ausgedrückt werden. In Geschichten kommt das zum Ausdruck, was der tschechische Schriftsteller Milan Kundera »Romanweisheit« nennt. In Geschichten werden Dinge nämlich dadurch verständlicher (und somit simpler) gemacht, dass die (familiäre) Wirklichkeit auf unterschiedliche Weise beschrieben und eine Vielfalt von Gesichtspunkten gezeigt werden kann. Wichtig ist hierbei, dass Sie sich beim Geschichtenerzählen gegenseitig dazu anregen,

- bei den Aspekten, auf die Sie neugierig sind, ausführlicher zu werden,
- vorsichtig sich gegenseitig dazu zu ermutigen, vernachlässigte oder ausgelassene Aspekte der Geschichte auszudrücken,
- neue Wendungen ins Auge zu fassen.

Tipp 3: Telling Stories – Werden Sie zum Geschichtenerzähler!
Beginnen Sie damit, Ihren Kindern und Ihrer Partnerin »Geschichten zu erzählen« – zum Beispiel von Ihrem Job, alten Freunden, Ihrer Herkunftsfamilie, lustigen Erlebnissen. Nutzen Sie etwa alte Familienalben als Anknüpfungspunkte für Familiengeschichten. Geben Sie nicht gleich auf! Gerade wenn Sie das Geschichtenerzählen noch nicht gewohnt sind, dann kommt es Ihnen zunächst womöglich etwas künstlich vor ... Nutzen Sie Mahlzeiten, Autofahrten, Spaziergänge.

Simply Living und Lebenskunst

Zum Ende dieses Kapitels möchten wir gerne noch auf den Zusammenhang von Einfachheit und Lebenskunst hinweisen. Denn *entkomplizierte* Lebensführung hat viel mit Lebenskunst zu tun. Lebenskunst ist ein Konzept, das in den letzten Jahren vor allem dank der bahnbrechenden Arbeiten des Berliner Krankenhausphilosophen Wilhelm Schmid eine Art Renaissance erfahren hat. Hierzu hat hauptsächlich sein Werk »Philosophie der Lebenskunst – eine Grundlegung« beigetragen. In diesem Buch beruft sich Schmid auf große Vordenker (und »Vorfühler«) der Idee der Lebenskunst wie den französischen Poststrukturalisten Michel Foucault oder den Philosophen Hans Krämer und definiert Lebenskunst als »die Möglichkeit und die Anstrengung, das Leben auf reflektierte Weise zu führen und es nicht unbewusst einfach dahingehen zu lassen«.

»Lebenskunst ist die Kunst des richtigen Weglassens«, hieß es kürzlich auf einer E-Mail-Grußkarte.

Interview mit Wilhelm Schmid

Der Berliner Philosoph Professor **Wilhelm Schmid** *gilt als Wegbereiter der postmodernen Renaissance der Lebenskunst. Sein Opus magnum* »Mit sich selbst befreundet sein« *(Frankfurt am Main: Suhrkamp) gilt inzwischen als (übrigens sehr lesenswertes) Standardwerk. Wir stellten ihm drei Fragen zum Thema* »Lebenskunst und Männer«.

Ochs und Orban: Können Sie kurz und knapp Lebenskunst definieren?
Wilhelm Schmid: Lebenskunst ist das bewusst geführte Leben. Es gibt keinen Zwang dazu, man kann auch unbewusst einfach nur so dahinleben, man muss nur die Konsequenzen aushalten können. Andererseits kann man nicht immer nur in voller Bewusstheit leben. Daher ist die Ausbildung des Gespürs wichtig, das eher unterbewusst ist, sich aber mit Hilfe von Erfahrung und Besinnung ständig verfeinern lässt.
Ochs und Orban: Wir beschäftigen uns in unserem Buch ja mit »Lebenskunst für Männer«: Macht es aus Ihrer Sicht eigentlich Sinn, Lebenskunst auch geschlechtsspezifisch zu betrachten?
Wilhelm Schmid: Ja, es scheint deutliche Unterschiede zwischen den Geschlechtern zu geben, was die Lebensführung betrifft. Auch wenn man vorsichtig mit Verallgemeinerungen sein muss, denn es gibt immer Ausnahmen: Männer scheinen gerne »straight« zu leben, kraft-

> voll voraus; Frauen schauen sich eher nach allen Seiten um, nehmen aufmerksam wahr und orientieren sich auf dieser Grundlage umsichtiger.
>
> **Ochs und Orban:** Was würden Sie aus der Perspektive der Lebenskunst raten, was die Vereinbarkeit von Job und Familie für Männer vereinfachen könnte?
>
> **Wilhelm Schmid:** Mehr Bewusstsein, dass es auf die umfassende Lebensarbeit ankommt. Die Erwerbsarbeit ist nur ein Teil davon, ein anderer aber die Familienarbeit. Beide Teile sind von gleicher Wichtigkeit. Je nachdem, mit wem man zusammenlebt, kann dem einen oder dem anderen zeitlich mehr Vorrang gegeben werden. Ausgeschlossen ist nur eines: die Missachtung der Familienarbeit.

Und die amerikanische Autorin Elaine St. James erklärt: »Einfacher leben bedeutet für uns herunterschalten, Komfort behalten, Komplexität eliminieren und Zeit gewinnen.«

Die Journalistin Ursula Nuber spricht in diesem Zusammenhang in der Zeitschrift »Psychologie Heute« von der »Macht der Objekte«. – Wie lässt sich »herunterschalten«? Wie entzieht man sich der »Macht der Objekte«?

Hier nochmals die Basics nach Ursula Nuber:

- Entrümpeln (von allem Unnützen befreien),
- Konsumverhalten langfristig verändern (weniger ist mehr),
- materielle Güter durch immaterielle ersetzen.

Dieser »reduzierte« familiäre Lebensstil kann sich etwa in der Einrichtung und Ausstattung Ihrer Wohnung oder Ihres Hauses ausdrücken oder in der Haushaltführung, doch hierzu mehr in Kapitel 4 »Get organized: Organisieren Sie sich zu Hause!« (s. S. 76ff).

Zusammenfassung und abschließende Anmerkungen: Auf den zurückliegenden Seiten haben wir einen Über- und Einblick gegeben, wie Sie Ihr Leben ent-komplizieren können. Wir haben Ihnen Beispiele des Scheiterns im Bereich Finanzen, eigene Erwartungen etc. aufgezeigt, Ihnen danach Erfolgsstorys präsentiert und Sie anhand der Vereinfachungspyramide weiter auf den Weg zu Entrümpelung und Vereinfachung Ihres Lebens geführt. Danach machten wir scheinbar einen Schlenker und luden Sie ein zu sehen, dass auch eine (Ihre) geradlinige Kommunikation hilfreich sein kann auf dem Weg zur gelebten Lebenskunst – einer Lebenskunst, die auch Disziplin beinhaltet. Denn, wie der kürzlich leider viel zu früh verstorbene Familientherapeut und Erfinder der »schlanken« Kurzzeittherapie Steve de Shazer oft ein wenig lächelnd bemerkte: »Einfachheit verlangt ungeheuer viel Disziplin.«

Wie diese Basics Ihnen helfen können, Ihre Familie und die Zeit mit Ihrer Familie wertzuschätzen, dazu nun mehr.

Kapitel 3: Wertschätzen Sie (Familien-)Zeit!

»Nutze den Tag, und am wenigsten traue dem nächsten.«
Horaz

Gehen Sie einmal durch eine große Buchhandlung und stöbern Sie in der Abteilung für Ratgeber. Sie werden sehen: Es existieren Unmengen von Büchern dazu, wie die Leistung im Job durch Arbeits- und Zeitmanagement-Tools gesteigert werden kann. Firmen werden von einer Vielzahl von Seminarangeboten geradezu überschwemmt. Teamsitzungen und Gruppenbesprechungen sind am Arbeitsplatz inzwischen gang und gäbe. Organisationsberater und Supervisoren gehören mittlerweile fast selbstverständlich zur Qualitätssicherung und zum guten Ton einer Firma. Doch schauen wir in unsere Familien, auf die wir in der Regel ja auch etwas halten:

- Finden dort regelmäßig Familienbesprechungen oder Eltern-Kind-Konferenzen statt?
- Sind wir offen dafür, bei anhaltenden Konflikten und Störungen im familiären Miteinander uns professionelle Unterstützung, einen »Familien-Organisationsentwickler«, einen »Familien-Supervisor« ins Haus zu holen?
- Machen wir uns kontinuierlich und systematisiert Gedanken darüber, wie das emotionale Klima innerhalb der Familie verbessert werden kann?

Wir tun dies (obwohl wir Familientherapeuten sind …) offen gesagt nicht – Sie wahrscheinlich auch nicht … Wir alle sind oft immer noch bereit anzunehmen, dass zu Hause Schwierigkeiten wie von Zauberhand gelöst werden, die familiären Abläufe reibungsloser vonstatten gehen und Konflikte einfach grundsätzlich weniger vorhanden sein sollten als am Arbeitsplatz. Wir sind überzeugt, dass dies ein weit verbreiteter und wirklich potenziell Leid erzeugender Mythos ist.

Auch das gute familiäre Miteinander braucht *aktive* Gestaltung. Nicht in dem Sinne, dass wir den betrieblichen »Effizienzkult« durch Verdichtung, Beschleunigung und wachsenden Druck ins Private verlagern. Im Gegenteil: Wir konzentrieren uns in diesem Kapitel auf die Wertschätzung vor allem der *Familienzeit* – was auch viel mit der Kunst des Müßiggangs und der Muße zu tun hat. Konkret wollen wir das Thema der Wertschätzung von Familienzeit anhand von *Familienmahlzeiten* und *»Familien-Hängematten-Tagen«* verdeutlichen. Außerdem schlagen wir den besonders Eifrigen unter Ihnen eine, zugegebenermaßen, ziemlich schwierige Übung zum bewussteren Umgang mit Zeit vor.

Zeit mit der Familie: Die beste Stärkung des familiären Immunsystems – und Ihres eigenen als Mann!

In einer vieldiskutierten Studie aus den 90er-Jahren mit dem programmatischen Untertitel »Wenn die Firma zum Zuhause wird und zu Hause nur Arbeit wartet«, beobachtete die amerikanische Soziologieprofessorin Arlie Russell Hochschild, dass *viele arbeitende Eltern lieber im Betrieb als zu Hause sind.* Sie entfliehen dem Kuddelmuddel des Familienfrühstücks wie einer verhassten Frühschicht und verzögern des Abends die Rückkehr, als riefe zu Hause nur die unangenehme Pflicht. Kleinkinder und Ehepartner werden von solchen Eltern/Partnern als bedrohlich erlebt, Kollegen hingegen als intime Freunde.

Wir sind überzeugt, dass das nicht so sein muss! Wir wissen, dass es Ihnen gelingen kann, so zwischen Beruf und Familie zu navigieren, dass Sie Lust auf Familienzeit bekommen. Wir möchten Sie daher dazu ermutigen, die Zeit, die Sie mit Ihrer Familie verbringen (mit Ihren Kindern, Ihrer Partnerin oder mit Ihrer Familie insgesamt), *mindestens genauso wertzuschätzen wie Ihre Arbeitszeit.* (Wie der Familientherapeut Fritz B. Simon in unserem Interview (s. S. 30ff.) es treffend formuliert: Sie werden auf dem Totenbett sich bestimmt nicht wünschen, mehr Zeit im Büro verbracht zu haben – aber vielleicht mehr Zeit mit Ihren Liebsten …)

In der bereits erwähnten Untersuchung von Shelley Haddock erzählten die Familien, was ihnen geholfen hat, Job und Familie zu vereinbaren: nämlich *Ideen dazu zu entwickeln, wie sie ihre »geheiligte« (Familien-)Zeit bewahren und gut strukturieren können.* Sie sagten, dass diese »Pläne und Ideen im Kopf« es ihnen ermöglichen, bewusst bedeutungsvolle und »belohnende« Zeit mit der Familie zu verbringen. Doch die wirklich erfolgreichen Eltern planen und strukturieren nicht nur. Diese berichteten zudem, wie es ihnen gelingt, die *Aufmerksamkeit für den Augenblick*, für das »*im Hier und Jetzt sein*« als mindestens genauso wichtig zu bewerten. Eine Mutter erklärte: »Ich versuche, dass ich meine Arbeit wirklich fertig bekomme, bevor es Richtung Heimat geht. Und wenn ich eine halbe Stunde länger auf der Arbeit brauche, dann ist es genau diese halbe Stunde, die es mir ermöglicht, zu Hause wirklich präsent zu sein. So kann ich, wenn ich meine Arbeit fertiggestellt habe, sowohl körperlich als auch innerlich zu Hause präsent sein.«

Das kleine Einmaleins, wie Sie Zeit mit Ihrer Familie schaffen

Toppriorität: Zunächst einmal das Wichtigste: Wenn Sie nicht Zeit für Familie regelrecht ihren sonstigen Aktivitäten gegenüber *abzäunen und abgrenzen*, wird sie nicht stattfinden. Deshalb: Geben Sie dem gemeinsamen Abendessen, dem Spaß-Familientag den gleichen Stellenwert – wie schon gesagt – wie Ihrem wichtigsten Arbeitstermin.

Im Voraus planen: Ein weiteres Geheimnis ist, im Voraus zu planen und – das ist entscheidend – *jeden in der Familie wissen zu lassen, wann Sie Familienzeit eingeplant haben und wie kostbar diese Ihnen ist.* Natürlich haben Jugendliche häufig »keinen Bock auf ›mit der Family herumhängen‹«. Machen Sie Ihren jugendlichen Sprösslingen klar, wie wichtig es Ihnen ist, Zeit mit ihnen zu verbringen, um mit ihnen zu reden, etwas aus ihrem Leben zu erfahren oder einfach mit ihnen zusammen zu sein.

Glauben Sie uns – das wissen wir aus unserer langjährigen Erfahrung in der Arbeit mit Jugendlichen und deren Eltern –, im Grunde schätzen es die meisten Jugendlichen, dass Sie Zeit mit ihnen verbringen wollen, auch wenn sie es in der Regel oft nicht zeigen.

Daher: *Sich gut zu organisieren und im Voraus zu planen ist wie Yoga machen, sich gesund ernähren oder Joggen gehen.* Es erscheint zunächst lästig, dies regelmäßig zu praktizieren. Wenn es Ihnen jedoch erst zur Gewohnheit geworden ist, dann verbessert sich Ihre Lebensqualität spürbar (siehe hierzu auch die Kapitel 4, 5 und 7).

Eliminieren Sie Störungen: Familienzeit wird dann eine Geschichte mit Hand und Fuß und nicht bloß ein einmaliges Strohfeuer, wenn Sie dafür einstehen, dass sie mindestens genauso wichtig ist wie irgendetwas anderes sehr Wichtiges in Ihrem Leben. Das gelingt am besten dadurch, dass Sie zeigen, *dass Störungen keinen Vorrang haben.* Klingelt das Telefon, erklären Sie kurz, dass Sie gerade Familienabendessen haben.

Jede Zeit ist eine gute Zeit: Die eingeplante Familienzeit ist nicht die einzige Möglichkeit, Spaß mit Ihrer Partnerin und Ihren Kindern zu haben. Entwickeln Sie die Kunst, *alle möglichen Alltagsaktivitäten in eine Familien-(Spaß-)Aktivität zu verwandeln*: Beziehen Sie Ihr Kind in das, was Sie tun, mit ein, lassen sie Ihre Kinder »mitarbeiten« (zum Beispiel kochen, Auto oder Wäsche waschen, zur Autowerkstatt oder zum Einkaufen fahren). Schöne Beispiele dafür, wie Sie dies tun können, finden Sie in dem wundervollen Werk »Das KinderBuch – Wie kleine Menschen groß werden« (Weinheim, Beltz) von Anna Wahlgren, Mutter von neun Kindern und Schwedens populärster Kinderexpertin.

Wenn Sie mehr als ein Kind haben, dann kann es manchmal sinnvoll sein, die Betreuung der Kinder zu splitten: Während Sie die Tochter mit zum Kfz-Mechaniker nehmen, kann Ihre Partnerin mit dem Sohn zu Hause kochen – oder umgekehrt. Nur ein Kind zu betreuen ist erfahrungsgemäß oft nicht so kniffelig, wie sich um zwei oder drei Kinder auf einmal zu kümmern. Denn somit können Sie sich auf das eine Kind konzentrieren, auf dessen Fragen und Belange. Genießen Sie es, mit Ihrem Kind zu plaudern. (Vergessen Sie nicht, beispielsweise eine kleine Tasche mit Spielzeug auf die Fahrt mitzunehmen, sodass Ihr Kind sich beschäftigen kann, während Sie noch mit dem Automechaniker reden.)

Sie sehen, vieles, was wir im Alltag abgehetzt alleine machen, kann womöglich dadurch, dass man Kinder einbezieht, die Belastung der Eltern verteilen und mitunter erhält man dadurch wirklich noch ein wenig mehr Zeit. Auch, wenn sich der letzte Halbsatz merkwürdig anhört, denken Sie einmal scharf darüber nach: Wie oft sind Sie schon von einem Termin nach Hause gehetzt, weil Sie wissen, dass Ihre Frau nach einem langen Tag mit den Kindern sehnsüchtig auf Sie wartet. Wenn Sie ihr nun aber bereits ein Kind abgenommen haben, um die letzte Erledigung des Tages hinter sich zu bringen – so genießen Sie die Zeit, denn Sie wissen, Ihre Frau ist entspannter als sonst.

Wir wollen Ihnen nun zwei Ansatzpunkte verraten, die nach unserer Erfahrung sowie nach wissenschaftlichen Erkenntnissen das familiäre Immunsystem stärken, also zur Stärkung der Verbundenheit und des Wohlbefindens der Familienmitglieder beitragen:

- gemeinsame Familienmahlzeiten und
- Familien-Hängematten-Tage.

Die Küche ist keine To-go-Pizzeria: Die Power gemeinsamer Mahlzeiten

»Eine gute Mahlzeit ist eine ausgewogene Mischung aus guten Speisen, Sorgfalt, Engagement, engen Bindungen, Ästhetik, einem Erlebnis der Sinne und aus unvorhersehbaren menschlichen Gefühlen und Stimmungen.«
Jesper Juul

Lange Zeit galten sie als verpönt, verspießt, konservativ, langweilig, Relikte aus vergangenen Tagen, nicht mit dem (post)modernen Leben kompatibel und überhaupt antiquiert, ein Überbleibsel aus dem familiensoziologischen Trödelladen: *gemeinsame Familienmahlzeiten.*

Geben wir es ruhig zu: Für nicht wenige von uns bekommen gemeinsame Familienmahlzeiten als alltägliche, rituelle Einrichtung leicht den Beigeschmack von etwas Reaktionärem, von sozialer Normierung und einengendem Zwang: Man muss – fast wie im militärischen Gleichschritt – zur gleichen Zeit zusammenkommen, isst so gut wie völlig entindividualisiert mehr oder weniger die gleichen Nahrungsmittel, muss miteinander Konversation betreiben.

Seit einiger Zeit erleben wir jedoch eine gesellschaftliche Renaissance von Familienmahlzeiten. Der Bundeselternrat erklärt dazu: »Mahlzeiten werden nur noch in wenigen Familien gemeinsam eingenommen. Das Verständnis für sinnvolle Intervalle zwischen den Mahlzeiten geht verloren. Der soziale Kontext des Essens schwindet ebenfalls.«

Die empirische Wissenschaft hat sich ebenfalls mit dem Einfluss gemeinsamer Familienmahlzeiten auf die familiäre Gesundheit beschäftigt: In einer Studie, die 2002 in der renommierten amerikanischen Fachzeitschrift »Journal of Epidemiology and Community Health« erschien, kam heraus, dass Jugendliche mit Angststörungen, Depressionen oder anderen psychischen Problemen deutlich weniger gemeinsame Mahlzeiten mit ihrer Familie in der Woche hatten als ihre seelisch gesunden Altersgenossen. Auch konnte gezeigt werden, *dass das seelische Wohlbefinden von Vätern sich durch regelmäßige gemeinsame Mahlzeiten mit der Familie verbessern kann.*

Das Geniale an Mahlzeiten ist: Man muss sie nicht erst neu erfinden oder einführen wie andere förderliche Familienrituale. Denn unser Körper ist nun einmal von der Natur so eingerichtet, dass er ungefähr dreimal pro Tag hungrig wird (es sei denn, wir fasten, haben eine Erkrankung oder praktizieren gerade nahrungsbezogene spirituelle Techniken). Deshalb passt die Kultivierung gemeinsamer Mahlzeiten in Familien sehr gut zur Strategie »Living simply«: Es muss kein Wellness-Studio aufgesucht oder ein besonderer Termin im Freizeitbad ausgemacht werden, um familiäre Entspannung und Verbundenheit zu fördern: Man nutzt und kultiviert lediglich das, was ohnehin im Alltag schon im Ansatz vorhanden ist.

Damit sich jedoch aus einer Mahlzeit auch ein gefühlsmäßig positiv besetztes Familienritual entwickeln kann, dazu im Folgenden drei simple Regeln:

- Machen Sie gemeinsame Familienmahlzeiten zur Toppriorität.
- Bleiben Sie dabei flexibel.
- Fangen Sie dort an, wo Sie sind.

Katapultieren Sie Familienmahlzeiten auf die obersten Ränge Ihrer Prioritäten-Hitliste

Wenn Sie nach reiflicher Überlegung zum Schluss gekommen sind, dass Sie im Grunde gemeinsame Familienmahlzeiten gerne regelmäßiger in Ihrer Familie einführen möchten, Sie aber dann den Eindruck bekommen, dass dies einfach nicht klappt, dann besteht der erste Schritt darin, herauszufinden, *woran es konkret liegt, also dem Problem auf die Pelle zu rücken*:

- Liegt es am *überfüllten Terminkalender* der Erwachsenen oder der Kinder in der Familie?
- Sind *Inkompatibilitäten* der verschiedenen Wochen- und Tagesplaner der Grund?
- Gibt es ausgeprägte *individuelle Eigenheiten bezüglich Nahrungsmitteln* bei einigen Familienmitgliedern (zum Beispiel neigen manche weiblichen Jugendlichen in bestimmten Phasen dazu, sehr wählerisch zu sein in dem, was sie, wenn überhaupt, zu sich nehmen)?
- Liegt *Erschöpfung* oder eine *Art Burn-out* bei der »Chefköchin« oder dem »Chefkoch« der Familie vor?
- Kommen gemeinsame Familienmahlzeiten aufgrund *chronischer ungelöster Konflikte* in der Familie nicht vor?

Stay flexible – Bleiben Sie flexibel

Wenn Ihnen klar geworden ist, wie wichtig Ihnen gemeinsame Familienmahlzeiten sind und dass Sie diese unbedingt implementieren wollen, dann greift das nächste Prinzip: *Seien Sie flexibel.*

Hier das Statement einer Mutter zu dem Thema: »Wir essen spät – manchmal sehr spät! Eine Zeit lang war bei uns eine Art Running Gag, dass wir dann essen, wenn Sebastian, der beste Freund meines Sohnes, zu Bett muss. Als mein Sohn neun Jahre alt war, musste Sebastian um acht Uhr ins Bett. Der neueste Running Gag ist, dass wir nun gemeinsam zu Abend essen, wenn seine Eltern zu Bett müssen. Mein Sohn ist heute 17 Jahre alt und es kommt nicht selten vor, dass wir erst um 22 Uhr zu Abend essen. Das soll zwar nicht so gesund sein ... Aber ist die Zeit der Mahlzeiten tatsächlich das, was zählt? Für mich nicht – solange wir gemeinsam essen, uns dabei verbunden fühlen und miteinander erzählen.«

Holen Sie sich und Ihre Familie dort ab, wo Sie gerade stehen

Wenn Sie es aktuell schaffen, sonntags zusammen mit Ihrer Partnerin und Ihren Kindern zu frühstücken: Perfekt! Das ist ein grandioser Anfang! Vielleicht besteht für Sie die Möglichkeit, eine weitere Familienmahlzeit in der Woche einzuplanen. Wenn nicht, auch okay. Fangen Sie dort an, wo Sie gerade stehen.

Johanna, einer allein erziehende Mutter mit einem sechzehnjährigen Sohn, wurde bewusst, dass sie es vermisst, mit ihrem Sohn ab und an zu Abend zu essen. Manchmal fühlte es sich für sie so an, als würde sie mit ihrem Sohn gar nicht in einer Familie leben.  Johanna schlug ihrem Sohn vor, einmal in der Woche ein Mutter-Sohn-Abendessen zu machen. Er war einverstanden und sie planten den Dienstagabend jeweils dafür ein. Sie überlegten im Vorhinein gemeinsam, was sie kochen wollten und wer einkaufen ging. Ihr Sohn half ihr bei der Vorbereitung und sie hatten gemeinsam ein gemütliches, verbindendes Abendessen.

Falls Sie nun beim Lesen Lust auf Familienmahlzeiten bekommen haben, hier nun einige zusammenfassende Ideen und Tipps für ein besseres Gelingen. Auch hier gilt wieder – wie bei sämtlichen anderen Tipps und Anregungen, die Sie in diesem Buch vorfinden: Lassen Sie sich nur von den Ideen so wirklich anregen, die Sie ansprechen; anderes können Sie möglicherweise nicht gebrauchen, lassen Sie dies einfach am »Wegesrand« liegen.

Tipp 4: »Butter bei die Fische!« Wie wichtig sind Ihnen Familienmahlzeiten?

Erstellen Sie zunächst auf der schon bekannten Skala von 0–10 einen Wert dazu, wie wichtig Ihnen gemeinsame Familienmahlzeiten sind: Wie wichtig sind Ihnen gemeinsame Familienmahlzeiten?

1 ☐   2 ☐   3 ☐   4 ☐   5 ☐   6 ☐   7 ☐   8 ☐   9 ☐   10 ☐
gar nicht   sehr

1. Beschreiben Sie zunächst den Ist-Zustand bezüglich gemeinsamer Familienmahlzeiten!
2. Formulieren Sie Ihren Soll-Zustand!
3. Wie können Sie Ihre Partnerin, Ihre Kinder für Ihren angestrebten Soll-Zustand begeistern?

Beispiel:
1. Wir bekommen das irgendwie nie hin mit den gemeinsamen Mahlzeiten. Irgendeiner kann nie oder kommt zu spät ...
2. Wünschenswert wäre es, wenn wir zumindest zweimal während der Woche zusammen Abendbrot essen und am Wochenende Samstag- oder Sonntagvormittag alle zusammen frühstücken.
3. Einfach dadurch, dass wir beginnen. Ich könnte sonntagmorgens meiner Frau einen Kaffee ans Bett bringen, danach mit den Kindern den Tisch decken, Kerzen, Blumen etc. – sie einladen, das gemeinsam zu zelebrieren.

Tipps für Familienmahlzeiten: Verbundenheit, Kommunikation und Spaß miteinander fördern

Beziehen Sie Ihre Kinder in die Vorbereitung der Mahlzeiten mit ein – egal, welches Alter. Und damit eines klar ist: JEDER hilft beim Abwasch beziehungsweise Einräumen der Spülmaschine mit!

Ein regelmäßiger Familienabend kann hilfreich sein, damit sich die Familienmahlzeit an diesem Abend einbürgern kann. Nach der Mahlzeit kann ein Spieleabend veranstaltet werden, eine DVD, auf die sich zuvor gemeinsam geeinigt wurde, geschaut werden oder man sitzt einfach noch zusammen, erzählt und hört Musik. Oder – wovon einer der Autoren dieses Buches ein Fan ist – Sie lesen sich abwechselnd gegenseitig aus einem Buch vor.

Nutzen Sie die Familienmahlzeiten, um alles Mögliche zu feiern und zu würdigen:
- eine gute Schulnote,
- die neue Anstellung von Mama oder Papa,
- ein aufgeräumtes Kinderzimmer,
- ein ausgefallener Zahn,
- ein abgezahlter Ratenkredit,
- die tollen Kunstwerke, die das Töchterchen nachmittags mit Wasserfarbe und Pinsel fabriziert hat,
- einen Morgen ohne den ansonsten üblichen Aufsteh-, Zähneputz- und Anziehstress,
- die Annahme eines Artikels von Mama in einer Fachzeitschrift,
- dass Töchterchen nach einer Woche Schweigen im Karton wieder mit ihrer besten Freundin redet
- und vieles mehr.

Erfinden Sie etwas ganz Spezielles, um die Familie zur Mahlzeit zu rufen: Lassen Sie einen besonders schönen Gong- oder Glockenton erklingen; denken Sie sich einen Zwei-Akkord-Essenrufsong auf der Gitarre aus; pfeifen Sie ein bestimmtes Lied; legen Sie eine extra dafür ausgesuchte Platte oder CD auf …

Regelmäßige Familienmahlzeiten: Falls Sie schon größere Kinder haben, die nicht mehr bei Ihnen wohnen, dann *veranstalten Sie, etwa sonntags, in regelmäßigen Abständen Familienmahlzeiten* – laden Sie auch Onkel und Tanten und Großeltern ein, also Ihnen liebe Verwandtschaft, die in der Nähe wohnt … Das kann die intergenerationalen Bande stärken.

Routine bei den Mahlzeiten unterbrechen: Wenn die Mahlzeiten langweilig, zur Routine werden, *probieren Sie aus, an verschiedenen Plätzen zu essen*: unter dem Tisch (ist ernst gemeint!), im Baumhaus, auf einer Picknickdecke auf dem Wohnzimmerboden. Oder – besonders beliebt bei kleineren Kindern – bereiten *Sie Alles-eine-Farbe-Mahlzeiten* zu: eine Mahlzeit in Rot (Tomatennudeln mit Ketchup, zum Nachtisch rote Grütze mit Himbeersoße und zum Trinken kalter Hagebuttentee), in Grün, in Gelbtönen etc. Oder – ebenso beliebt bei kleineren (aber auch bei größeren) Kindern – Eine-Buchstaben-Mahlzeit: **K**artoffeln, **K**arotten, zum Nachtisch **K**iwi, zum Trinken Kokos-Roibuschtee. Erlauben Sie es sich, Ihrer Partnerin und Ihren Kindern, kreativ zu sein!

Lassen Sie Ihre Herkunft lebendig werden – sammeln Sie Rezepte aus der Region, aus der Sie kommen: Die hessische Grüne Soße kann beispielsweise mit Biozutaten lecker zubereitet werden. Der rheinische Sauerbraten mit viel Sauce schmeckt auch Kindern, die es häufig deftig mögen, sehr. (Ein schönes Buch hierzu ist von Sabine Herre »Flusskrebse, Rübchen und Moorschnucken – Deutschlands regionale Spezialitäten neu entdeckt«, Stuttgart, Klett-Cotta.) Involvieren Sie Ihre Kinder in Ihre »regionalen Spezialitäten-Studien«.

Auch »*Themenabende*« sind eine Möglichkeit, die Mahlzeiten zu etwas »Unlangweiligem« zu machen: der italienische, chinesische oder norddeutsche Essensabend.

Toben Sie sich mit Ihrer Familie beim Gestalten von besonderer Atmosphäre bei den Mahlzeiten aus: zum Beispiel mit Kerzen, Unterlegdeckchen, Servietten, dem guten Geschirr etc.

Für die Mahlzeiten selbst Zutaten sammeln: Unternehmen Sie mit Kind und Kegel einen Spaziergang in den Feldern, im Wald, in den Wildgärten. *Sammeln* Sie etwa bestimmtes Obst, Kräuter oder Pilze und verwenden Sie diese später bei den Mahlzeiten (Pfannkuchen mit Apfelmus, Apfelkuchen, Brennnesselsalat, Löwenzahnsalat, Bärlauchsoße etc.).

Zutaten von den Kindern selbst aussuchen lassen: Nehmen Sie das jüngere Kind mit zum Einkaufen und lassen Sie es eine Sache für die Mahlzeit selbst aussuchen.

Kommunikation bei den Mahlzeiten spielerisch verbessern: Dass man beim Essen nicht reden soll, das ist nun wirklich eine blödsinnige Verschrobenheit aus der Klamottenkiste autoritärer Erziehung. Damit Familienmahlzeiten als Kontext für die Entwicklung von Verbundenheit genutzt werden können, möchten wir Sie regelrecht dazu auffordern, *dass Sie miteinander bei Tisch kommunizieren!* Damit aber nicht immer das gleiche »langweilige Gelabere«, wie das Jugendliche teilweise gerne ausdrücken, stattfindet, im Folgenden noch einige Ideen für »*Konversationsstarter*« bei den Familienmahlzeiten, *die zur Öffnung untereinander und zum Interesse aneinander auf spielerische Weise einladen können.* Manches wird

Ihnen für Sie und Ihre Familie vielleicht passend vorkommen, anderes möglicherweise nicht. Das Alter Ihrer Kinder spielt natürlich ebenfalls eine wichtige Rolle für die »Anschlussfähigkeit« der Fragen.

»Starter« für Unterhaltungen bei der Familienmahlzeit:
- Was ist zurzeit dein Lieblingssong und warum gerade dieser?
- Wenn du irgendwo in der Welt hingehen könntest: Wo würdest du am liebsten hingehen und warum?
- Wenn du ein Auto wärst: Würdest du lieber ein Jeep, ein Van, ein Porsche oder ein Mittelklasseauto sein und warum?
- Welcher Familienausflug, welche Familienunternehmung hat dir bisher am meisten Spaß gemacht, welche am wenigsten, und warum?
- Was war am heutigen Tag das Unangenehmste und das Beste, das dir passiert ist?
- Bitte vermeiden: Wie war es heute in der Schule? Kinder hassen diese Frage.
- Wenn du 500 Euro geschenkt bekommen würdest und du könntest damit machen, was du willst, was würde dies sein?
- Wenn du das Gefühl hättest, dass dich ein Unbekannter auf der Straße verfolgt, was würdest du tun?
- Welche noch lebende Person auf der Welt würdest du gerne einmal treffen und warum? (Varianten: Welchen Politiker? Welchen Popstar? Welchen Schriftsteller? Welchen Sportler? Welchen Filmschauspieler?)
- Wer ist dein persönlicher Held und warum?
- Was ist deine Lieblingsfernsehsendung und warum?
- Was ist für dich der beste Film aller Zeiten und warum? (Varianten: Das beste Buch? Der beste Song? Die beste Platte?)
- Was schätzt du an dir am meisten?
- Worin würdest du dich gerne weiterentwickeln?
- Auf was in deinem Leben, auf welchen Moment bist du am meisten stolz?
- Was war der miserabelste Augenblick bisher in deinem Leben?
- Würdest du lieber eine Party mit vielen oder mit wenigen Freunden machen?

- Wenn du einen ganzen Tag einmal einfach frei haben würdest von der Schule oder vom Beruf, was würdest du am liebsten mit dem Tag anfangen?
- Wer kann sich noch an seinen Traum von letzter Nacht erinnern?

Für den, der noch mehr zum Thema lesen möchte: Ein schönes Buch mit weiteren Ideen und Tipps stammt von Jesper Juul »Was gibt's heute? Gemeinsam essen macht Familien stark« (Weinheim, Beltz).

Eine Schlussbemerkung noch: Es ist entscheidend, die Familienmahlzeiten auch dann durchzuführen, *wenn man keine so rechte Lust darauf hat.* Hier verhält es sich jedoch wie auch woanders im Leben: *80 Prozent der guten Sachen im Leben entstehen dadurch, dass man die Dinge macht, die man für richtig hält, auch wenn man dazu heute mal gerade keine Lust hat oder man das Gefühl hat, dass die Umstände dazu nicht optimal sind.*

Der »Familien-Hängematten-Tag«: Unverplante Zeit mit der Familie verbringen

Es gibt unter Jugendlichen den schönen Slangausdruck »*miteinander abhängen*«. Damit ist gemeint, ziellos mit seinen Freunden und Kumpels Zeit zu verbringen. Man trifft sich beispielsweise bei einem zu Hause, hockt und fläzt herum, erzählt miteinander, hört vielleicht Musik, einer fängt an herumzualbern, plötzlich fangen alle an zu gickeln. Auch wenn dieses Verhalten von Pädagogen manchmal als riskant kritisiert wird, da es einer sinnvollen Freizeitgestaltung (zum Beispiel in Vereinen, mit Sport oder mit dem Erlernen eines Instrumentes) entgegenzulaufen scheint, so beschreibt es ganz gut, worauf wir im Folgenden hinauswollen: *Man ist zu Hause, hat nichts Bestimmtes vor und verbringt einfach unverplante Zeit mit seiner Familie.*

Wir möchten Sie dazu einladen, sich dies jetzt einmal vorzustellen und sich zu erlauben, Ihrer Fantasie und Ihren Träumen, was Sie denn dann machen würden, freien Lauf zu lassen ...

… vielleicht bekommen Sie Lust, das alte Fahrrad wieder in Schuss zu bringen … möglicherweise kommt Ihre Tochter kurz vorbei, um Ihnen zuzuschauen und um dann wieder in ihrem Zimmer zu verschwinden, nachdem Sie ihr erklärt haben, was Sie gerade genau reparieren, und ihr einen Kuss auf den Kopf gegeben haben … eventuell verspürt Ihre Partnerin Lust auszuprobieren, einen besonderen Kuchen zu backen, und Sie haben Freude daran, Ihr zu helfen … oder etwa Ihr Söhnchen kommt mit dem Mensch-ärgere-dich-nicht-Brett oder den Uno-Karten oder der Memory-Kiste angehüpft und möchte mit Ihnen spielen … unter Umständen ergibt sich ein kurzes Gespräch mit Ihrem ansonsten mürrischen Teenagersohn und es entsteht seit langem einmal wieder so etwas wie Kontakt zwischen Ihnen.

Der *Familien-Hängematten-Tag* hat etwas »Antikapitalistisches« und verfügt damit fast über ein subversives Moment: denn man bezahlt für ihn nicht, wie etwa für das neue tolle (und teure) Familienfreizeitbad. Niemand in der Familie erreicht dabei etwas Vorzeigbares, eine Leistung, mit der Geld zu verdienen ist; man kann auch auf der Arbeit damit keine tollen Storys von sich geben, wie von einer extravaganten Reise auf dem Kamel durch die grandiose Wüste Ägyptens oder auf den sagenhaften Hochplateaus Tibets.

Aus unserer eigenen familienpsychologischen Forschung zu Kinderkopfschmerzen wissen wir: Eine Familien-Hängematten-Zeit eröffnet eine Vielzahl an Möglichkeiten, um soziale Komponenten und die psychosomatische Gesundheit von Ihnen und Ihrer Familie nachhaltig zu stärken. Sie erhöht die Chance für spontane Gesten der Zusammengehörigkeit und Verbundenheit. Sie eröffnet die Möglichkeit, dass Kinder und Eltern sich auch einmal zum Beispiel beim gemeinsamen Brettspiel auf dem gleichen Level begegnen können, was für Kinder eine wichtige Erfahrung darstellen kann (nichts ist langweiliger als Erwachsene, die sich bei Mensch-ärgere-dich-nicht nicht ärgern …). Sie bietet Kindern die Option, zu lernen, sich auf die Geschwister (falls vorhanden) mehr zu beziehen – und auch (falls vorhanden) auf die Kinder in der Nachbarschaft.

Im Rahmen unserer Familienberatung bei kindlichen Kopfschmerzen nutzen wir ebenfalls die »Familien-Hängematten-Zeit«:

Manchmal geben wir den Familien folgende »Hausaufgabe« mit (aus einem Artikel von Matthias Ochs und Jochen Schweitzer des 2005 erschienenen Themenheftes »Schmerz« der Fachzeitschrift »Psychotherapie im Dialog«).

Entspannungs-Hausaufgabe: Der »Familien-Hängematten-Tag«:

»Vielleicht finden Sie bis zum nächsten Mal etwas Neues, wie Sie es sich als Familie insgesamt gut gehen lassen können. Manchmal empfehlen wir Familien, alle zwei Wochen einen ›Hängematten-Tag‹ einzuführen. Mit Hängematten-Tag meinen wir, dass jeder in der Familie sich an diesem Tag einfach der Muße hingibt, tut, wozu er gerade Lust hat, man zusammen – wie es neudeutsch so schön heißt – »abhängt«, man gemeinsam, bildlich gesprochen, in der Familien-Hängematte fläzt, es sich dort gut gehen lässt.«

Einige »Regeln« für die Familien-Hängematten-Zeit

Spielen Sie als Elternteil nicht Animateur für die Kinder. Leider haben viele Kinder, oft aufgrund übermäßigen Fernsehkonsums, die Erwartung, passiv unterhalten zu werden. Widerstehen Sie jedoch der Versuchung, *sich für das Entertainment der Kinder verantwortlich zu zeigen.* Machen Sie Angebote, aber spielen Sie nicht den Unterhaltungshampelmann für Ihre Sprösslinge. Kreativität, Neugier und Lust auf Lernen können sich bei Kindern dann entwickeln, *wenn sie viel, viel Zeit haben, um zu träumen, ihren Fantasien nachzuhängen und sich Sachen auszudenken und zu erfinden, was sie mit ihrer Zeit anfangen können und wollen.*

Seien Sie offen dafür, dass nichts besonders Tolles passiert: Geben Sie Ihrer Familie und sich – gerade wenn Sie damit beginnen, eine solche Hängematten-Zeit einzuführen – Raum, viel Raum, zunächst eine eigene Kultur, eine eigene Art und Weise der Muße und des gemeinsamen »Herumhängens« zu entwickeln. Wir verstehen den Familien-Hängematten-Tag als einen (Orientierungs-)Rahmen, in dem diese speziellen Momente entstehen können, aber nicht automatisch müssen. Geben Sie Ihrer Familie und sich die

Zeit, damit »selbstorganisiert« Begegnungen, Gespräche und Interaktionen entstehen können.

Seien Sie aufmerksam dafür, was Sie spontan miteinander machen können: Versteck oder Fangen spielen, eine Kissen- oder Wasserschlacht, sich mit »Ich sehe etwas, was du nicht siehst« die Zeit vertreiben, ein Spaziergang, Kuchen backen, gemeinsam ein Familienbild malen oder eine Collage gestalten, ein altes Fotoalbum, als Mama oder Papa noch klein waren, zusammen anschauen – all dies sind Familienaktivitäten, *die spontan aus der Situation heraus entstehen können*: Seien Sie offen dafür, solche Situationen zu nutzen.

Führen Sie mit Ihrer Familie ein Familien-Brainstorming durch: Vielleicht wagen Sie es einmal, mit Ihrer Familie nicht nach »Dom Rep« oder »Mac Pom« in die Ferien zu verschwinden – sondern einfach zu Hause zu bleiben und den Hängematten-Tag in einen Hängematten-Monat zu verwandeln. Dann empfiehlt es sich natürlich besonders, per Familien-Brainstorming eine Liste von möglichen Aktivitäten zu erstellen. Diese Liste kann faule Nachmittage am Baggersee genauso beinhalten wie gemeinsame notwendige Reparaturen oder Renovierungsarbeiten an der Wohnung.

Falls sich Rituale entwickeln, unterstützen Sie diese sanft: Beispielsweise: An einem Familien-Hängematten-Tag, als Mama Suppe kochte, kam Papa spontan auf die Idee, dazu Brot zu backen. Alle waren so begeistert davon, dass es ab da klar war: Am Hängematten-Tag gibt es abends Mamas gute Suppe und Papas leckeres selbst gebackenes Brot – und nach dem Abendessen noch eine Runde Monopoly.

No Internet, no Glotze: Die Versuchung, die ungewohnt große Menge an ungeplanter Hängematten-Zeit mit Internetsurfen oder Vor-der-Glotze-Abhängen zu verbringen, ist gerade in der Einführungszeit des Hängematten-Tags groß. Wir sind der Auffassung, wenn Sie Internet oder den Fernseher während der Hängematten-Zeit nutzen, *dann tun Sie dies bitte sehr gezielt und sehr wenig!*
Nutzen Sie kleine Momente, um Verbundenheit zu zeigen: Ein liebevoller Klaps auf die Schultern, ein Überraschungskuss oder eine schöne Umarmung kosten nur einen Moment, sind aber *fühlbare*

Zeichen von Verbundenheit, die oft runtergehen wie Honig. Solche Zeichen können spontan besonders gut an Hängematten-Tagen ausgetauscht werden.

Fun, Fun, Fun: Ideen und Anregungen für die Hängematten-Zeit

Da Sie hier ja einen Ratgeber vor sich haben, wollen wir Ihnen eine Reihe von Tipps und Ideen mitgeben, was in der Familien-Hängematten-Zeit alles Spaß machen kann.

- *Lernen Sie Ihre Herkunft besser kennen*: Aus welcher Region, aus welchem Land stammen Ihre Ursprungsfamilie und die Ursprungsfamilie Ihrer Partnerin? Gibt es typische regionale Spiele und Freizeitbeschäftigungen?
  P.S. Keine Angst, wir sind keine nationalistischen Hinterwäldler. Wir denken einfach, dass es sich lohnen kann, regionale Ressourcen anzuzapfen.
- Holen Sie *alte Fotoalben oder Familien-Super-8-Filme* aus der Mottenkiste hervor und erzählen Sie sich gegenseitig von alten Zeiten.
- Schalten Sie das Radio an, legen Sie eine CD ein, und tanzen Sie miteinander im Wohnzimmer, in der Küche, in der ganzen Wohnung: *Freies Tanzen ist angesagt!* Hüpfen Sie herum, wie Sie Spaß und Lust miteinander haben! Wählen Sie hierzu Musik aus, die Groß und Klein gleichermaßen zusagt.
- Nutzen Sie *alltägliche Routinefahrten*, etwa zum Zahnarzt, zum Einkaufen, zur Reparaturwerkstatt für »Special Times« mit einem Kind oder mit Ihrer Partnerin: Nach Erledigung des Arzttermins oder der Einkäufe besuchen Sie beispielsweise eine Eisdiele oder ein Café und genießen Sie ein wenig die Zeit miteinander. Vielleicht gibt es sogar etwas zu feiern ...
- Falls das Geld, wie ja bei nicht wenigen von uns (auch als Ratgeberautor wird man meistens leider nicht reich ...), knapp ist, dann tut es ein Spaziergang im Park, oder im nahe gelegenen Wald, oder Steine flitschen lassen an Rhein, Main, Neckar, Hase, Weser, Dümmer ...

- Veranstalten Sie im Sommer einmal eine *Übernachtung im Zelt* oder ein *spontanes Wochenende mit Familiencamping*: Das hört sich möglicherweise zunächst nach Stress an: Wo ist das Zelt? ... Und die Schlafsäcke? ... Was, es gibt nicht genug Isomatten? ... Und der Gaskocher ist natürlich auch kaputt ... Aber wenn Sie erst einmal alles beisammenhaben, dann wird es einfacher. Und es kann eine Menge Gaudi machen, try it!
- Fangen Sie an, sich ein *Familienhobby* gemeinsam zuzulegen.
- Pusten Sie zusammen *Seifenblasen*, in der Wohnung oder am besten draußen ...
- Sortieren Sie mit Frau und Kind die *Familien-Fotosammlung*: Kleben Sie gemeinsam die vielen Fotos ein und denken Sie sich lustige Kommentare aus.
- Gründen Sie eine *Familien-Musikgruppe*: Als Instrumente dienen Haushaltsgegenstände, wie Eimer, Reisgläser, Dosen etc. Denken Sie sich gemeinsam einen Familiensong aus. Toll ist natürlich auch, wenn Sie damit beginnen, mit »richtigen« Instrumenten gemeinsam zu musizieren.
- Sammeln Sie alte Kleider in einer Truhe und verkleiden Sie sich mit Ihrer Partnerin und Ihren Kindern: Spielen Sie zusammen *Theater, Stegreifcomedy oder Klamauk!*
- *Spielen Sie Schule:* Die Kinder dürfen die Lehrer sein, während Sie mit Ihrer Partnerin die Schulbank drücken (Rollentausch kann für Kinder immer eine wahre Freude sein)! Oder, noch herausfordernder für Sie: Ihre Kinder sind die Erzieher, Sie spielen Kindergartenkind.
- Spielen Sie, dass die *Elektrik ausgefallen ist*, weil das Kraftwerk beispielsweise von *lustigen* Außerirdischen besetzt und abgestellt wurde: Alle Aktivitäten müssen nun bei Kerzenlicht ausgeführt werden, zum Beispiel Kochen, Dominospielen, Zeitunglesen.
- Packen Sie Schlafsäcke, Isomatten und Thermoskannen ein: *Schlafen Sie im Freien unter dem Sternenhimmel!*
- Backen Sie zusammen Plätzchen und schenken Sie welche den Großeltern. Bei älteren Nachbarn haben Sie für eine Dose selbst gemachter Plätzchen für alle Zeiten einen Stein im Brett.
- *Aktiv sein ist Trumpf:* Fahren Sie zusammen Fahrrad (entdecken Sie etwa neue Radwege in Ihrer Region); wandern; spielen Sie

mit Kindern und Partnerin Fußball, Federball, Tischtennis, Frisbee. Oder versuchen Sie mit Ihrer Familie einmal Bowling, Kegeln, Roller-Blading, Minigolf, Kanufahren, Bergsteigen.
- *Spielen Sie mit Ihrer Familie:* Wer kann das meiste Unkraut jäten? Oder rechen Sie im Herbst einen großen Haufen mit Blättern zusammen und die Kinder dürfen hineinspringen, bevor er entsorgt wird. Veranstalten Sie eine Zimmeraufräum-Familienparty. Ihnen fallen sicher noch weitere Möglichkeiten ein.

Im nächsten Kapitel widmen wir uns verstärkt dem Thema »Zeitmanagement«. Es sei jedoch schon hier angemerkt, dass Müßiggang und Zeitmanagement keinen Widerspruch darstellen! Lassen Sie uns daher zum Abschluss dieses Kapitels noch einen entspannten Blick auf die bewusste Entschleunigung von Zeit werfen.

Interview mit Lothar Seiwert

Professor Dr. Lothar Seiwert ist »Deutschlands führender Zeitmanagement-Experte« (FOCUS 31/2004). Seine Coaching- und Consultingfirma Seiwert-Institut GmbH in Heidelberg hat sich spezialisiert auf die Themen Time-Management, Life-Leadership® und Work-Life-Balance. Weitere Informationen unter www.seiwert.de. Buchtipps von Lothar Seiwert: »Das Bumerang-Prinzip: Mehr Zeit fürs Glück. Life-Balance: Gesünder, erfolgreicher und zufriedener leben.« München: Gräfe und Unzer, 2003 (www.bumerang-prinzip.de); »Die Bären-Strategie: In der Ruhe liegt die Kraft.« München: Ariston/Hugendubel, 2005 (auch als Hörbuch-CD erhältlich; www.baeren-strategie.de).

Ochs und Orban: Sie sind ein international führender Experte für Zeit- und Selbstmanagement: Macht aus Ihrer Sicht ein geschlechtsspezifisches Vorgehen diesbezüglich Sinn?
Lothar Seiwert: In der Regel sind die Männer in meinen Seminaren in der Überzahl. Doch die Frauen holen merklich auf. Im Grunde genommen geht es ja bei Männern wie Frauen darum, Job und Privatleben unter einen Hut zu bekommen. Doch: Während sich die Männer meist verstärkt auf ihren Beruf konzentrieren, sind für Frauen Job und Familie ein täglicher Balanceakt auf dem Hochseil. Eine berufstätige Mutter mit zwei Kindern kommt auf eine wöchentliche Arbeitsbelastung von über 90 Stunden! Natürlich ist es da besonders wichtig, dass sich Frauen ihre Zeit ganz genau einteilen und ihre Termine

systematisch aufeinander abstimmen. Daher ist es durchaus sinnvoll, auf diese spezielle Problematik in Seminaren einzugehen. Doch für Männer wie Frauen gilt: Es ist nicht Sinn und Zweck des Zeitmanagements, immer mehr Aufgaben in immer kürzerer Zeit zu bewältigen. Zeitmanagement, wie ich es verstehe, ist in erster Linie Selbst- und Lebensmanagement. Und das bedeutet, seine Kräfte ganz gezielt einzusetzen.»Balancing your professional and personal life«, lautet die Zauberformel für einen ausgewogenen Umgang mit unserer Zeit.

Ochs und Orban: Welchen Herausforderungen stehen Männer bei der Vereinbarkeit von Job und Familie/Partnerschaft gegenüber? Was empfehlen Sie Männern, die Probleme mit der Vereinbarkeit von Beruf und Familie haben?

Lothar Seiwert: Gerade Männer verlieren in der Hektik des Alltags leicht den Blick für das, was wirklich wichtig ist. Bei den meisten lenkt der typisch männliche Tunnelblick die gesamte Aufmerksamkeit auf die nächsten Karriereschritte. Berufliches hat fast immer Vorrang, Privates bleibt dabei meist auf der Strecke. So hetzt manch einer durch sein ganzes Leben, nur um irgendwann festzustellen, dass er nie Zeit hatte, sich den wirklich wichtigen Dingen zu widmen: seiner Familie, seinen Freunden und all den kleinen Freuden, die das Leben erst lebenswert machen. Oft ist es dann leider zu spät – verpasste Gelegenheiten lassen sich nicht nachholen. Mein Tipp: Haben Sie Mut, streichen Sie Überflüssiges konsequent aus Ihrem Terminkalender und sorgen Sie dafür, dass Familie, Gesundheit und Lebensqualität nicht zu kurz kommen.

Ochs und Orban: Was ist Ihre gesellschaftliche Vision bezüglich Vereinbarkeit von Job und Familie für Männer?

Lothar Seiwert: Zurück zu den Wurzeln! Früher war es ganz normal, Berufliches und Privates als Einheit zu betrachten. So molken Bauern ihre Kühe, mähten die Wiesen, erzählten ihren Kindern zwischendurch Geschichten und spielten abends Zither – ohne zwischen Pflicht und Vergnügen zu trennen. Heute nennen wir dies Work-Life-Balance, etwas, das wir in unserer schnelllebigen Zeit erst wieder mühsam lernen müssen. Denn: Genau darin liegt das Geheimnis für beruflichen Erfolg und privates Glück.

Ochs und Orban: Was hat sich für Sie selbst am besten bewährt, um Job und Familie/Partnerschaft miteinander zu vereinen?

Lothar Seiwert: Mein Motto: »Weniger ist mehr!« Ich versuche mich – beruflich wie privat – nur auf die wirklich wichtigen Dinge zu konzentrieren. Denn: Die Konzentration auf das Wesentliche ist (m)ein Geheimnis für eine entspannte Lebensführung. Wie das geht? Hüten Sie sich vor übertriebenem Perfektionismus, setzen Sie sich nicht unter Druck und lassen Sie auch mal alle fünf gerade sein. Und: Wenn immer alle alles auf einmal von einem wollen, setzen Sie klare Grenzen und sagen Sie ruhig auch mal »Nein«. Schaffen Sie sich Freiräume und gönnen Sie sich etwas: einen Wochenendtrip mit der Partnerin oder ein gutes Essen mit Freunden.

Kostenloser wöchentlicher Life-Balance-Tipp (nur EINE Seite): Zu abonnieren unter www.seiwert.de, www.baeren-strategie.de

Entspannt die Ver(sch)wendung von Zeit wahrnehmen

Hier wollen wir Sie einladen, einen Blick auf Ihre innere Haltung zu werfen, die Sie Ihrer eigenen (Lebens-)Zeit gegenüber einnehmen:

- Ist mir die Kostbarkeit der Zeit, die ich im Augenblick verbringe, bewusst?
- Behandle ich Zeit wie eine unendlich zur Verfügung stehende Ressource?
- Habe ich eine nachlässige, unaufmerksame Beziehung zur Zeit oder eine freundschaftliche und wertschätzende?

Noch einmal: Zeit wertzuschätzen ist nicht damit zu verwechseln, die mir zur Verfügung stehende Zeit bis zum Anschlag mit Aktivitäten und Stress voll zu stopfen. Zeit wertzuschätzen bedeutet einfach, *dafür ein Bewusstsein zu entwickeln, dass Zeit kostbar ist und genauso wenig wie Geld zum Fenster hinausgeworfen werden sollte.* Deshalb ist es so wichtig, unverplante Zeit einzuplanen.

Am besten beginnen Sie damit, sich erst einmal darüber bewusst zu werden, wie Sie den lieben langen Tag über Ihre Zeit eigentlich so verbringen.

Die folgende Übung stammt von dem tibetanischen Gelehrten Tarthang Tulku Rinpoche, der sich intensiv mit der Kunst des Arbeitens in seinem Buch »Geschicktes Wirken« (Münster, Dharma Publishing) auseinandergesetzt hat. Wir finden, dass dies eine ziemlich schwierige Übung ist, und haben selbst ein paar Anläufe gebraucht.

> **Einleitende Entspannungsübung: Schwebende Organe**
>
> Durch Zeitdruck fühlen wir uns häufig so verspannt und gedrängt, dass wir uns keinen Raum geben, um über unseren Umgang mit der Zeit überhaupt nachdenken und nachspüren zu können. Diese Übung kann dieser Verspannung entgegenwirken:
>
> Setzen Sie sich still hin, entspannen Sie Körper und Geist, und entwickeln Sie allmählich das Gefühl, die Organe Ihres Körpers schwebten im Meer oder im Raum. Lassen Sie Ihre Bewusstheit mit dieser stillen Weite Kontakt aufnehmen. Spüren Sie dies in Ihrem Körper, und lassen Sie es sich zu einer tief empfundenen, umfassenden Stabilität entwickeln. Erlauben Sie allen Spannungen, sich in diesen umfassenden Empfindungen aufzulösen.

Counting out Time: Wie verwende ich meine Zeit

Eine weitere Übung kann Ihnen helfen, einen Überblick zu gewinnen, wie und womit Sie Ihre Zeit verbringen.

Schreiben Sie eine Woche lang Stunde für Stunde auf, womit Sie die jeweilige Stunde verbracht haben (zum Beispiel, woran Sie gearbeitet haben, mit wem Sie die Zeit verbracht haben). Halten Sie nach jeder Stunde inne und machen Sie einen kurzen Eintrag in Ihr Notizbuch. Seien Sie vollkommen aufrichtig mit dem, was Sie tatsächlich erreicht haben. Betrachten Sie Ihre Ergebnisse, überprüfen Sie, wie Sie Zeit nutzen und wie Sie Ihre Ziele immer wieder aus den Augen verlieren. Werden Sie vollkommen vertraut damit, wie Zeit sich in Ihrer Arbeit ausdrückt. Ein Hilfsmittel hierbei kann folgender Zeitplan sein:

Zeit	Tätigkeit/Beschäftigung	Effektivität in Prozent	Zufriedenheit in Prozent
0–1			
1–2			
2–3			
3–4			
4–5			
5–6			
6–7			
7–8			
8–9			
9–10			
11–12			
12–13			
13–14			
14–15			
15–16			
16–17			
17–18			
18–19			
19–20			
20–21			
21–22			

Zeit	Tätigkeit/Beschäftigung	Effektivität in Prozent	Zufriedenheit in Prozent
22–23			
23–24			

Haben Sie an einem Tag oder sogar innerhalb einer Stunde verschiedene Aufgaben zu erledigen, dann setzen Sie für jede Aufgabe eine vernünftige Zeit fest. Bemühen Sie sich, diese Zeitvorgabe einzuhalten. Gelingt es Ihnen nicht, seien Sie sich nicht böse, machen Sie sich keinen zusätzlichen Stress, indem Sie sich selbst verurteilen. Nutzen Sie dies, um mehr über Ihren Umgang mit Zeit zu erfahren. Wie Jürgen »Klinsi« Klinsmann als Bundestrainer so gerne betonte: *Rückschläge sind einfach wunderbar, weil man aus ihnen so viel lernen kann.* Stellen Sie sich dann folgende Fragen:

- Setzen Sie sich stimmige und vernünftige Ziele?
- Setzen Sie Ihre gesamte Energie ein, um die Aufgabe zu erledigen?
- An welchen Stellen regt sich Widerstand?
- Wann werden Sie müde?
- Was geschieht dann?

Es gibt eine ganze Reihe ähnlicher Übungen in einschlägigen Zeitmanagement-Büchern, zum Beispiel bei Lothar Seiwert »Mehr Zeit für das Wesentliche« (Landsberg am Lech, MVG-Verlag). Empfehlen möchten wir Ihnen auch das Buch »Zeitkompetenz: Die Zeit für sich gewinnen« von Elmar Hatzelmann und Martin Held (Weinheim, Beltz).

Zusammenfassung: In diesem Kapitel haben wir für einen bewussten Umgang mit Zeit und für ihre Wertschätzung plädiert. Den Schwerpunkt haben wir dabei auf die *Wertschätzung der Zeit mit der Familie gelegt,* denn in der Regel kommt diese Zeit bei Männern im Vergleich zur Arbeitszeit eher zu kurz. Wir haben hierzu zwei Ansätze vorgestellt: *zum einen gemeinsame Familienmahlzeiten und zum anderen der Familien-Hängematten-Tag.* Zum Schluss des Kapitels stellten wir eine Technik vor, die dabei helfen kann, *sich über den Umgang mit der eigenen Zeit bewusst zu werden.* Solche reinen Beobachtungsaufgaben helfen oft schon bei der Verbesserung des eigenen Zeitmanagements. Die folgenden Ideen zum »Sich-besser-Organisieren« im Job und in der Familie jedoch werden – klug, stimmig und konsequent angewandt! – Ihr Zeitmanagement regelrecht qualitative Sprünge nach oben machen lassen.

Kapitel 4: Get organized: Organisieren Sie sich zu Hause!

»Gemeinschaftlich arbeiten ist ohne Ordnung unmöglich.«
Wladimir Iljitsch Lenin

In diesem Kapitel laden wir Sie ein, sich mit der Frage zu beschäftigen: »Wie schaffe ich es, mich zu Hause gut zu organisieren?« Eine einfache Lebensgestaltung und ein achtsamer Umgang mit Zeit hängen eng mit Ihrer Fähigkeit zusammen, wie gut Sie sich und Ihre Familie sowohl im *Job* als auch im *Haushalt* organisieren können. Es geht jedoch nicht nur um die berühmte Ordnung, die sprichwörtlich das halbe Leben betrifft. Zu einer guten Organisation gesellt sich immer auch *Flexibilität*. Beides zusammen, einerseits *sich gut zu organisieren* und andererseits *flexibel zu sein*, ergibt unseres Erachtens ein stimmiges Ganzes. Ohne Flexibilität verkommt Ordnung schnell zur starren und zwanghaften Struktur. Ohne Ordnung verwandelt sich Flexibilität rasch zu einem wabernden und undefinierbaren Etwas.

Eine gute Ordnung, so, wie wir sie verstanden wissen wollen, ist flexibel. *Sie bietet Orientierung und hilft Freiräume zu erkennen und zu nutzen.* Denken Sie an die *Metapher vom Navigieren*: Wenn der Schiffskapitän sich nur stur an seinen vorgegebenen Kurs, seine Ordnung hält, dann läuft er Gefahr, an unvorhergesehenen Klippen zu zerschellen oder einen günstigen Wind zu verpassen, die Gunst des Augenblicks zu verschenken. Hat er hingegen keinerlei Vorstellung davon, wohin es gehen soll, und entscheidet er den Kurs nach Lust und Laune, dann ist die Wahrscheinlichkeit sehr gering, dass er an seinem Ziel ankommt. Denn bekanntlich gibt es für ein Schiff, das sein Ziel nicht kennt, keine günstigen Winde. Lassen Sie uns also gut organisiert und flexibel voranschreiten.

Zu Hause gut organisiert sein betrifft den (Familien-)Haushalt. Wir stellen Ihnen daher in diesem Kapitel Hilfsmittel vor, die Sie und Ihre Familie dabei unterstützen, ein gutes Haushaltsmanagement zu entwickeln. Wir möchten mit diesem Ratgeber Sie als

Männer als Zielgruppe für Optimierungsstrategien im Haushaltsmanagement gewinnen. Einfach deshalb, *weil Teilung der Haushaltsarbeit auch für uns Männer Vorteile bringt!* Denn, wie die Wissenschaft festgestellt hat, führen Männer, die im Haushalt mithelfen, ganz klar und eindeutig glücklichere Ehen. Der amerikanische Sozialwissenschaftler Scott Coltrane schreibt: »Die Ehezufriedenheit steigt in Relation zur Menge an Routinehausarbeit, die die Ehepartner teilen.« Unser Eindruck nach Sichtung von Bergen von Ratgebern ist, dass viele der dort vorgefundenen Tipps, Hilfestellungen, Anregungen und Anweisungen sich auf wenige einfache Grundregeln herunterbrechen lassen. Eine der Grundregeln für eine gut organisierte Haushaltsführung lautet: *Sinnvoll sortieren und verstauen.* Eine der Grundregeln dafür, effektiv zu arbeiten, heißt: *Erst planen, dann loslegen.*

Ein Vorurteil, auf das wir beim Thema »Sich gut organisieren« gelegentlich stoßen, lautet: Gut organisierte und somit ordentliche Menschen sind langweilig, spießig und reinlich. Die Wahrheit ist jedoch, dass auch der aufregendste Künstler ein Ordnungssystem benötigt, um seine Pinsel und Farbpigmente wiederzufinden, und der kreativste Wissenschaftler eine ausgeklügelte und funktionierende Anordnung der Computerfiles seiner Daten und Veröffentlichungen braucht, um nicht im Wust von Zahlen und Textbausteinen unterzugehen.

Sich organisieren versus das kreative Chaos leben: Als Familientherapeuten, die ihre erkenntnistheoretischen Handlungsgrundlagen aus den Systemwissenschaften beziehen, sind wir Fans davon, die lebenden Systemen (zum Beispiel einer Zelle, dem Gehirn, der Familie) inhärente »Selbstorganisation« (ein Schlüsselbegriff der Systemwissenschaften) zu unterstützen. Das Gegenteil von Selbstorganisation ist Fremdorganisation. Fremdorganisation bedeutet, die Ordnung etwa in einer Familie durch aktives Eingreifen von außen herzustellen, anstatt die sozialen Prozessen inneliegende Ordnung durch geeignete Anregungen und Umweltgestaltungen zu fördern. In diesem Sinne gehen wir davon aus, dass Sich-selbst-Organisieren eine notwendige Form der Umweltgestaltung dafür darstellt, dass sich das ohnehin nicht zu vermeidende Chaos kreativ auswirkt. Damit ist gemeint, *dass gut organisiert zu sein einen Verhaltensrahmen darstellt, in dem Sie Ihre Kreativität und Spontaneität konstruktiver und produktiver ausleben können.*

Get organized at home: Einige nützliche Utensilien aus der Haushaltswerkzeugkiste

Sich gut zu organisieren ist nicht nur ein individuelles Problem eines einzigen Familienmitgliedes, zum Beispiel von Ihnen als Mann. *Dieses Thema geht die ganze Familie an!*

Die beiden Arbeitswissenschaftlerinnen Jerry Jacobs und Kathleen Gerson haben sich mit der Frage beschäftigt, wie Desorganisation und das damit verbundene Gefühl von Überarbeitung in den Bereichen Arbeit, Freizeit und Familienzeit überwunden werden können. Ihr klares Ergebnis: *Wenn nur der Vater lernt, sich besser zu managen, ist der Konflikt zwischen Arbeit und Familie/Freizeit noch längst nicht ausreichend bewältigt.*

Oftmals ist entscheidend, dass auch Partnerin und Kinder lernen, sich gut zu organisieren! Damit ist keineswegs gemeint, das perfektionistische Ideal einer blitzblanken Wohnung anzustreben. Solch ein Ideal ist einem stimmigen Selbst-, Zeit-, Haushalts- und Familienmanagement sicherlich hinderlich (es sei denn, ein perfekter Haushalt steht auf Ihrer Prioritätenliste ganz oben …). *Ein gut gestalteter und organisierter Familienhaushalt kann aber allen Familienmitgliedern dabei helfen, ein sinnvolles Zeit- und Selbstmanagement zu entwickeln und aufrechtzuerhalten.*

Das kleine Einmaleins des Haushaltsmanagements

Vieles von dem Folgenden kommt Ihnen vielleicht trivial vor – vor allem falls Sie (Haus-)Frau sein sollten –, dennoch ist es manchmal, um das Besondere am Einfachen zu entdecken, hilfreich, eine Step-by-Step-Anleitung des Selbstverständlichen zu bekommen.

- Verschaffen Sie sich zunächst einen Überblick über Ihren Haushaltsstand, machen Sie eine Art *Inventur*: Stellen Sie fest, was alles vorhanden ist, was aufbewahrt und verstaut werden soll und – ganz wichtig – was überflüssig ist. Alles das, was überflüssig ist und nicht mehr gebraucht wird, können Sie entsorgen, verkaufen (zum Beispiel auf Flohmärkten oder über E-Bay) oder verschenken.

- Gegenstände, die Sie *häufig benutzen*, sollten *schnell griffbereit* sein. Wenn Sie gerne kochen, dann macht es wenig Sinn, wenn Sie die Pfanne in der hintersten Ecke des Küchenschranks aufbewahren. Wenn Sie häufig saugen, dann ist es nicht zweckdienlich, wenn der Staubsauger im Keller steht. Den meisten Frauen ist das klar, aber wir Männer tun uns mit solchen Selbstverständlichkeiten manchmal etwas schwerer …
- Dinge, die Sie nur ab und an benötigen oder nach Jahreszeiten benutzen (zum Beispiel Winter- oder Sommerkleidung, Urlaubsausrüstungen), können in gekennzeichneten Behältnissen (beispielsweise Bettunterkästen, Plastikboxen, Kellerschränken) *aufbewahrt* werden. Verstauen Sie wichtige Papiere in einem sicheren Behältnis. Bewahren Sie Gebrauchsanweisungen, Garantien, Rezepte und Ähnliches jeweils gesondert auf, beispielsweise in beschrifteten Ordnern.
- Führen Sie ein *vollständiges Adressbuch*, das Sie, genau wie Ihren Organizer, mit sich führen, und denken Sie daran, regelmäßig Updates der Adressen zu machen. Elektronische Lösungen, wie PDAs, sind hierbei natürlich besonders elegant. Denken Sie auch an die E-Mail-Adressen: Nicht immer haben Sie Ihr privates E-Mail-Programm verfügbar.
- Legen Sie einen bestimmten Tag im Monat fest, an dem Sie *alle anstehenden Rechnungen bezahlen*, falls Sie dies nicht ohnehin schon per Dauerauftrag oder Einzugsermächtigung automatisch gelöst haben. Das vereinfacht das Thema »Finanzen«.
- Entwickeln Sie *Pläne für die Haushaltsführung*: Wer macht was wann? Arbeiten Sie hierbei mit To-do-Listen und Zeitmanagement (beides siehe Kapitel 5).

Falls Ihnen diese sechs Schritte zu viel sind, folgt nun eine Anleitung mit nur zwei Schritten. Die Journalistin Birgit Bonk nennt in der Internet-Präsenz der WDR-Sendung Service-Zeit Familie (http://www.wdr.de/tv/service/familie/inhalt/20040922/b_3.phtml) folgende zwei Schritte zum Thema »Ordnung schaffen leicht gemacht«, um das Wohnungschaos zu bändigen.

 **Schritt eins: Ordnung schaffen.** Je weniger rumsteht und -liegt, desto leichter fällt das Aufräumen. Deshalb sollte erst einmal ausgemistet werden. Für viele ein Problem: Verlustangst – sich von bestimmten Sachen zu trennen ist oft die größte Hürde auf dem Weg zur Ordnung. Hier helfen zwei psychologische Tricks. Der eine: sich vorzustellen und zu planen, wie der neugewonnene Raum genutzt und gestaltet werden kann. So wird der Abschied von Krimskrams als Gewinn und nicht als Verlust empfunden. Die zweite Hilfe: dem Ordnen eine Struktur geben. Das geht ganz einfach mit Kisten – eine fürs »Wegwerfen«, eine fürs »Behalten« und eine für die Kategorie »weiß nicht«. Werden die Dinge aus der »Weiß-nicht«-Kiste über längere Zeit nicht gebraucht, gibt es einen guten Grund, auch sie zu entsorgen. Vielen Menschen fällt zudem das Verschenken leichter als das Wegwerfen. Dann sollte eine vierte Kiste hinzukommen. Den Wegwerfkarton schnell aus dem Haus und ab zum Container, bevor man es sich anders überlegt. Bei den »Behalten«-Sachen« die Saisonartikel aussortieren. Weihnachtsdekoration und Sommer- beziehungsweise Winterkleidung in den Keller oder auf den Speicher bringen.

Vorsicht Falle: Wer sich zu viel an einem Tag vornimmt, provoziert Frusterlebnisse. Körperlich wie auch gefühlsmäßig sind Aufräumen und Ausmisten anstrengend. Deshalb die Aktion machbar planen. Zieht sich das Ganze dann über Tage oder Wochen, hilft ein schriftlicher Plan. Der erinnert nicht nur an das, was noch ansteht, sondern motiviert auch durch das Abhaken der erledigten Posten.

Schritt zwei: Ordnung halten. Einer der häufigsten Streitpunkte: die Wäsche. Nicht nur Kinder bevorzugen oft die kurzfristig einfachste Lösung: fallen lassen. Zur Truhe für die Dreckwäsche sollte es deshalb keine langen Wege geben. Wäschekörbe gehören dorthin, wo man sich auszieht: ins Schlafzimmer oder ins Bad. Eine Kleiderstange eignet sich für Kleidung, die man noch einmal anziehen möchte. Wichtiges Prinzip zum Ordnunghalten: Dinge brauchen ihren Platz. Das fängt beim Schlüsselbrett an und geht weiter zu Aufbewahrungsorten für Schuhe, Telefonbuch, Handyladegeräte bis hin zu alten Batterien. Praktische Aufbewahrungsboxen gibt es überall für wenig Geld zu kaufen. Sie geben dem Haushalt nicht nur Struktur, sondern ersparen eine Menge Sucherei und Putzarbeit. Und damit das Ganze nicht zu verkrampft ist, gibt es vereinbarte Kramecken, Schalen oder Dosen für Postkarten, Büroklammern oder für den Bausatz aus dem Überraschungsei.

Aber ein Haushalt besteht nicht nur aus Putzen, Wäschewaschen und Aufräumen. Heutzutage gleicht er eher einem kleinen Unternehmen. Da braucht auch der Unternehmer oder die Unternehmerin seinen/ihren Platz – das »Haushaltsbüro«.

In Haushalten mit Kindern sollte es klar definierte Bereiche geben. Das heißt: Für Elternräume, Kinderzimmer und Gemeinschaftsräume sollte klargestellt werden, wo was liegen darf. Apropos Kinderzimmer. Was für das Spielen wunderbar ist, macht das Putzen zum Horror: kein Fußbreit Platz auf dem Boden vor lauter Spielzeug. Ordnung schaffen lernen Kinder am besten, wenn man es in ein Ritual packt, in eine Regelmäßigkeit bringt – zum Beispiel einmal die Woche am Tag vor dem Putzen. Den Rest der Woche darf dann kreatives Chaos herrschen.

Tipps für Haushaltsführung und Pläne

Organisationstechniken wie Pläne, Listen, Verträge oder Mindmaps sind Werkzeuge, die dabei helfen, weniger mit sich, seiner Zeit und seinen Aufgaben zu entgleisen.

Pläne: Mit Plänen sind die allermeisten von Ihnen wahrscheinlich recht vertraut. Es gibt Tages-, Wochen- und Monatspläne, Jahrespläne und Fünfjahrespläne, Notfallpläne, Schul-, Arbeits- und Haushaltspläne, Treppenhausreinigungspläne, Ferienpläne, Beziehungspläne, Wohnungspläne, Stadtpläne, Nahostfriedenspläne …

Führen Sie Pläne überall dort ein – und nur dort! –, wo Sie merken, dass Ihr eigenes Handeln beziehungsweise das Handeln in Ihrer Familie, wenn es spontan und sich selbst überlassen wird, unzufrieden macht.

Familien-Terminkalender: Der Familienplan: In den Familienplan werden die Termine aller Familienmitglieder eingetragen: der Gospelchor von Papa am Mittwochabend, das Fitnessstudio von Mama freitagmorgens, die Geburtstagseinladung von der siebenjährigen Tochter am Mittwochnachmittag und der Besuch von Freunden zum Abendessen am Samstagabend. Jugendliche können ab einem Alten von zwölf Jahren dazu eingeladen werden, ihre Termine selbstständig einzutragen.

Tipp 5: Help, help, help: the Calendar on the Wall
Besorgen Sie sich entweder einen postergroßen Jahreskalender oder einen Wandkalender mit Monatsüberblick pro Blatt. Hängen Sie diesen an einem Ort in der Wohnung auf, der von allen Familienmitgliedern oft frequentiert wird. Nein, die Toilette empfehlen wir dafür nicht, aber Küche oder Flur können geeignete Orte sein.

Haushaltspläne: Ein wirklich gutes Buch extra für Männer zum Thema »Haushaltsorganisation« stammt von Nigel Browning und Jane Moseley »Haushaltsmanagement – so spart Mann Zeit und Energie« (München: Sanssouci). Das Buch besticht durch viele, viele Abbildungen, Unmengen praktischer Tipps und durch einen eher coolen, pragmatischen Schreibstil, der viele Männer einfach anspricht. Aus diesem Buch ist folgender Plan entnommen, der eine Übersicht darüber darstellt, was im Haushalt wie häufig getan werden muss – auch hier wieder: für viele Frauen wahrscheinlich peinlich selbstverständlich, für viele Männer aber möglicherweise eine bedeutsame Kompetenzerweiterung.

Haushaltswandpläne: Eine weitere Möglichkeit, die Haushaltsaufgaben zu strukturieren und unter den Familienmitgliedern aufzuteilen, besteht in Haushaltswandplänen. Solche Pläne schlagen wir manchmal in unseren Familien- und Erziehungsberatungen vor.

Arbeitsplan

Jährlich:	Monatlich:	Wöchentlich:	Täglich:
• hineinschauen und entrümpeln: Dachboden, Garage, Keller, Schrank unter der Treppe • Kleiderschrank ausmisten und alle Kleidungsstücke wegwerfen, die Sie in den letzten 9 bis 12 Monaten nicht getragen haben • Werkstatt aufräumen und fegen • Kühlschrank und Herd abrücken, um dahinter und darunter zu putzen • Jalousien abwaschen • Teppiche shampoonieren • Steuererklärung abgeben • Federbetten, Steppdecken und sonstige Decken reinigen lassen oder waschen	• Backofen reinigen (Okay, vierteljährlich) • Jalousien und Rollos abstauben • Matratzen drehen (Okay, vierteljährlich) • Matratzen- und Kissenschonbezüge waschen • Fenster putzen • Ventilatoren abstauben • Vorräte in Speisekammer und Gefrierschrank überprüfen • Videos, CDs und Bücher aufräumen und archivieren	• Bestandsaufnahme der frischen Lebensmittel in Kühlschrank und Speisekammer machen • Lebensmittel und Haushaltsbedarf einkaufen • Bestände an lebenswichtigen Artikeln (Toilettenpapier, Waschmittel, Shampoo usw.) prüfen • In den wichtigsten Räumen Staub wischen • Handtücher und Bettwäsche wechseln (Okay, Bettwäsche alle zwei Wochen) • Badezimmer putzen (Waschbecken, Badewanne, Dusche, Toilette) • Bügeln • Kühlschrank auswischen • Abfalleimer sorgfältig putzen • In allen Räumen saugen • Rechnungen bezahlen und Ablage machen • Geschirrtücher wechseln (2- bis 3-mal pro Woche) • Wertstoffe sortieren	• Persönliche Hygiene • Bett machen • Kleider aufhängen und Schmutzwäsche aussortieren • Fußböden und Ablageflächen freiräumen • Waschbecken, Badewanne und Toilette kurz putzen, Toilettenartikel überprüfen und ersetzen • Alte Zeitungen in den Papiermüll bringen • Kleidungsstücke aus dem Wohnzimmer entfernen • Abfalleimer leeren • Am Abend Geschirr wegräumen und abwaschen • Arbeitsflächen und Fliesen in der Küche abwischen • Zonen mit hohem Verkehrsaufkommen saugen

(nach: Browning/Moseley 2003)

 Ein Fallbeispiel: »Wer macht was wann wie im Haushalt: Zoff zwischen Stiefvater und Stieftöchtern«: Herr und Frau Zech haben sich in der Familienberatung angemeldet wegen massiver Schwierigkeiten von Herrn Zech mit den drei Töchtern (11–16 Jahre) aus Frau Zechs erster Ehe. In Zusammenhang mit diesen Konflikten ist es sogar schon zu Gewalt und Handgreiflichkeiten gekommen. Innerhalb von drei Sitzungen wird deutlich, dass sich die Auseinandersetzungen neben großen Beziehungsschwierigkeiten inhaltlich jedoch um die Erledigung beziehungsweise Nichterledigung von Haushaltsaufgaben drehen. Herr Zech wirft seinen Stieftöchtern vor, dass diese viel zu wenig im Haushalt mithelfen würden, und die Töchter werfen ihrem Stiefvater genau das Gleiche vor. Deshalb wird der Familie vorgeschlagen, einen Monats-Haushaltsplan zu entwerfen. Wir erarbeiten in der Beratungssitzung am Flipchart gemeinsam einen Haushaltswandplan, den die Familie auch erfolgreich den folgenden Monat durchführen konnte.

Lassen Sie uns von diesem Beispiel ausgehend nun kurz tiefer in die Welt der (Haushalts-)Pläne eintauchen.

> **Tipp 6: Haushaltspläne – oft verhasst, aber effektiv**
> Es soll tatsächlich immer noch Menschen geben, die meinen, dass in einer gut funktionierenden Familie alles irgendwie wie von selbst läuft. Auf so etwas wie Haushaltspläne könne man deshalb verzichten, weil jeder automatisch mithilft und sieht, was zu tun ist. Zudem hätten Haushaltspläne so etwas Institutionelles, was dem Charakter des Privaten und Heimeligen des Familienhaushaltes zuwiderläuft. Wir möchten Ihnen jedoch aus beruflicher Erfahrung (nicht nur, aber auch aus Institutionen wie Jugendhilfeeinrichtungen und Wohngruppen) dringend raten: Wenn es wiederkehrende familiäre Probleme mit der Erledigung von Haushaltsaufgaben gibt: Arbeiten Sie mit Wochen- und Monatsplänen: Welches Familienmitglied macht was, wann?

In dem schönen DIN-A4-formatigen Buch »Der Familienmanager – den Haushalt effektiv organisieren und planen« (Frankfurt am Main: Eichborn) finden Sie eine große Anzahl an Haushaltsplänen, Listen und Arbeitsvorlagen, die direkt herauskopiert und umgesetzt werden können. Ein Haushaltswandplan könnte beispielsweise folgendermaßen aussehen:

Haushaltswochenplan

Was?	\multicolumn{7}{c}{Wer macht bei uns was?}
	Montag	Dienstag	Mittwoch	Donnerstag	Freitag	Samstag	Sonntag
Tischdienst							
Spülmaschine							
Müll							
Staubsaugen							
Toilette							
Bad							
Rasen mähen							
Treppe putzen							

Notfallpläne: … sind, wenn man kleine Kinder hat, eigentlich überlebenswichtig: Warten Sie nicht erst auf den Tag, wenn Ihr Kind krank ist und Ihre Partnerin für Ihr Kind gerade aufgrund beruflicher oder sonstiger Ausnahmesituationen nicht verfügbar ist. Notieren Sie, an wen Sie sich im Falle X »planmäßig« wenden können: an Groß- beziehungsweise Schwiegereltern, Freunde, Verwandte, Bekannte, Nachbarn? Hilfreich ist zum Beispiel auch, einen Notfallplan mit Telefonnummern des Kindernotdienstes gut sichtbar in der Nähe des Telefons angebracht zu haben, logisch.

Nützlich können hierfür auch kleine Ratgeber sein, die Ihnen zeigen, wie Sie im Notfall (zum Beispiel bei Kopfverletzungen, Verbrühung, Vergiftungen, Verschlucken von Gegenständen) zu reagieren haben, zum Beispiel:

- Peter Beale: Erste Hilfe für Ihr Kind: So reagieren Sie im Notfall richtig (London, Dorling).
- Thomas Seiler: Erste Hilfe leisten bei Babys und Kleinkindern: Wie Sie im Notfall schnell und richtig reagieren (München, Trias).

Mindmaps: Mindmaps stellen eine schöne Möglichkeit dar, komplexe Aufgaben zu illustrieren und in Einzelschritte zu unterteilen. Wenn man erst einmal mit der Technik vertraut ist, macht sie zudem eine Menge Spaß. Gerade für eher visuelle Typen ist dies ein sehr effizientes Verfahren, um sich einen schnellen, auch komplexen Überblick zu verschaffen, der sich sogleich sortieren lässt.

Hier eine Beispiel-Mindmap für die privaten Ziele von einem der Autoren dieses Ratgebers:

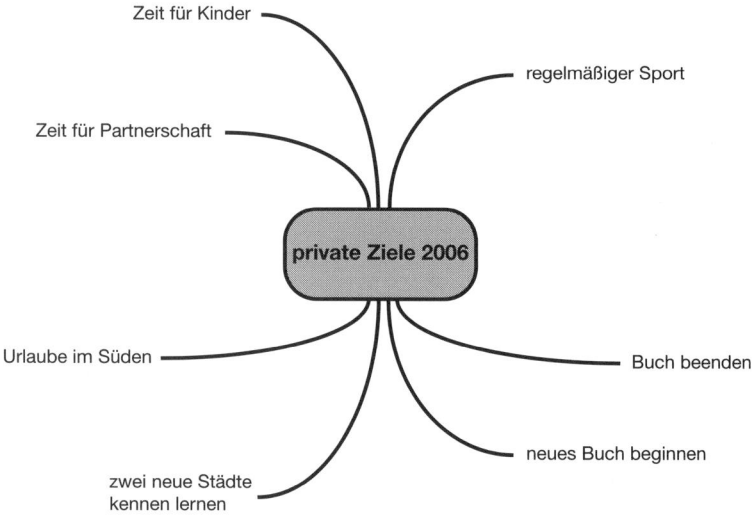

Verträge: Commitment mit anderen und mit sich selbst: Mit Verträgen zu arbeiten, um sein Verhalten zu verändern, ist eine nützliche Idee, die aus der Verhaltenstherapie stammt. Hierbei trifft man eine Vereinbarung mit sich selbst: Man kommt nach reiflicher Überlegung und oft nach vielen leidvollen Erfahrungen zu dem Schluss, dass man von der Einhaltung eines bestimmten Verhaltens mittel- bis langfristig deutlich mehr hat, als wenn dies nicht geschieht. Um diese Vereinbarung mit sich selbst verbindlicher zu machen und zu konsolidieren, empfiehlt es sich, diese schriftlich zu fixieren und per Unterschrift zu besiegeln. Dies kann natürlich auch gemeinsam mit der Partnerin und mit älteren Kindern/Jugendlichen vereinbart werden.

Man kann zudem Verträge mit Kniffs aus der verhaltenstherapeutischen Trickkiste verstärken: Belohnen Sie sich, Ihre Partnerin und Ihre Kinder großzügig für das Erreichen und Einhalten bestimmter Vereinbarungen.

Haushaltsmanagement für Kinder – vom Papa abgeguckt!

Mal schauen, wie Papa das macht! Die beste Art, Kinder dazu anzuleiten und zu erziehen, sich gut zu organisieren, ist, *es ihnen vorzuleben*. Worte helfen da nur wenig beziehungsweise gar nicht!

Der amerikanische Verhaltenstherapeut Albert Bandura hat in den 60er-Jahren des letzten Jahrhunderts das Prinzip des »Lernens am Modell« in die Lernpsychologie eingeführt. Dieses Prinzip besagt, dass Menschen durch Beobachtung des Verhaltens anderer Menschen (der »Modelle«) dazu fähig sind, sich neue Verhaltensweisen anzueignen und bereits bestehende Verhaltensweisen weitgehend zu verändern. Vor allem Kinder sind dazu aufs Beste in der Lage. Die sinnvollste Weise, Kindern beizubringen, ihre eigenen Schulsachen oder ihre Kleidung bereits am Abend vorher zu richten, ist, sie dabei einzubeziehen, wie Sie selbst Ihre Dinge ordnen!

So bringen Sie ihnen zugleich Organisationsfähigkeiten bei, die ihnen in der Zukunft sehr nützlich sein werden.

Tipp 7: Klar Schiff machen – mit der Hilfe der Kinder!
Beziehen Sie Ihre Kinder mit ein, wenn Sie etwa die Kochgerätschaften in der Küche neu anordnen oder den Keller aufräumen.
Wir neigen häufig dazu, Kinder (vor allem Vorschulkinder) beim Ordnen unserer »sieben Sachen« als störend zu erleben (was sie manchmal ja

tatsächlich auch sein können). Dennoch: Wann immer Sie die Möglichkeit haben, Kinder beim Aufräumen und Ordnen zuschauen und mitmachen zu lassen – Nutzen Sie diese Option! Erklären Sie ihnen, warum sie was wie verstauen und kennzeichnen. Zeigen Sie ihnen auch einmal, wie Sie Ihre Papiere in Ihrem Arbeitszimmer ordnen, Ihre Arbeitstasche packen oder nach welchen Prinzipien Sie Ihren Werkzeugkasten organisiert haben.
Und: Wenn Sie selbst Vorschulkinder ein wenig mit einbeziehen indem Sie ihnen kleine Aufgaben übertragen (zum Beispiel etwas in den Papierkorb zu werfen, eine leere Tasse in die Küche zu tragen, eine Werbebroschüre ins Altpapier zu werfen), dann verhalten sich diese oft lange nicht so nervig, wie befürchtet.

Das Kinderzimmer als »Aufbewahrungsanstalt«: Kinder neigen dazu, überall im Haus ihre Schul-, Anzieh- oder Spielsachen zu verteilen. Regen Sie Ihre Kinder dazu an und unterstützen Sie sie dabei, Bereiche in ihren Kinderzimmern zu gestalten, wo sie etwa ihre Schulsachen, ihr Bastelmaterial, ihre Spielzeugautos aufbewahren können. Falls notwendig, bringen Sie noch einige Regalbretter hierfür an der Wand an oder kaufen Sie noch ein Schränkchen (zum Beispiel billig über Anzeige-Flohmärkte). Die Aufbewahrungsmöglichkeiten, die Ihre Kinder am meisten benutzen, sollten am besten zugänglich sein. Nutzen Sie »lernsensible Entwicklungsphasen« Ihrer Kinder und investieren Sie in Aufbewahrungs- und Aufräummöglichkeiten für das Kinderzimmer, wenn Ihre Sprösslinge noch im Vorschulalter sind.

Tipp 8: Inventur at home
Begutachten Sie den Familienhaushalt – die Kinderzimmer ebenso, ob bessere Aufbewahrungs- und Verstaulösungen möglich sind. Auch hier wieder: Beziehen Sie Ihre Kinder dabei mit ein. Fangen Sie klein an, Schritt für Schritt. Wenn Sie sich nur eine Viertelstunde dafür nehmen, werden Sie staunen, was Sie in dieser Viertelstunde alles verändert haben können.

Felix-Aufkleber und Micky-Maus-Etiketten: Mit lustigen Comic-Schildern kann der Inhalt von Boxen, Schubladen symbolisch gekennzeichnet werden.

Zusammenfassung und abschließende Anmerkungen: Wir hatten Sie eingeladen, sich mit der Frage zu beschäftigen: »Wie schaffe ich es, mich zu Hause gut zu organisieren?« Es ging uns dabei darum, Ihnen Beispiele aufzuzeigen und Möglichkeiten an die Hand zu geben, die eine einfache Lebensgestaltung sowie einen achtsamen, Ihre eigenen Ressourcen wertschätzenden Umgang mit Ihrer Lebenszeit befördern. Dazu konzentrierten wir uns im Besonderen auf die Organisation zu Hause.

In unseren Paartherapien haben wir die Erfahrung gemacht, dass das Arbeiten mit Haushaltsplänen nicht selten ein »heißes Eisen« ist. Derjenige Partner, der etwa einen Wochenreinigungsplan einführen möchte, wird in ungünstigen Paardynamiken vom anderen Partner rasch als zwanghaft oder oberlehrerhaft bewertet. Eine Frau meinte ironisch zu ihrem Mann: »Und um 18.15 Uhr soll dann Sex stattfinden, oder wo hast du dafür Zeit in deinem Plan übrig.«

Andererseits wird derjenige Partner, der gerne ohne vorgegebene Pläne den Haushalt macht, in solchen Paarkonstellationen dann schnell vom anderen Partner als chaotisch und unstrukturiert bewertet.

Rechnen Sie also damit, *dass es beim Einführen von Haushaltsplänen zu Streitigkeiten und Schwierigkeiten kommen kann.* Wenn Sie allerdings Ihrer Familie klar mitteilen, warum es Ihnen persönlich sehr wichtig ist, den Haushalt besser organisiert zu bekommen – ohne dabei ein anderes Familienmitglied abzuwerten –, dann steigt nach unserer Erfahrung die Bereitschaft der Familie, mitzumachen, deutlich. Falls dem nicht so ist, dann liegen oft andere Probleme und Konflikte vor (zum Beispiel Burn-out eines Partners, tiefere Ehekonflikte), die sich lediglich in den Haushaltsschwierigkeiten widerspiegeln. In solchen Fällen helfen Ehe- und Familienberatung oft schnell und effektiv.

Kapitel 5: Work at Work: Nutzen Sie die Arbeitszeit zum Arbeiten!

»Gib der Welt das Beste von dir, und du wirst das Beste von ihr zurückbekommen.«
Madelaine Bridges

In der Untersuchung von Shelley Haddock betonten 36 der 47 befragten Doppelverdiener-Elternpaare die Wichtigkeit, produktiv im Job zu sein. Sie berichteten, *dass die Fähigkeit, sich am Arbeitsplatz erfolgreich fokussieren und konzentrieren zu können, die Balance zwischen Beruf und Familie deutlich erleichtere.* Diese Kompetenz trägt wesentlich dazu bei, pünktlich kommen und gehen zu können und die erwerbstätige Arbeit nicht ausufern zu lassen. Vereinfacht ausgedrückt: Wenn ich am Arbeitsplatz produktiv bin, kann ich mich danach ohne schlechtes Gewissen dem Familienleben zuwenden. Sie können ruhigen Gefühls (Frei!-)Zeit mit Ihrer Partnerin und mit Ihren Kindern verbringen, zum Beispiel wenn

- sich keine Aktenstapel in Ihrer Arbeitstasche verstecken, wenn Sie nach Hause kommen;
- Sie nicht den halben Arbeitstag damit verbracht haben, Löcher in die Luft zu gucken (wie ein Klient mit Arbeitsstörungen kürzlich berichtete) oder auf den Internetseiten von Amazon.com, Spiegel.de oder Kicker.de zu surfen;
- Sie sich nicht seit zwei Tagen an Ihrem Arbeitsplatz an einer unwichtigen Aufgabe verzettelt haben.

Dazu folgende Statements der befragten Doppelverdiener-Elternpaare aus der Haddock-Studie:

»Wir beide stecken viel Kraft und Energie in unsere Jobs. Keiner unserer Kollegen hat jemals den Eindruck gewonnen, dass wir auf dem Arbeitsplatz herumhängen oder oberflächlich arbeiten, weil wir gleich die Kinder abholen müssen. Wir steigen voll in

unsere Berufe ein … und tun auch mehr, als wir müssten. Denn somit schaffen wir uns auch Freiräume.«

»Ich denke, wenn dein Chef feststellt, dass du gut bist in dem, was du täglich machst, akzeptiert er auch arbeitszeitliche Limits eher … Die Kollegen stellen dich nicht in Frage, denn die Qualität deiner Arbeit ist gut. Ich bekomme mit, dass andere Kollegen Schwierigkeiten bekommen, weil die Qualität ihrer Arbeit nicht gut ist. Ich bringe meinem Chef qualitativ eine Menge.«

»Ich gammele nicht auf meinem Arbeitsplatz herum. Wenn ich dort bin, arbeite ich. Und ich denke: Das ist der Schlüssel. Du musst einfach versuchen, wirklich effizient zu arbeiten und voll da zu sein, wenn du im Job bist.«

Unsere therapeutische Erfahrung mit Männern lehrt uns: Aus effizient und viel arbeiten wird allzu schnell *zu* viel arbeiten – und der Schritt von zu viel arbeiten zum Burn-out ist oft ein kleiner. Daher hier noch einige Tipps zur Burn-out-Prävention:

Tipps, um Burn-out zu vermeiden

- *First Things first*: Arbeiten Sie mit Prioritätslisten und To-do-Listen (ausführlich dazu Kapitel 5).
- *Der richtige Arbeitscocktail:* Achten Sie darauf, dass Sie anstrengende und weniger anstrengende Aufgaben und Projekte über den Tages-, Wochen- und Monatsverlauf gut mixen.
- *Setting Limits:* Setzen Sie sich selbst für Projekte und Aufgaben Grenzen, damit sich diese nicht ins Unendliche verlieren.
- *The Comfort of Friends*: Suchen und finden Sie soziale Unterstützung (mehr dazu in Kapitel 11).
- *Born to choose:* Versuchen Sie sich selbst grundsätzlich als einen Menschen wahrzunehmen, der Alternativen hat und wählen kann.
- *Locker bleiben:* Nehmen Sie nicht alles so persönlich!
- *Bleiben Sie auf dem Boden:* Stellen Sie Ihre Ziele und Werte innerhalb der unterschiedlichen Rollen, die Sie in Ihrem Leben ausfüllen, auf eine realistische Basis.

- *Handmade Stress:* Werden Sie sich Ihrer »inneren Druckmacher« (»du müsstest«, »du solltest«, »du darfst nicht«) als potenzieller Stressquellen bewusst.
- Gewöhnen Sie sich an, sich selbst zu belohnen.
- *Selbstwertschätzung:* Würdigen Sie regelmäßig (zum Beispiel abends vor dem Zubettgehen, am Ende der Woche), was Sie alles gut gemacht und geschafft haben. Das kann den inneren Druck vermindern, unter dem Burn-out bestens gedeiht. Der Finanzcoach Bodo Schäfer empfiehlt, ein persönliches Erfolgsjournal zu führen: »Journale sind leere Bücher – Bücher, die *Sie* schreiben. Und zwar nur für sich alleine. Tragen Sie alles ein, was Ihnen während des Tages gut gelungen ist.«
- *Exercise Acceptance:* Lernen Sie zu unterscheiden zwischen dem, was Sie verändern, und dem, was Sie nicht verändern können. Das ist zwar kein revolutionärer Rat, aber, falls Sie eine Neigung zum Burn-out-Syndrom haben, einfach sinnvoll: Akzeptieren Sie das, was einfach gegeben ist.
- *Regelmäßig Ressourcen reaktivieren:* Sorgen Sie proaktiv und regelmäßig für Ausgleich und Regeneration (zum Beispiel Bewegung, familiäre Geborgenheit, Lachen und Spaß, spirituelle Ertüchtigung) – und zwar schon lange, bevor Sie auf dem Zahnfleisch kriechen.

Eine weitere Ursache für Schwierigkeiten, effektiv, zufrieden und mit Freude zu arbeiten, liegt in mangelndem Wissen – beziehungsweise Fähigkeitsdefiziten etwa bezüglich:

- effizienter Arbeitstechniken,
- günstiger Arbeitsplatzgestaltung,
- arbeitszufriedenheitsfördernder sozialer und betrieblicher Umwelt,
- der Unterstützung eigener Arbeitsmotivation (zum Beispiel emotionales Involviertsein).

Diesen Aspekten widmen wir die folgenden Seiten – denn wir halten sie für wesentlich, um zwischen Job und Familie erfolgreich navigieren zu können!

Back to the Roots: Klassische Arbeitsmanagementmethoden

»Es war einmal ein erschöpfter Holzfäller, der Zeit und Kraft verschwendete, weil er mit einer stumpfen Axt einschlug. Denn wie er sagte, habe er keine Zeit, die Schneide zu schärfen.«

Anthony de Mello

Zeitmanagement ist eine mögliche Antwort auf die gewachsene Komplexität unseres Lebens: Wir Männer stehen vor der Herausforderung, zwischen unseren verschiedenen sozialen Rollen zu navigieren und zu driften (Kollege, Chef, Vater, Partner, Freund, Fitnesskumpel, Vereinsmitglied). Wir versuchen mit immer mehr Freiheit, immer mehr Verlust von sozialem Eingebundensein etwa in übergeordnete Werte und Traditionen sowie mit immer mehr Privatisierung von Lebensrisiken klarzukommen. Wir sind oft konfrontiert mit den gestiegenen, mitunter widersprüchlichen Anforderungen unserer Partnerin, unserer Kinder und unserer Kollegen sowie mit häufig ambivalenten Wünschen von uns selbst an uns selbst.

Diese Anforderungen zu klären und nebeneinander praktisch lebbar zu machen dabei können ein gutes Zeitmanagement *und* Selbstmanagement helfen. Denn es gilt: *Ein effektives Zeitmanagement ist ohne ein stimmiges Selbstmanagement nicht denkbar.*

Wie soll man beispielsweise sinnvoll Prioritäten in seiner Zeiteinteilung setzen, wenn man nicht spürt, was einem wirklich wichtig ist?! Deshalb möchten wir zu Beginn der Einführung in klassische Zeitmanagementmethoden zunächst einige Grundlagen und Ideen des Selbstmanagements vorstellen.

Interview mit Steffen Esaias

Steffen Esaias, geboren 1966, ist als Producer von Werbefilmen regelmäßig für Dreharbeiten im In- und Ausland unterwegs und Geschäftsführer sowie Miteigentümer der Werbefilmproduktionsfirma Sterntag Film. Er ist verheiratet und hat zwei Kinder im Vorschulalter.

Ochs und Orban: Du arbeitest in einem Job, in dem du viel verreisen musst und auch klassische »Nine to five«-Arbeitszeiten nur schwer einzuhalten sind: Wie schaffst du es da, Job und Familie gut unter einen Hut zu bringen?

Steffen Esaias: Ehrlich gesagt ist dies in der Tat recht schwer. Ich versuche eine klare Trennung einzuhalten: Wenn ich bei der Arbeit bin, bin ich zu 100 Prozent da, und wenn ich zu Hause bin, bin ich auch zu (fast) 100 Prozent bei meiner Familie. Ich schalte zum Beispiel mein Handy aus beziehungsweise gehe nicht ran, wenn es nicht unbedingt nötig ist. Die Erfahrung zeigt, dass viele Anrufe auch noch am nächsten Tag stattfinden können. Wichtig sind logischerweise die Wochenenden, da dies wirklich »Quality-Time« ist für die Familie. Ich versuche dann, nicht zu viel Geplantes am Wochenende zu machen, sondern Zeit zu haben für Spontanes, Spielen, gemeinsames Kochen, Essen etc. Während der Woche bemühe ich mich, abends so nach Hause zu kommen, dass ich die Kinder noch zirka 45 bis 60 Minuten sehe, bevor sie ins Bett gehen. Wenn dies nicht klappt, bleibe ich lieber länger, als nur für den »Gutenachtkuss« nach Hause zu kommen, denn das ist meist schwierig für die Kinder und für mich.

Ochs und Orban: Was ist das größte Problem dabei? Was klappt am besten dabei?

Steffen Esaias: Das größte Problem ist das Umstellen von Arbeit (alles läuft organisiert, schnelle Abläufe, klare Verabredungen) auf Familie, mit den doch oft chaotischen Gegebenheiten. Kinder »funktionieren« einfach nicht so, wie man es von Erwachsenen erwartet. Gut klappt es, wenn ich Zeit habe, kurz »umzustellen« von Arbeit auf Familie, damit man nicht den ganzen Stress mitnimmt. Probleme gibt es, wenn ich lange weg war, dann fällt es den Kindern auch schwer, sich daran zu gewöhnen, dass Papi wieder da ist. Ich muss mich dann ebenfalls erst einmal an die Umstände gewöhnen und daran, dass die Kinder nicht unbedingt nur »auf mich gewartet« haben und durchaus ihr eigenes Ding machen oder sehr an der Mutter »kleben«.

Ein großes Problem ist aber auch, dass aufgrund von großer zeitlicher Belastung im Job und in der Familie der eigene persönliche Freiraum zu kurz kommt. Freunde, Kino, Hobbys etc. haben die geringste Priorität und werden erst ganz am Schluss wahrgenommen, wenn noch Zeit und Energie da sind.

> Dazwischen kommt ja noch die Zeit für die Partnerin, die auch nicht zu kurz kommen darf.
>
> **Ochs und Orban:** Was würdest du Männern empfehlen, die Schwierigkeiten damit haben, Job und Familie zu verbinden?
>
> **Steffen Esaias:** Klare Trennung von Arbeitszeit und Kinderzeit. Klare Verabredungen, wann man Zeit für die Kinder hat – und dann muss das auch eingehalten werden. Keine zu großen Ansprüche an sich und an die Kinder, nicht zu viele Verabredungen, da sonst zu viel Stress aufkommt. Wenn man mehrere Kinder hat, ist es durchaus mal sinnvoll, dass man sich aufteilt: Papa geht mit einem Kind schwimmen, während Mama mit dem anderen Kind einkaufen oder spielen geht.
>
> **Ochs und Orban:** Wenn du Männer aus deiner beruflichen oder privaten Umwelt beobachtest, die es schaffen, Job und Familie erfolgreich miteinander zu vereinbaren: Wie schaffen diese das?
>
> **Steffen Esaias:** Viele stellen ihren beruflichen Ehrgeiz zurück und verbringen bewusst mehr Zeit mit der Familie. Andere setzen klare Prioritäten bei Beruf und Familie und verwenden wenig Zeit für Freunde, Hobbys etc.

I am sailing: Die Kunst, die Segel richtig zu setzen

Wie an verschiedenen Stellen in diesem Buch schon ausgeführt: Es ist entscheidend, zunächst einmal zu definieren, *wohin Sie in Ihrem Leben wollen*. Dies gilt im Kleinen und im Großen. Was sind Ziele für den heutigen Tag? Was sind Visionen für mein Leben in zwei, fünf und zehn Jahren?

Wir halten Zielorientierung für wichtig, möchten aber gleichzeitig davor warnen, *diese allzu sehr zu überschätzen*! Der Heidelberger Familientherapeut Fritz B. Simon schreibt in einem Weblog des Carl-Auer-Verlages im Februar 2006 (http://www.carl-auer.de/blog/author/milzner/) hierzu:

»Nur Umwege lassen einen das Territorium erforschen, Kontexte erforschen und Anregungen finden, mit denen man nicht gerechnet hat. ›No Suprises!‹ als Motto ist immer tödlich (schon weil man zu oft unangenehm überrascht wird, wenn man nicht mit Überraschungen rechnet und sie nicht als Möglichkeit der Erweiterung der eigenen Möglichkeiten wertschätzt). Und außerdem

gilt eben wohl generell: Wer nicht genau weiß, wo er hinwill, kann sich nicht verlaufen.«

Also: Versäumen Sie nicht, bei aller Zielorientierung auch mal nach links und nach rechts zu schauen und sich von Ab- und Umwegen verführen zu lassen.

Um jedoch eigene Ziele und Visionen zu entwickeln, zu erkennen und zu definieren, möchten wir Ihnen zwei mögliche Zugänge vorschlagen, einen etwas üppigeren und einen eher kargen.

Book of Dreams: Das Aufschreiben von Visionen, Träumen und Lebenszielen kann ein kraftvoller Klärungsprozess sein, der uns dem näher bringt, was wir wollen und was uns Sinn gibt.

Tipp 9: Constructing Future!
Der amerikanische Hypnotherapeut Anthony Robbins empfiehlt in seinem Buch »Grenzenlose Energie: Das Power Prinzip« (München: Heyne) folgende Übung: Kreieren und erschaffen Sie in Ihrer Vorstellung die Menschen, die Gefühle und die Orte, *die Sie zu einem Teil Ihres Lebens machen möchten*. Nehmen Sie hierzu ein Blatt Papier und einen Bleistift und beginnen Sie zu schreiben. Schreiben Sie zehn bis fünfzehn Minuten ohne Unterbrechung. Überlegen Sie nicht, wie Sie Ihre Ziele erreichen sollen. Schreiben Sie wie bei einem Brainstorming einfach nur auf. Es gibt in dieser Phase des Prozesses keine Grenzen. Halten Sie den Stift während der ganzen Zeit in Bewegung. Nehmen Sie sich so viel Zeit, wie Sie benötigen, um aus allen Lebensbereichen anzuführen, Arbeit, Familie, Beziehungen, Körper, Gesundheit, Lebenssinn, geistige, emotionale, soziale, materielle und physische Zustände; schreiben Sie alles auf, was Ihnen einfällt, das Teil Ihres Lebens sein soll.
Wir möchten Sie dazu einladen, spielerisch mit dieser Aufgabe umzugehen. Wann immer Sie merken, dass Sie sich selbst Beschränkungen auferlegen, schütteln Sie diese ab. Visualisieren Sie einen Ringkämpfer, der seinen Gegner aus dem Ring wirft, und tun Sie dasselbe mit Ihren einschränkenden Gedanken. Werfen Sie diese aus dem Ring, und spüren Sie, wie befreiend es ist, dies zu tun.

Tipp 10: Fast forward one Year: Wo möchten Sie in einem Jahr sein?
Nehmen Sie ein Blatt Papier und datieren Sie dies ein Jahr vorwärts in die Zukunft.
Schreiben Sie in bunten Farben und Details auf, wie Ihr Leben dann ausschaut und was Sie dann erreicht haben. Formulieren Sie auch, was bis dahin passiert ist, damit dies – rückblickend aus der Zukunft – eintrat.
Es kann hilfreich sein, diese Fast-forward-Übung regelmäßig einmal im Jahr zu machen: zum Beispiel an Ihrem Geburtstag oder (als Alternative zu den »guten Vorsätzen«) am 1. Januar.
Diese Übung kann übrigens auch sehr gut mit der gesamten Familie gemacht werden (zum Beispiel an Silvester/Neujahr als Alternative zum Zinngießen).

Tipp 11: Making Pictures
Trauen Sie sich, mal wieder ein Bild zu produzieren – wie damals im Kunstunterricht: Nehmen Sie Buntstifte, Wachsmalstifte, Pinsel oder Kreide und bringen Sie Ihre Visionen, Ihre Wünsche und Sehnsüchte in Farbe und Form. Oder erstellen Sie eine Collage aus alten Zeitschriften von dem, was Sie leben möchten.
Wir wissen, viele Männer tun sich bei dieser Aufgabe häufig schwerer. Bleiben Sie ruhig, wichtig ist: Es geht dabei nicht darum, künstlerisch hochwertige Produkte zu fabrizieren. Es geht einfach darum, dass Sie Ihre Gefühle, Ihre Intuition und Ihr Unbewusstes als Kraftquelle für diese Übung mit nutzen. Und denken Sie daran: Kunst kommt nicht von Können (zumindest bezogen auf diese Übung ...). Falls Sie partout keine Illustration anfertigen möchten (was schade wäre ...), dann lassen Sie sich von folgenden Fragen anregen, um Zugang zu Ihrem emotionalen Inneren zu finden:

- Welche Songs, die Sie morgens auf der Autofahrt im Radio hören, bringen am ehesten Ihre Sehnsüchte zum Klingen? Warum? Welche Sehnsüchte?
- Welcher Film, den Sie abends im Fernsehen oder bei einem der letzten Kinobesuche gesehen haben, und welches Buch, das Sie gelesen haben, enthält gefühlsmäßig etwas von Ihren Visionen? Welchen Teil Ihrer Zukunftsvisionen?
- Welches Werbeplakat, an dem Sie vorbeigelaufen sind, und welcher Werbetrailer, der innerhalb eines Werbeblocks im Fernsehen lief, beflügelt Ihre Fantasie und weckt Ihre Wunschträume? Welche sind es?
- Von welcher in den Medien oder in Ihrem realen Leben präsenten Person oder historischen Persönlichkeit würden Sie sich gerne eine Scheibe abschneiden? Welche Scheibe genau?

A new day has come: Bereiten Sie sich innerlich auf den Tag vor! In verhaltenstherapeutischen Trainingsmanualen zur Behandlung von Depressionen werden wir Therapeuten immer wieder darauf hingewiesen, wie wichtig es ist, unsere Patienten dazu zu ermutigen, jeden Tag etwas zu tun, was ihnen richtig Spaß und Freude macht. Doch nicht nur für depressive Patienten, für uns alle ist es enorm wichtig, darauf zu achten, dass wir Spaß und Freude erleben – und zwar täglich.

Wir möchten Sie einfach dazu anregen, dass Sie darauf achten, *Highlights am Tag zu haben!* Vergessen Sie also nicht, sich (ab und an) zu fragen: Was kann ich am heutigen Tag tun, um auch Spaß und Freude zu haben?!

With a little Help from … Arbeitsmanagementinstrumente

Zeitpläne, Terminkalender, Organizer …: Ein klassischer Plan ist der Terminkalender beziehungsweise, etwas schicker ausgedrückt, der Organizer, mit dessen Hilfe Sie Ihren Tages-, Wochen-, Monats- und Jahresablauf ordnen. Nutzen Sie den Organizer, *der zu Ihrem Typ und Ihrer Aufgabe passt.*

Hilfreich ist, wenn der Organizer durch eine Extraspalte die Möglichkeit bietet, mit Hilfe einer Art *Wochenkompass* die Zeitplanung auf das, was momentan im Leben wichtig ist, hin auszurichten. In diesem Wochenkompass können beispielsweise die Projekte, an denen Sie zurzeit arbeiten, eingetragen und Teilaufgaben der Projekte direkt in den Wochenplan übertragen werden (Näheres zum Arbeiten mit To-do-Listen siehe Seite 103ff.).

Damit nicht nur berufsbezogene Projekte Ihren Organizer bestimmen (was gerade für Männer eine fiese Falle ist), kann es hilfreich sein, mit den vier Dimensionen »*Körper*«, »*Leistung, Arbeit*«, »*Kontakt*« *und* »*Sinn*« zu arbeiten. Diese Dimensionen bilden das Zeit-Balance-Modell, das der Heidelberger Zeitmanagementexperte Lothar Seiwert entwickelt hat. Der Vorteil an der Arbeit mit diesen Dimensionen im Terminkalender besteht darin, dass sie einen ausbalancierten Lebensstil unterstützen, in dem kein Bereich dauerhaft ein ungesundes Übergewicht bekommt.

Lothar Seiwert definiert in seinem prägnanten, knappen Buch »30 Minuten für deine Work-Life-Balance« diese Dimensionen stichwortartig folgendermaßen:

- *Körper:* Gesundheit, Ernährung, Erholung, Entspannung, Fitness, Lebenserwartung
- *Leistung, Arbeit:* Schöner Beruf, Geld, Erfolg, Karriere, Wohlstand, Vermögen
- *Kontakt:* Freunde, Familie, Zuwendung, Anerkennung
- *Sinn:* Spiritualität, Liebe, Selbstverwirklichung, Erfüllung, Philosophie, Zukunftsfragen

Wie bei allen Ideen und Anregungen, die wir Ihnen in diesem Buch vorstellen, so gilt auch bei den Empfehlungen zur Art und Gestaltung Ihres Organizers: *Wir möchten Sie dazu ermutigen, auszuprobieren, was am besten für Sie geeignet ist.* Dem Buch von Lothar Seiwert ist auch folgende Abbildung entnommen:

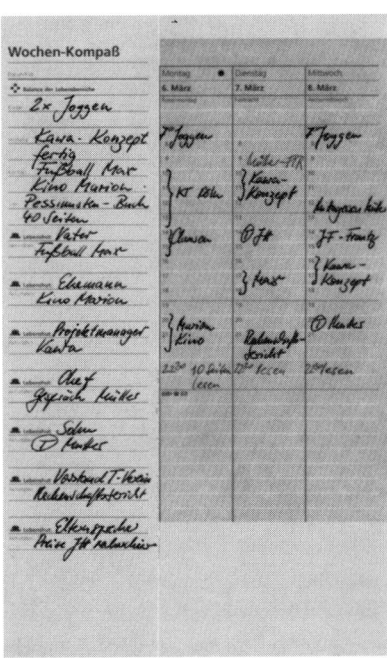

> **Tipp 12: Work-Life-Balancing via Terminkalender**
> Tragen Sie in Ihren Terminkalender regelmäßig auch Ihre jeweiligen Prioritäten für die Bereiche »Gesundheit/Körper«, »Leistung/Arbeit«, »Familie/Beziehung« und »Kultur/Sinn« ein.

Pareto, Eisenhower and Friends

Die Pareto-Regel, das Eisenhower-Prinzip oder die Alpen-Methode gehören zum *Einmaleins klassischer Zeit- und Arbeitsmanagementtechniken*. In der Boomzeit der Zeitmanagementbücher wurden diesen Techniken geradezu wundersame Zauberkräfte zugeschrieben. Wir vertreten hingegen die Auffassung, dass diese Strategien ihre Vor- und Nachteile haben. Denn der Nutzen dieser Arbeitstechniken kann sich schnell ins Gegenteil verwandeln, wenn deren Anwendungsbereiche und -grenzen sowie der Umgang mit ihnen nicht bekannt sind und sie nicht mehr Mittel zum Zweck sind, sondern zum Selbstzweck werden. Vergegenwärtigen Sie sich in diesem Zusammenhang folgendes Zitat des amerikanischen Schriftstellers John Steinbeck: »Man verliert die meiste Zeit damit, dass man Zeit gewinnen will.«

Klug genutzt können diese Arbeitstechniken uns jedoch gute Dienste erweisen. Denn eines ist klar: *Kluge Planung bedeutet Zeitgewinn*. Dies zeigt alle Erfahrung aus der Arbeit.

Die Pareto-Regel: Der im 19. Jahrhundert geborene italienische Wirtschaftswissenschaftler und Soziologe Vilfredo Federico Damaso Pareto machte im Rahmen empirischer Untersuchungen folgende Entdeckung:

20 Prozent des Zeitaufwands können bereits 80 Prozent des Ergebnisses bewirken.

Dieses 80/20-Prinzip stellt die Pareto-Regel dar. Sie besagt, dass es uneffektiv ist, wenn man immer alles zu 100 Prozent richtig machen möchte, anstatt *lösungsorientiert* daran zu arbeiten, was gemäß *der eigenen Prioritäten den größten Nutzen* bringt. 20 Prozent

Zeitaufwand ermöglichen bereits 80 Prozent des Arbeitserfolges. Die einzige Voraussetzung jedoch ist, diese 20 Prozent Zeitaufwand wohlüberlegt zu nutzen! Wie viele Zeitmanagementmethoden so geht auch das Pareto-Prinzip davon aus, erst den Kopf einzuschalten, bevor aktionistisch drauflosgearbeitet wird. Dies spart viel Zeit, Energie und Nerven. Also: *Erst denken, dann handeln.*

Das Eisenhower-Prinzip: Der 34. Präsident der Vereinigten Staaten von Amerika, Dwight David Eisenhower, hat eine pfiffige Hilfe für anfallende Arbeitsaufgaben entwickelt. Er unterscheidet vier Kategorien von Arbeitsaufgaben:

- Aufgaben, die sowohl wichtig als auch eilig sind.
- Aufgaben, die wichtig, aber nicht eilig sind.
- Aufgaben, die unwichtig, dafür aber sehr eilig sind.
- Aufgaben, die unwichtig und nicht eilig sind.

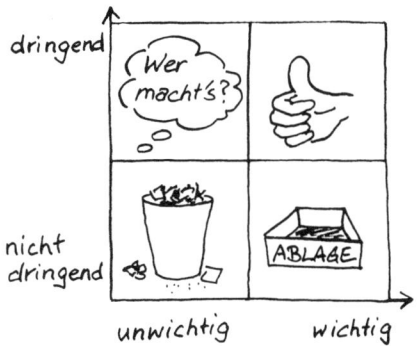

Nach diesem Eisenhower-Prinzip sollen wir mit diesen vier Gruppen von Aufgaben nun folgendermaßen umgehen:

- Aufgaben, *die unwichtig und nicht eilig sind*, sollen im Papierkorb landen, also weg damit!
- Aufgaben, *die unwichtig, aber eilig sind*, sollen delegiert werden!
- Aufgaben, *die nicht eilig, aber wichtig sind*, sollten einen gut sichtbaren Platz in unserem Organizer bekommen!
- Aufgaben, *die eilig und wichtig sind*, sollen sofort angepackt werden!

Der Heidelberger Professor für psychosoziale Medizin Jochen Schweitzer hat sich in einem Aufsatz über Zeitmanagement mit dem schönen Titel »Der Rhythmus, wo ich immer mitmuss – Zeitverteilung als sozialer Sprengstoff« augenzwinkernd kritisch mit der Eisenhower-Methode auseinandergesetzt. Er überlegt: »Alle weniger wichtigen Arbeiten soll ich delegieren – aber wie finde ich jemanden, der das auch übernimmt? Ich soll nach dem Eisenhower-Prinzip zuerst das tun, was sowohl wichtig wie auch dringend ist – aber was mache ich, wenn das Unwesentliche und Nichtdringliche so viel mehr Spaß macht?«

Die Alpen-Methode: Überforderung am Arbeitsplatz und damit einhergehende Arbeitsblockaden können damit zusammenhängen, *dass Sie Problemlöseverfahren und -strategien gar nicht oder nur sehr unsystematisch einsetzen.* Im Folgenden möchten wir Ihnen einen Ansatz vorstellen, der sich leicht einprägen lässt, nämlich die Alpen-Methode. Diese Methode stellt ein Problemlösevorgehen dar. Die einzelnen Buchstaben im Wort »Alpen« symbolisieren dabei jeweils einen spezifischen Schritt bei diesem Vorgehen:

A: **A**lle Aufgaben aufschreiben
L: **L**änge, Dauer festlegen
P: **P**ufferzeiten für unvorhergesehene Ereignisse planen
E: **E**ntscheidungen treffen, was wann wie gemacht oder delegiert wird
N: **N**achkontrolle, Evaluation: Hat alles beim Problemlösevorgehen so geklappt, wie geplant, oder muss beim nächsten Mal etwas modifiziert werden?

Auch wenn wir oft mehr können, als wir uns zutrauen, haben wir keine unbegrenzte Menge Energie für unsere Arbeitsaufgaben zur Verfügung. Selbst wenn wir Wenigschläfer sind, müssen wir dennoch ab und an zu Bett gehen. Deshalb ist es wichtig, seine Arbeitsaufgaben zu planen und – ganz wichtig – diese in Teilschritte zu unterteilen. *Gliedern Sie Ihre Arbeiten in Schritte auf, und zwar in solche Minischritte, dass sie Ihnen nur sehr wenig oder am besten keinen Druck machen.* Hierbei kann die Alpen-Methode uns gute Dienste erweisen.

All those To-do lists: Die große Kunst mit To-do-Listen zu arbeiten

Technisch ausgedrückt sind To-do-Listen Planungsinstrumente. Viele von uns verwenden solche Listen im Alltag:

- Einkaufsliste,
- Liste für die Weihnachtspost,
- Liste, wer alles zu einem Fest oder Jubiläum eingeladen werden soll,
- Liste, was die Kinder zur Klassenfahrt mitnehmen müssen,
- und weitere.

Wir möchten Sie dazu einladen, To-do-Listen systematisch zu führen, um Ihr Familien- und Ihr Berufsleben besser zu planen. Es gibt Menschen, die sagen, es ist sinnvoll, mehrere To-do-Listen zu führen. Wir schlagen Ihnen vor, die folgenden vier Listen regelmäßig zu führen:

- Liste für die Tagesplanung,
- eine »Projektliste«,
- Liste mit langfristigen Zielen (Lebensziele),
- eine Liste mit Zielen für die Freizeit.

Entscheidend ist, dass das Führen von To-do-Listen für Sie eine Erleichterung und nicht eine zusätzliche Belastung darstellt.

Liste für die Tagesplanung: Nehmen Sie sich entweder kurz vor dem Zubettgehen oder gleich nach dem Aufwachen (zum Beispiel bei einer schönen Tasse Tee oder einem guten Kaffee) fünf bis zehn Minuten Zeit, um die To-do-Liste für den kommenden Tag anzufertigen. Wählen Sie für Ihre To-do-Listen ein Format, welches für Sie praktisch und angenehm ist: Sie können Ihre Tagesliste direkt in Ihren Kalender eintragen oder mit Extrablättern oder einem speziellen To-do-Heft arbeiten.

Folgende Anmerkungen sollten Sie zudem bedenken:

- Eine To-do-Liste wird nicht durch die Menge an Punkten besser. Eine Mutter aus der Untersuchung von Ellen Galinsky berichtete von ihren Erfahrungen mit Tages-To-do-Listen: »Ich hatte die Angewohnheit, endlose To-do-Listen anzufertigen, es war mir jedoch schier unmöglich, jemals jeden Punkt auf meiner To-do-Liste erledigt zu haben. Das Resultat war, dass ich mich abends oft unzufrieden fühlte. Nun gehe ich morgens mit drei Topprioritätspunkten aus dem Haus. Wenn ich dann mehr als diese drei Punkte schaffe – und meistens ist dies so –, bin ich abends gut zufrieden mit mir.«
- Ordnen Sie jedem Punkt Zeitangaben zu: Schätzen Sie die Zeit, die Sie für das Erledigen einzelner Aufgaben benötigen, eher großzügig ein. Bündeln Sie Aufgaben zu Paketen, die Sie zeitlich zusammen erledigen können, zum Beispiel die Bücher bei der Stadtbücherei abgeben, wenn Sie die Tochter von der Musikschule abholen und auf diesem Weg ohnehin dort vorbeifahren.
- Tragen Sie auch Routinetermine und verbindliche Termine, wie die Kinder vom Kindergarten abholen, ein wichtiges berufliches Meeting und Ähnliches, ein (auch hier wieder mit Zeitangaben).
- Markieren Sie die Prioritäten der Aufgaben zum Beispiel durch A-, B-, C-Kennzeichnungen. Möglich ist auch, die Punkte in eine Rangreihe hinsichtlich ihrer Wichtigkeit zu bringen. Auf einer Tages-To-do-Liste sollten in erster Linie Aufgaben mit A-Prioritäten auftauchen.
- Finden Sie heraus, zu welchen Tageszeiten Sie in der Regel besonders produktiv und wach sind. Besonders anspruchsvolle

Aufgaben sollten Sie in diesen Phasen erledigen und »No-Brain«-Aufgaben wie Saugen, Bügeln, Wäschewaschen zu anderen Zeiten.

- Planen Sie eine leichte Aufgabe nach einer schwierigen, eine kurze nach einer langen, eine entspannende nach einer anstrengenden etc., damit Sie im Tagesverlauf motiviert und stimuliert bleiben.

Die »Projekteliste«: Führen Sie eine fortlaufende Liste mit »Projekten«, die Sie durchführen wollen. Unter »Projekten« verstehen wir nicht nur Projekte im engeren Sinne wie abgegrenzte berufliche Aufgaben – deshalb die Gänsefüßchen. Wir meinen damit alles Mögliche, das Ihnen wichtig ist, entweder weil Sie es machen müssen (Steuererklärung, Kümmern um die Altersabsicherung, Rechnungen begleichen, Reparaturen in der Wohnung) oder weil es Ihnen am Herzen liegt (zum Beispiel einen Familienabend einführen, kontinuierlich joggen, mit dem Sohn gemeinsam ein Hobby entwickeln).

- Updaten Sie diese Liste wöchentlich.
- Brechen Sie Projekte in Teilaufgaben herunter, wenn notwendig in Miniaufgaben, und übertragen Sie diese in die Tages-To-do-Liste.
- Versehen Sie auch die Aufgaben auf der Projekteliste mit Prioritäts- und Zeitschätzungsangaben. Angaben zur vermuteten benötigten Zeit können Luftschlösserprojekte auf den Boden der Realität holen und andererseits Projekte als nicht zu bewältigende Gespenster am Horizont entdramatisieren und zu ihrer wahren Größe schrumpfen lassen.

Liste mit langfristigen Zielen: Wie auch immer es Ihnen mit den Vorschlägen zu Tages- und Projektplanung geht, aus unserer Sicht sind Überlegungen, Visionen über die Lebensziele wirklich wichtig. Was möchten Sie in zwei, in fünf, in zehn, in 30 Jahren erreicht haben? Was sind Ihre tiefsten Sehnsüchte und grundlegenden ethischen Wertvorstellungen?

Entscheidend ist, die langfristigen Ziele in Projekte und diese wiederum in »Baby-Schritte« aufzuteilen. Mit der Liste mit den langfristigen Zielen schreiben Sie Ihr Zukunftsdrehbuch. Weiteres zum Thema Lebensvisionen und Zielorientierung finden Sie in Kapitel 13.

Eine Liste mit Zielen für die Freizeit: Auch wenn es in diesem Kapitel um Arbeit und nicht um Freizeit geht, so möchten wir das Führen einer Liste mit Zielen für die Freizeit nicht unerwähnt lassen. Um Projekte verwirklichen und kontinuierlich an Zielen arbeiten zu können, ist es wichtig, für Freizeitausgleich zu sorgen. In der Freizeit können wir etwas für unser ganzheitliches Wohlbefinden tun – oder gerade durch Nichtstun zu unserem Wohlbefinden beitragen.

Tun Sie sich selbst jedoch einen Gefallen und achten Sie bei Kultur- und Unterhaltungskonsum auf Qualität. Der amerikanische Psychologieprofessor Martin P. Seligman beschäftigt sich schon seit Jahrzehnten mit der Frage, was die Psyche von Menschen einerseits entkräftet und andererseits stärkt. Er fand heraus, dass der regelmäßige und häufige Konsum billiger Unterhaltungsshows im Fernsehen, von schlechten Büchern oder Filmen das seelische Immunsystem tatsächlich nachhaltig schwächt. Das heißt nicht, dass Sie sich in Ihrer Freizeit nun nur noch mit Prosa von Gottfried Benn, Fugen von Johann Sebastian Bach oder Autoren-Filmen von André Tarkovsky beschäftigen sollen.

Wir möchten Sie einfach dazu einladen, die Zeit in Ihrer Freizeit wertzuschätzen und sich dafür zu sensibilisieren, was Ihnen (und Ihrer Familie) in der Freizeit guttut und Ihnen ein wirklich gutes Gefühl macht. Notieren Sie Bücher, die Sie lesen, DVDs, die Sie anschauen, Konzerte, Restaurants und Ausstellungen, die Sie besuchen wollen, auf dieser Liste. Aber auch Wander- oder Fahrradwege, die Sie erkunden, Familienspiele, die Sie mit Ihrer Familie ausprobieren, oder Musikstücke, die Sie mit Ihrer Tochter einüben wollen, gehören in dieses Verzeichnis.

Ganz wichtig: Planen Sie Punkte von Ihrer Freizeit-Liste *regulär in Ihre Tages-To-do-Liste ein!* Manche Work-Life-Balancing-Experten empfehlen, jeden Tag eine ganze Stunde fest zu »daten«, in der Sie einer Lieblingsbeschäftigung, einem Hobby, einer Freizeitaktivität nachgehen.

Noch einiges Grundsätzliche zur Arbeit mit To-do-Listen

- Planen Sie *zeitlich großzügig,* um Raum für die ganz alltäglichen Missgeschicke und Unvorhersehbarkeiten zu haben.
- Ein Geheimnis des Erfolges beim Arbeiten mit To-do-Listen ist, diese *regelmäßig zu führen*, also zum Beispiel täglich Eintragungen zu machen. Es geht nicht darum, sich dann sklavisch an seinen festgelegten Ablauf zu halten, sondern sich zu gestatten, falls notwendig, flexibel Vorausplanungen wieder zu verändern.
- Erlauben Sie sich im Verlauf des Tages, falls notwendig, Ihre Liste *zu überarbeiten, zu streichen, zu ergänzen, zu revidieren.*
- »Leben ist das, was passiert, während du dabei bist, andere Dinge zu planen«, lautet ein Zitat des Musikers John Lennon. Beim Entstehen und Verlauf von Gefühlen gibt es keine zeitlich zu planende Folgerichtigkeit. Oft unterschätzen wir die Zeit, die es braucht, *um bestimmte Ereignisse und die damit verbundenen Gefühle stimmig und gesund zu verarbeiten.* Trauer um eine geschei-

terte Beziehung, einen verstorbenen Vater oder auch einen Lebenswunsch, von dem man sich aufgrund einer veränderten Lebenssituation verabschieden muss, kann den ganzen Zeitplan umschmeißen. Diese Trauer angemessen zu verarbeiten ist jedoch entscheidend für die seelische Gesundheit.

- Erlauben Sie es sich manchmal, Punkte *Brainstorming-mäßig* auf einer To-do-Liste aufzulisten. Das kann die *Kreativität fördern*.

Zusammenfassung: Wir wollten Ihnen Zeitmanagement als eine mögliche Antwort auf die gewachsene Komplexität unseres Lebens schmackhaft machen. Aus der Erkenntnis heraus, dass die verschiedenen, sich ja teils widersprechenden Ansprüche geklärt und lebbar gemacht werden müssen, präsentierten wir Ihnen Möglichkeiten des Selbst- und des Zeitmanagements, die vielerprobt sind. Zu einem guten Zeitmanagement gehört also zunächst Selbsterkenntnis, denn wie wir Ihnen gezeigt haben, *kann nur der sinnvolle Prioritäten setzen, der weiß, was er will*. Und dabei gilt: Zeitmanagement dient nicht dazu, immer mehr zu machen, sondern sich auf das wirklich Wesentliche zu konzentrieren, getreu dem Motto: Weniger ist mehr.

Wenn Ihnen dies gelingt, dann sind Sie auf dem besten Wege, zufrieden mit sich und Ihren Tätigkeiten zu sein. Was Sie zudem, bei allen erlangten Selbst- und Zeitmanagementkompetenzen, tun können, um Ihre Arbeitszufriedenheit noch zu steigern, davon handeln die kommenden Seiten.

Kapitel 6: You can get Satisfaction: Steigern Sie Ihre Arbeitszufriedenheit!

»Ein Mensch, der seine Arbeit liebt, wird niemals alt.«
Pablo Casals

Wie bereits in der Einleitung erwähnt: Uns ist es ein Anliegen, dass das, was wir Ihnen raten und vorschlagen, *wissenschaftlich fundiert ist und nicht nur unsere Privatmeinung darstellt.* Viele der folgenden Anregungen stammen daher erneut aus der empirischen Untersuchung von Ellen Galinsky.

Setzen Sie Prioritäten, die Sie darin unterstützen, befriedigend zu arbeiten

Unsere Erfahrung als Psychotherapeuten zeigt uns leider immer wieder, dass viele Menschen erst krank werden müssen, um konsequent das zu tun, was die eigene Arbeitsfähigkeit aufrechterhält. Mit Arbeitsfähigkeit meinen wir weniger, als »Rädchen« im Getriebe zu funktionieren, *sondern vielmehr, Befriedigung, Sinn und sogar Freude aus der beruflichen Tätigkeit ziehen zu können.*

In der Gestalttherapie wurde der schöne Begriff der »Selbstunterstützung« geprägt: Damit ist gemeint, im Rahmen seiner Möglichkeiten die Verantwortung für das eigene Wohlbefinden und die eigene Gesundheit zu übernehmen. Voraussetzung hierfür ist, *zu wissen, was einen unterstützt, guttut und hilft, zufrieden zu arbeiten* und sich auf das Abenteuer einzulassen, genau dies herauszufinden.

> **Tipp 13: Basics für Arbeitszufriedenheit, Teil 1: Mixen Sie sich Ihren besten Vitamin-Cocktail für die eigene Arbeitszufriedenheit**
> Notieren Sie jetzt fünf Dinge, die Sie wirklich und effektiv dabei unterstützen, zufrieden zu arbeiten (zum Beispiel 1. realistische Zeitplanung für Aufgaben; 2. angemessen viel Zeit für Ausgleichsaktivitäten einplanen; 3. dafür sorgen, dass meine Arbeit angemessen gewürdigt, be-

lohnt wird; 4. zumindest einer Aufgabe am Tag mich zuwenden, die ich gerne mache; 5. zumindest eine Sache am Tag wegarbeiten, die ich ansonsten gerne aufschiebe).

Stellen Sie sich selbst einmal die »Wunderfrage«: Einmal angenommen über Nacht würde ein Wunder geschehen und eine Fee hätte, ohne dass Sie es merken, Sie besucht und hätte Sie zu einem hoch arbeitszufriedenen Menschen gemacht. Woran würden Sie am nächsten Morgen, am nächsten Tag selbst feststellen, dass das Wunder eingetreten ist: An welchen Ihrer konkreten Verhaltensweisen? Woran könnten Ihre Kollegen und Kolleginnen Ihre gesteigerte Arbeitszufriedenheit wahrnehmen?

Eine weit verbreitete Krankheit: »Morbus Aufschieberitis«

Mit »Aufschieberitis« ist die Tendenz gemeint, *Arbeitsaufgaben, die eigentlich zu erledigen sind, vor sich herzuschieben*. Den Begriff hat Werner Tiki Küstenmacher laut Eigenaussage selbst erfunden. Wir haben bei der Fertigstellung dieses Buches ebenfalls gelegentlich unter der »Aufschieberitis« gelitten. Hier einige unserer Strategien, die wir angewendet haben, um damit umzugehen:

- Einfach anfangen mit dem Schreiben, auch wenn man das Gefühl hat, dass heute kein guter Schreibtag ist, und sich dabei gebetsmühlenartig innerlich sagen: Es ist gut genug, es ist gut genug, es ist gut genug …
- Die Arbeitsaufgaben in Baby-Schritte unterteilen.
- Sich erlauben, das Arbeitstempo zu verlangsamen und sich dadurch zu entspannen.
- Morgens vor unserer »normalen« Tätigkeit als Psychologe in einer Kinderklinik (Matthias Ochs) und Leiter einer Jugendhilfeeinrichtung (Rainer Orban) eine Stunde schreiben.
- Sich nach einem zuvor festgesetzten Arbeitspensum belohnen.
- Die Arbeit am Buch auf der Tages- und Wochen-To-do-Liste immer wieder einmal an die erste Stelle setzen.
- Gespräche miteinander und mit anderen Leuten über das Buch führen, um so die Motivation zum Schreiben aufrechtzuerhalten.

Ein praktisches Buch mit vielen Tipps gegen »Aufschieberitis« stammt von dem Psychologen Marc Stollreiter: »Aufschieberitis dauerhaft kurieren – Wie Sie sich selbst führen und Zeit gewinnen« (Landsberg, MVG-Verlag).

Wir empfehlen außerdem noch folgende Strategien gegen die »Aufschieberitis«, die in leicht abgeänderter Form auf den Webseiten von www.getorganizednow.com zu finden sind, wo man einen wöchentlichen Newsletter zum Thema bestellen kann:

- *Starten Sie Ihren Tag mit einer »Zitrone«.* Werfen Sie einen Blick auf Ihre heutige To-do-Liste und wählen Sie die »sauerste« (am wenigsten attraktive) Angelegenheit, die Sie heute machen müssen, und machen Sie dies als Erstes – bevor Sie irgendetwas anderes tun! Wenn diese Angelegenheit erst einmal aus dem Weg geräumt ist, wird der Rest Ihres Tages »süß« sein.
- *Setzen Sie sich eine Grenze.* Arbeiten Sie an der Aufgabe, die Sie aktuell aufschieben, für nur 15 Minuten. Nach den 15 Minuten, wenn Sie noch weitermachen wollen, bleiben Sie dran. Aber, wenn Sie stoppen wollen, dann okay! Setzen Sie sich für dasselbe Projekt wieder ein 15-Minuten-Limit für den nächsten Tag und so weiter, bis Sie es erledigt haben.
- *Machen Sie es sich vergnüglicher.* Wenn Sie aufschieben, weil die vor Ihnen liegende Aufgabe Ihnen dumpf und wenig einladend erscheint, gestalten Sie es sich vergnüglicher. Machen Sie Ihre Lieblingsmusik an, arbeiten Sie, während Sie Ihren Lieblingstee trinken, laden Sie einen Freund als Helfer ein, machen Sie es an der frischen Luft und/oder belohnen Sie sich für jede 15-minütige Sequenz, die Sie dafür opfern.
- *Schließen Sie sich einem Nichtaufschieber an.* Ob dies Ihre Partnerin, ein Verwandter oder Freund ist, fragen Sie einen Nichtaufschieber, ob er Ihnen dabei hilft, mit den Dingen zu beginnen, die Sie stets aufschieben. Wählen Sie jemanden mit Rückgrat, der nicht aufgibt, Sie zu nerven, bis Ihre Aufgaben erledigt sind. Als Dank laden Sie die Person zu einem speziellen Essen ein, oder schenken Sie ihr ein wirklich überlegtes Geschenk oder machen Sie etwas für sie.

Entwickeln Sie realistische Erwartungen bezüglich Ihrer Leistungsfähigkeit

Eine wichtige Tugend, die die Arbeitszufriedenheit erhält, besteht darin, *die eigene Leistungsfähigkeit realistisch einschätzen zu können.* Tatsächlich können Arbeitsblockaden mit Überforderung zu tun haben. Wir haben einerseits ein Idealbild von dem, was wir beruflich gerne leisten würden und glauben, leisten zu müssen. Andererseits existieren reale zeitliche und persönliche Beschränkungen, die mit dem Idealbild nicht kompatibel sind. Daher kann die Angleichung der Idealvorstellungen an das, was Sie tatsächlich beruflich zu leisten imstande sind, helfen, Arbeitsblockaden abzubauen.

> **Tipp 14: Leistungs-Idealbild und Real-Selbstbild – und die Annäherung zwischen beiden Bildern**
> Wenn Sie dazu neigen, mit unrealistischen Vorstellungen darüber in der Welt herumzulaufen, was Sie in bestimmten Zeiten, in spezifischen Lebenssituationen zu leisten fähig sind, dann empfehlen wir Ihnen sehr, sich mit Folgendem zu beschäftigen. Entwerfen Sie schriftlich: erstens Ihr Leistungs-Idealbild und zweitens ein Bild Ihres realistischen Ist-Zustands und stellen Sie diese beiden Bilder gegenüber. Die Lösung ist nun: Nähern Sie Ihr Idealbild ein klein wenig an Ihr Real-Selbstbild an und vice versa.

Fehlendes emotionales Involviertsein in die Arbeit

Konzentration lässt sich manchmal kaum durch einen Willensakt erzwingen: Je angestrengter wir uns darum bemühen, desto verkrampfter werden wir und desto schwieriger wird es, bei einer Sache zu bleiben. Oft ist *Interesse* der Schlüssel zur Konzentration. Konzentration stellt sich wie von selbst ein, wenn uns etwas fesselt. *Die Pflege von Interessen ist deshalb der erste Schritt zu einem konzentrierten Lebensstil.* Im Idealfall geht Konzentration dann sogar in jenen Zustand über, den der amerikanische Psychologieprofessor Mihaly Csikszentmihalyi als »Flow«-Zustand bezeichnet – ein Zustand des lustbetonten Gefühls des völligen Aufgehens in einer Tätigkeit (s. sein sehr lesenswertes Buch: »Das Flow-Erlebnis: Jenseits von Angst und Langeweile im Tun aufgehen« Stuttgart: Klett-Cotta).

Fehlendes emotionales Involviertsein kann auch damit zusammenhängen, dass wir überlastet sind und uns ständig andere Dinge und unerledigte Aufgaben im Kopf herumschwirren. Wenn wir gerade in einer schweren Ehekrise stecken, von einer Beziehungskatastrophe in die nächste schlittern und wir innerlich bewusst oder unbewusst ständig damit beschäftigt sind, diese gefühlsmäßig zu verarbeiten, dann bleibt wenig vom Kuchen des emotionalen Involviertseins für den Job übrig – so einfach stellt sich manchmal die gegenseitige Beeinflussung von Berufs- und Familienwelt dar.

Sagen Sie »Nein«, wenn es notwendig ist

»Sage Nein ohne Skrupel«, so lautet der Titel eines Bestseller-Ratgebers zur Steigerung der Selbstsicherheit und Selbstbehauptung. Und da ist viel Wahres dran: Sich von vermeintlich notwendigen Aufgaben am Arbeitsplatz klar abgrenzen zu können ist unentbehrlich, um sich auf andere berufliche Anforderungen überhaupt produktiv einlassen zu können.

Gleichwohl: *Bewahren Sie Ihr Fingerspitzengefühl!* Wenn Sie sich am Arbeitsplatz von Aufgaben und Anforderungen abgrenzen möchten, weil Sie diesen schlicht nicht nachkommen können, ohne sich zu überlasten, dann tun Sie dies mit Respekt und mit Verständnis für Ihr Gegenüber.

> **Tipp 15: Basics für Arbeitszufriedenheit, Teil 2: Lernen Sie, »Nein« sagen zu können!**
> Notieren Sie, von welchen beruflichen Aufgaben und Anforderungen Sie sich gerne klarer abgrenzen möchten. Notieren Sie auch, welchen heimlichen Gewinn Sie möglicherweise davon haben, dies nicht zu tun.
> Notieren Sie als Letztes, welchen gesünderen Weg Sie einschlagen können, um den »heimlichen Gewinn« zu erzielen, ohne sich dafür beruflich zu überfordern!
> Strukturieren Sie Ihre Arbeitszeit und Ihren Arbeitsraum so, dass Sie weniger Unterbrechungen haben.

Oft berichten Angestellte, dass es ihnen am Arbeitsplatz schwer fällt, die »eigentliche« Arbeit erledigt zu bekommen: Kollegen kommen vorbei, um ein Schwätzchen zu halten, das Telefon klingelt ständig, neue E-Mails tauchen alle naselang im Postfach auf und der Chef steht mit einem Auftrag in der Tür, der am besten schon vorgestern erledigt worden wäre. Führen Sie, wenn Sie das können, für sich eine »stille Stunde« ein. Eine für Sie und alle erkennliche Zeit der ruhigen und ungestörten Arbeit.

Heiko Ernst, der Herausgeber der Zeitschrift »Psychologie Heute«, schreibt dazu: »Konzentration braucht ein Arrangement, das Ablenkungen und Unterbrechungen möglichst ausschließt. Sie bedeutet den bewussten Verzicht auf Zerstreuungsangebote – *nicht um des Verzichtes willen, sondern um sich besser auf eine wichtige Sache fokussieren zu können.*«

Der Psychoanalytiker Erich Fromm definiert Konzentration sogar als die Fähigkeit, mit sich allein sein zu können, ohne zu lesen, ohne Radio zu hören, ohne zu rauchen oder zu trinken, ohne jegliche Ablenkungen.

Tipp 16: Basics für Arbeitszufriedenheit, Teil 3: Eliminieren Sie »Unterbrecher« und »Zerstreuer«
Notieren Sie die drei übelsten Unterbrecher und Zerstreuer für Sie! Stellen Sie einen Plan auf, wie Sie diese abstellen können (falls Sie das wollen … Denn anderseits ist ein Schwätzchen mit der netten, neuen Kollegin ja auch nicht zu verachten …).

»Unterbrecher«/»Zerstreuer«	Wie abstellen?
1.	
2.	
3.	

Finden Sie ein für sich befriedigendes Level für Multitasking

Ob Multitasking, also das gleichzeitige Arbeiten an mehreren Aufgaben, hilfreich oder schädlich ist, darüber existieren unter Experten verschiedene Meinungen.

Klar ist jedoch, dass Arbeitsblockaden mit Unter- oder Überforderung zusammenhängen können: Ein Zuviel, aber auch ein Zuwenig an Aufgaben kann dementsprechend die Arbeitsfähigkeit und die Arbeitszufriedenheit einschränken. Manche von uns sind produktiver, wenn sie »mehrere Eisen im Feuer haben«, andere arbeiten dann am besten, wenn sie sich jeweils auf eine Aufgabe, auf eine Tätigkeit voll und ganz konzentrieren können. Untersuchungen ergaben, dass zwei Drittel der Berufstätigen den Eindruck haben, eher zu viel als zu wenig auf einmal zu bewältigen zu haben.

Grundsätzlich gilt in solchen Fällen, dass die *Aufteilung von Aufgaben*, also erst die eine (Teil-)Tätigkeit erledigen, dann die andere Sache, nützlich sein kann.

> **Tipp 17: Sind Sie ein Multitasking-Typ?**
> Finden Sie heraus, was für ein Multitasking-Typ Sie sind: eher der »Viele-Eisen-im-Feuer-Typ« oder eher der »Eine-Aufgabe-voll-und-ganz-Typ« oder etwas dazwischen oder mal so, mal so ...? Experimentieren Sie!

Nutzen Sie den technologischen Fortschritt für sich

Wenn es ansonsten überhaupt nicht zu schaffen ist und Sie es als Erleichterung erleben, dann nutzen Sie den Segen des technischen Fortschritts für sich: Arbeiten Sie beispielsweise mit einer modernen Spracherkennungssoftware (zum Beispiel Dragon Naturally Speaking 9 oder Via Voice) und einem dazu passenden digitalen Diktiergerät. Das spart enorm viel Zeit und nebenbei bemerkt: Endlich hört Ihnen einer zu und versteht Sie).

Oder: Übermitteln Sie sich einen Text, den Sie noch bearbeiten müssen, oder eine Tabellenkalkulation, die Sie noch vornehmen müssen, auf den heimischen Computer. Lassen Sie sich Ihre E-Mails nach Hause weiterleiten, sodass Sie diese von dort aus zum Beispiel früh morgens, bevor die Kinder wach sind, beantworten können.

Bedenken Sie gleichzeitig: Es gibt genug gute Gründe, dies so zu machen, wie es auch genug gute Gründe gibt, keine Arbeit mit nach Hause zu nehmen.

Unterziehen Sie sich regelmäßig einem Selbst-TÜV

Wie steht es um Ihre Leistungsfähigkeit im Beruf, Ihre Konzentration am Arbeitsplatz und um Ihre Jobzufriedenheit? Nehmen Sie sich Zeit, diese Fragen zu beantworten! So können Sie feststellen, ob das, was Sie bisher unternommen haben, um zufriedener zu arbeiten, Früchte trägt.

> **Tipp 18: Führen Sie regelmäßig einen »Arbeitszufriedenheits-TÜV« durch!**
> Tragen Sie einen festen monatlichen Termin in Ihrem Kalender ein – eine Viertelstunde reicht meist hierfür aus –, an dem Sie sich selbst hinsichtlich Ihrer Arbeitsfähigkeit und Arbeitszufriedenheit einer TÜV-Untersuchung unterziehen. Folgende Fragen können hierbei relevant sein:
> - Wie schätzen Sie Ihre Arbeitsfähigkeit im letzten Monat durchschnittlich auf einer Skala von 0–10 ein, wobei eine 0 = miserabel und eine 10 = grandios bedeuten?
> - Wie schätzen Sie Ihre Arbeitszufriedenheit im letzten Monat durchschnittlich auf einer Skala von 0–10 ein, wobei wieder eine 0 = miserabel und eine 10 = grandios bedeuten?
> - Was hat Ihre Arbeitsfähigkeit und Arbeitszufriedenheit im letzten Monat unterstützt? Was hat diese behindert?
> - Welche konkreten drei Maßnahmen möchten Sie im kommenden Monat umsetzen, um Ihre Arbeitszufriedenheit und Ihre Arbeitsfähigkeit zu erhöhen? Einmal angenommen, Sie wollten Ihre Arbeitsfähigkeit und Arbeitszufriedenheit verringern, wie könnten Sie dies anstellen?

Machen Sie sich Ihre eigenen impliziten Annahmen und diejenigen Ihrer Arbeitsstelle über Arbeit bewusst

Eine Grundprämisse unserer familientherapeutischen Arbeit bezieht sich darauf, dass wir Menschen oftmals weniger an der Wirklichkeit, wie sie ist, leiden, sondern an unseren Vorstellungen, Konstruktionen und Annahmen über die Wirklichkeit. Diese lassen sich dann oft mit der Realität in schlechte Passung bringen – und das kann zu Leid führen. Denn: Die Landschaft ist nicht die Landkarte. Wenn Sie ab und an mit einer Landkarte unterwegs sind, dann wissen Sie, dass Maßstab und Genauigkeit wichtige Faktoren sind. Ein Autobahnatlas, in dem jeder kleine Feldweg eingezeichnet ist und in dem man alle fünf Kilometer umblättern muss, dürfte nicht der große Renner sein. Genauso wenig hilft ein Autobahnatlas Deutschlands, bestehend aus nur einer Seite, wenn Sie Ihren Weg in einem ganz bestimmten Teil des Landes suchen. Die Landkarte stellt immer nur eine Annäherung an die Landschaft dar.

Auf den Punkt gebracht: Beschreibungen sollten wir in erster Linie danach bewerten, ob sie nützlich sind, das heißt Lösungen anregen. Das Gleiche gilt auch für den Job: Manchmal sind es unsere inneren Konzepte, unsere subjektiven Theorien, die unsere Arbeitsfähigkeit und Arbeitszufriedenheit untergraben.

Einerseits schwirren in uns allen Annahmen darüber herum, wie und wann man im Job arbeiten sollte. Andererseits existieren in Firmen und Betrieben oft eher implizite Mythen darüber, woran man einen gut arbeitenden Angestellten erkennt und wie gearbeitet werden sollte. In einer Untersuchung, die bei Xerox durchgeführt wurde, ergaben sich folgende unterschwellige Annahmen:

- Wir sollen uns am Arbeitsplatz so verhalten, als wären wir ständig im Krisenarbeitsmodus.
- Wenn ein Problem auftaucht, stecken wir viel Zeit in dieses hinein.
- Zeit – vor allem am Arbeitsplatz – ist eine unendliche Ressource.
- Der »Held der Arbeit« ist derjenige, der sich viele Stunden abrackert und krisenhafte Schwierigkeiten in letzter Minute löst.

> **Tipp 19: Woran erkennt man in Ihrer Firma den »Helden der Arbeit«?**
>
> Es kann sehr lohnend sein, sich implizite Annahmen, die eigenen wie diejenigen der Kollegen, bewusst zu machen darüber, woran man erkennt, dass jemand »richtig« arbeitet: Ergänzen Sie einmal schriftlich die folgenden Satzanfänge, einmal für Ihre eigenen »Privatannahmen« und einmal für das, was Sie atmosphärisch in Ihrer Firma, in Ihrem Betrieb spüren:
>
> - Der »Held der Arbeit« ist derjenige, der ...
> - Arbeitszeit ist ...
> - So sollte gearbeitet werden: ...
> - Gute Arbeit erkennt man daran, dass ...
> - Ein Dorn im Auge des Chefs ist derjenige Angestellte, der ...
> - Immer bereit zu sein ist ...
> - Ich bin total professionell, weil ...

Finden Sie Möglichkeiten, eigene Ideen im Job einzubringen und Ihren Arbeitsplatz (mit)zugestalten

Aktive Beteiligung an Entscheidungen und die Möglichkeit, eigene Fähigkeiten und Ideen einzubringen, steigern die Zufriedenheit und somit auch die Arbeitsfähigkeit im Job. Dies zeigen empirische Befunde aus der Arbeits- und Organisationspsychologie. Deshalb unser Ratschlag: Halten Sie nach Möglichkeiten Ausschau, Ihre Ideen und Ihre Vorstellungen an Ihrer Arbeitsstelle einzubringen – doch tun Sie das so, dass Ihr Chef auch gut »mitziehen« kann:

- Wertschätzen Sie zunächst einmal, *was schon alles an Ihrem Arbeitsplatz gut läuft*. Tun Sie dies entweder innerlich für sich selbst oder, falls stimmig und passend, tatsächlich explizit verbal Ihrem Chef gegenüber. Das funktioniert natürlich nur, wenn Sie tatsächlich auch hinter dem, was Sie an Positivem entdecken, stehen können.
- Benennen Sie den Missstand, um den es Ihnen geht, möglichst, *ohne sich in Abwertungen und Beschuldigungen zu ergehen.*
- Bleiben Sie *multiperspektivisch*: Nehmen Sie sowohl Ihre persön-

liche Sichtweise als auch die Ihrer Kollegen als auch der Vorgesetzten ein.
- Schlagen Sie *aktiv verschiedene Wege* vor, den Missstand zu beheben, und auch, wie die Tragfähigkeit des jeweiligen Lösungswegs *überprüft* werden kann.
- Bei alldem: Eignen Sie sich die *lebenskluge Fähigkeit* an, zu unterscheiden, wann es gut ist, etwas zu verändern, und wann es sinnvoller ist, »es fließen zu lassen« und nicht einzugreifen.

»*Learning-Environments*«: Gestalten Sie eine für Sie selbst anregende, förderliche Umgebung an Ihrem Arbeitsplatz. Menschen mit höherer Ausbildung und besserem Einkommen berichten, dass sie das Gefühl haben, ihr Job biete ihnen Möglichkeiten, sich in ihren beruflichen Kompetenzen weiterzuentwickeln und dazuzulernen. Ausbildung und Einkommen sind jedoch nicht alles! Die Einstellung zur eigenen Arbeit ist mindestens genauso wichtig: *Neugierde, Interesse und Begeisterung fürs Lernen* sind nicht nur vom Konto- und Ausbildungsstand abhängig.

Die Zeiten – sie waren sowieso nur kurz –, in denen einem mit Berufseinstieg eine unbefristete Arbeitsstelle zugetragen wurde, auf der, wenn man sich nicht allzu dumm anstellte, die Karriereleiter mehr oder weniger automatisch hochgefallen wurde, sind endgültig vorbei. Selbstverantwortung für das eigene berufliche Vorankommen – und für die Arbeitsfähigkeit und -zufriedenheit ohnehin – ist unabdingbar. Man kann das beklagen oder begrüßen, für beides gibt es gute Gründe – es ändert nichts daran, dass es so ist.

> **Tipp 20: Finden Sie »Ihr Ding«: Entwickeln Sie persönliche Job-Interessensgebiete!**
> Finden Sie heraus und notieren Sie, was Sie an und in Ihrem Job interessiert und fasziniert. Welche Themen, welche Gebiete sind dies?
> Finden Sie Mittel und Wege, wie Sie genau zu diesen Themen und Gebieten Ihren Horizont erweitern können: beispielsweise, indem Sie darüber sprechen, dazu Fachliteratur lesen, hierzu Workshops oder Kongresse besuchen.
> Werden Sie für Ihr Lieblingsgebiet Experte auf Ihrer Arbeitsstelle. An verschiedenen Stellen haben wir gelesen, dass, wenn man pro Tag eine halbe Stunde Zeit damit verbringt, sich in seinem Lieblingsgebiet

auf dem aktuellen Stand zu halten, man in zwei bis drei Jahren fast zwangsläufig zum Experten mutiert.
Schreiten Sie in Ihren Interessensgebieten stetig voran: Was sind die für Sie nächsten spannenden Fragen?

Halten Sie Ausschau nach dem Sinn und der Bedeutung in Ihrer Arbeit, suchen Sie sich Unterstützung

Dieser Punkt hängt eng mit dem vorherigen zusammen: Menschen, die in ihrem Job Sinn und Bedeutung finden, erleben diesen als weniger stressig, auslaugend und anstrengend. Manchmal reicht es aus, Sinn darüber herzustellen, dass der Job einfach dem Lebensunterhalt dient und es dort einige nette Kollegen gibt, mit denen man mal ein paar Späßchen machen kann. Manchmal aber auch eben gerade nicht ...

Tipp 21: Schaffen Sie »bedeutungsvolle« Beziehungen im Job
Wie es im »König der Löwen« heißt: Wir sind alle Teil des großen Kreises, wie mich der vierjährige Bruder meines Patenkindes kürzlich, nachdem er die DVD »König der Löwen« angeschaut hatte, aufklärte ...
Nehmen Sie sich einen Moment Zeit, darüber nachzudenken und aufzuschreiben, wie Ihre Tätigkeit zu einem »größeren Ganzen« (zum Wohl der Gesellschaft, der Menschen, der Natur etc.) beiträgt. Martin Buber sagt, dass das, was uns Sinn und Bedeutung »spüren lässt«, letztlich reife Beziehungen, so genannte Ich-Du-Beziehungen, sind.
Deshalb: Gestalten Sie bedeutungsvolle Beziehungen auf Ihrer Arbeitsstelle.

Unterstützung am Arbeitsplatz

Es kann auch hilfreich sein, gut zu arbeiten, wenn man Unterstützung am Arbeitsplatz hat. Psychologische Untersuchungen zeigen, dass Eltern, die sich im Job unterstützt und gut aufgehoben fühlen, sich als weniger gestresst einschätzen. Sie berichten über höhere Arbeitsfähigkeit und Arbeitszufriedenheit. Das mag nicht verwundern, gar trivial anmuten. Weniger trivial ist, dass Sie selbst deutlich dazu beitragen können, eine unterstützende Atmosphäre an Ihrem Arbeitsplatz zu schaffen.

Unterstützung am Arbeitplatz scheint sich jedenfalls aus drei Faktoren zusammenzusetzen:

- *Sich von seinem Chef unterstützt fühlen:* Was Rückendeckung vom Vorgesetzten bedeuten kann, wird gut durch folgendes Statement eines Elternteils aus der Untersuchung von Ellen Galinsky verdeutlicht: »Mein Chef weiß, dass ich einen guten Job mache. Er schaut nicht ständig auf die Uhr und wundert sich, wo ich bin. Ich muss ihn nicht fragen, ob ich Feierabend machen oder mal kurz wegkann. Ich sag es ihm einfach und verschwinde.«

  Auf der anderen Seite illustriert die folgende Aussage eines zehnjährigen Jungen klar, was es heißt, auf diesen Rückhalt seitens des Bosses verzichten zu müssen. Der Junge bekommt mit, dass seine Mutter von ihrem Chef nicht gut behandelt wird, und beschreibt diese Wahrnehmung folgendermaßen: »Der Chef meiner Mutter ist nicht nett und lieb zu ihr. Er schreit sie immer an, wenn sie etwas nicht rechtzeitig fertig bekommt.«

- *Sich von seinen Kollegen unterstützt fühlen:* Ein Vater aus der Untersuchung von Ellen Galinsky beschreibt, wie er sich »angefressen« fühlt, wenn zwischen ihm und einem Kollegen miese Stimmung herrscht: »Grundsätzlich kann man einfach Spaß haben an dem Job, den man macht, an den Aufgaben, die man zu erledigen hat. Aber wenn du Stress mit einem Kollegen hast, dieser dich schlecht behandelt, kann dieses positive Gefühl der Arbeit gegenüber, dies alles sich von jetzt auf gleich verflüchtigen. Es verschlechtert sich alles auf einer sehr persönlichen, empfindlichen Ebene.«

- *Sich von der Firmenkultur unterstützt fühlen:* Unterstützung seitens der Arbeitsstelle äußert sich darin, dass diese Ihnen eine Chance bietet, Sie selbst zu bleiben, Sie auch navigieren lässt.

Nehmen Sie Hilfe an, wenn Sie welche brauchen

Ja, das soll es tatsächlich geben: ein netter Arbeitskollege, der uns bei einer Aufgabe hilft oder einmal für uns einspringt; ein freundlicher Chef, der sich Gedanken darüber macht, wie wir Arbeitsentlastung bekommen können. Manchmal ist es jedoch so, dass wir tunnelmäßig so darauf fixiert sind, die Jobanforderungen völlig alleine zu schaffen, dass wir überhaupt nicht offen sind für die Unterstützung, die gerade (gerne) an die Tür klopft.

Bauen Sie gute Beziehungen zu Kolleginnen und Kollegen auf

In einer psychologischen Untersuchung zur Arbeitszufriedenheit ergab sich als wesentlicher Faktor hierfür, gute Beziehungen zu Kollegen und zu Vorgesetzten zu haben. Ellen Galinsky schlägt folgende Taktiken zum Aufbau positiver kollegialer Beziehungen vor:

- *Anerkennen Sie die gute Arbeit, die Ihre Kollegen und Kolleginnen leisten* (natürlich nur, wenn dem auch wirklich so ist). Probieren Sie es mal aus (William James, einer der Begründer der modernen Psychologie, fand heraus, dass das, wonach Menschen sich am meisten sehnen, Anerkennung ist).
- *Seien Sie aufmerksam.* Frauen können das viel besser als Männer, aber auch wir können dies lernen: Ein Zettel mit einer netten Nachricht, vielleicht sogar mit ein bisschen persönlichem Inhalt, Post-its mit lustigen Botschaften oder ein witziger neuer Kugelschreiber sind Kleinigkeiten, welche die kollegiale Freundschaft erhalten.
- *Springen Sie für Kollegen oder Kolleginnen ein*, wenn diese Hilfe brauchen oder gerade ein Problem damit haben, Job und Familie unter einen Hut zu bringen.
- *Beteiligen Sie sich möglichst nicht am Schwatz und Tratsch über Kolleginnen oder Kollegen.*

Versuchen Sie, das Beste aus Ihrem Chef herauszuholen!

- Anerkennen Sie Ihren Chef, *wenn er sich Ihnen gegenüber unterstützend verhält, und bedanken Sie sich bei ihm dafür.* Das hört sich vielleicht etwas albern und künstlich an. Aber starten Sie einfach mal einen Versuchsballon!
- Wenn Sie wegen Familienangelegenheiten früher oder zwischendurch einmal wegmüssen, *erklären Sie dies Ihrem Chef und erläutern Sie ihm gleichzeitig, wann und wie Sie die anfallende Arbeit anders erledigen werden.*
- Versuchen Sie herauszufinden, wie Sie Ihrem Chef konstruktiv mitteilen können, *wenn er Sie auf eine Art und Weise behandelt, die Sie als kontraproduktiv empfinden.*

Sie denken jetzt vielleicht: Die haben gut reden, die kennen meinen Chef nicht! Und Sie haben recht: Wir kennen Ihren Chef tatsächlich nicht. Wir wissen, dass Menschen in Leitungspositionen sehr unterschiedliche Kommunikationsstile haben und hochneurotisch sein können. Dies erschwert eine konstruktive Kommunikation natürlich erheblich. Bei manchen Vorgesetzten ist es von deren Art her angebracht, direkt und offen zu sein: »Kommen Sie, behandeln Sie mich nicht so von oben herab!« Bei anderen Vorgesetzten sind Offenheit und Direktheit nicht »anschlussfähig« und als bestes Gesprächsvorgehen erweist sich die »Mutter der Porzellankiste«, nämlich Vorsicht und Fingerspitzengefühl.

Grundsätzlich wichtig ist fast immer das Timing. Ihr Chef hat genau wie Sie Hochs und Tiefs im Verlauf eines Tages, einer Woche, eines Monats; Zeiten also, in denen er ansprechbarer und weniger redselig ist. Versuchen Sie die »guten Momente« Ihres Chefs zu entdecken.

Ein Kollege von uns arbeitet auf der internistischen Station einer Erwachsenenklinik. Er erzählt, er sei ganz verzweifelt, weil sein Chefarzt häufig übellaunig sei und es nie den richtigen Zeitpunkt zu geben scheint, wann er mit ihm konstruktiv etwas besprechen könne. An einem Abend hatte unser Kollege noch zu einem eher ungewöhnlich späten Zeitpunkt um 19.00 Uhr ein Angehörigen-

gespräch. Da traf er seinen Chef zufällig im Arbeitszimmer nach vollbrachtem Tagewerk entspannt und offen vor: Die Visiten waren durchgeführt, alle Anrufe erledigt, die Querelen mit der Geschäftsführung geklärt. Es ergab sich aus diesem zufälligen Treffen ein einstündiges, schönes Gespräch, in dem der Chef sogar Persönliches mitteilte, und unser Kollege berichtete, befriedigt und wieder energievoll aus dieser Unterhaltung herausgegangen zu sein. Am nächsten Morgen war sein Chef schlecht gestimmt wie häufig. Unser Kollege hatte jedoch gelernt, dass, wenn er mit seinem Chef ein konstruktives Gespräch wünscht, er die späten Abendstunden abpassen muss.

Flexibilität am Arbeitsplatz: Das Allerbeste, um Vereinbarkeit von Job und Familie gut zu organisieren

Experten sind sich einig, *dass das Kernelement der Vereinbarkeit von Beruf und Familie die Flexibilisierung der Arbeitszeiten ist.* Steven Levine schreibt in seinem Buch »Working Fathers – New Strategies for Balancing Work and Family«:

»Die flexible Zeiteinteilung ist das wichtigste Element bei der Schaffung von Arbeitsplätzen, die freundlich sind bezüglich Vätern, Müttern, und allen Arbeitnehmern, unabhängig von ihrem elterlichen Status. Das heißt nicht, dass Arbeitnehmer weniger arbeiten sollen. Es bedeutet, ihnen mehr Kontrolle darüber zu geben, wann und wo sie arbeiten.«

Als systemwissenschaftlich geprägte Psychologen sind wir daran interessiert, wie Lebenskontexte sowie Berufs- und Familiensituationen so gestaltet werden können, dass in ihnen »selbstorganisiert« eine gute Ordnung entstehen kann. Setzen Sie sich dafür ein, dass Sie im Job diejenige Flexibilität haben, die Sie benötigen, um Ihrer Familie und Ihrem Job gleichermaßen gerecht zu werden.

Wir möchten Sie dazu anregen, sich zunächst einmal darüber Gedanken zu machen, welche Form der Jobflexibilität für Sie förderlich und sinnvoll wäre:

- Wäre Ihnen damit gedient, wenn Sie *Arbeitsbeginn und -ende flexibler gestalten könnten?* Möchten Sie diesbezüglich Flexibilität oder reicht es Ihnen aus, wenn Sie die Arbeitszeit selbst festlegen und sich dann danach für eine bestimmte Zeit ausrichten?
- Wäre es für Sie eine spürbare Entlastung, wenn Sie ab und an *von zu Hause aus arbeiten* könnten – oder, wenn Sie dies sogar regelmäßig praktizierten?
- Oder möchten sie gar *Stunden reduzieren* – und damit zur Elite der »*Zeitpioniere*« gehören, wie der Zeitexperte Axel Schlote in seinem Ratgeber »Du liebe Zeit! – Erfolgreich mit Zeit umgehen?« (Weinheim, Beltz) Menschen bezeichnet, die den Mut haben, gegen den Strom der Zeit zu schwimmen und tatsächlich für mehr Lebensqualität weniger zu arbeiten (und, damit oft verbunden, natürlich auch weniger Geld zu verdienen)?
- Schauen Sie sich um, *ob es Kollegen gibt, die zeitreduziert beziehungsweise flexibilisiert arbeiten.* Unterhalten Sie sich darüber, wie diese das geschafft haben und wie es ihnen damit geht: Was hat hierbei gut funktioniert und was gerade auch nicht? Machen Sie sich im Internet, im Intranet oder beim Betriebsrat, im Personalbüro Ihrer Firma schlau über Möglichkeiten der Arbeitszeitflexibilisierung und -reduzierung.

Wenn Sie größere Flexibilität im Job wollen und dies bisher auf Ihrer Arbeitsstelle nicht möglich ist, machen Sie einen »positiven Präzedenzfall« daraus.

Wenn Sie sich also dafür entscheiden sollten, nicht aufzugeben und sich für Ihre Flexibilität im Job einzusetzen, dann sollten Sie folgenden Aspekt berücksichtigen: *Behalten Sie sowohl Ihre eigenen Interessen als auch – ganz wichtig – die Interessen Ihres Arbeitgebers deutlich im Auge.*

Die Interessen des Arbeitgebers sind in der Regel, dass die Qualität der Arbeit unter der potenziellen Flexibilisierung auf keinen Fall leidet und, falls ein Probelauf mit der Flexibilisierung sich in irgendeiner Form als nachteilig für den Arbeitgeber herausstellt, die »alte Arbeitszeitregelung« wieder hergestellt wird. Im optimalen Fall finden Sie sogar Argumente dafür, dass die Qualität der Arbeit durch die Zeitflexibilisierung noch erhöht werden kann.

Zusammenfassung und Abschluss: Nach diesem Rundflug über verschiedene Möglichkeiten, Ihre Arbeitszufriedenheit zu steigern, lassen Sie uns noch einmal Folgendes festhalten: Selbsterkenntnis ist der Schlüssel dazu, die eigenen Kräfte richtig einzuteilen, Grenzen so zu setzen, dass Sie für sich und andere hilfreich bleiben. Zudem kann es Sinn machen, alle für Sie passenden, auch modernen technischen Möglichkeiten so zu nutzen, dass das Leben sich für Sie spürbar vereinfacht. Weiterhin sind wir überzeugt, dass die eigene Arbeitszufriedenheit untrennbar mit dem sozialen Umfeld, in dem man arbeitet, verbunden ist. Daher der Tipp, auch einmal die Rolle der anderen einzunehmen und zu sehen, dass Sie nicht der Nabel der Welt sind. Und: Der wahre Egoist kooperiert. Sorgen Sie aktiv selbst für gute Beziehungen am Arbeitsplatz. Gestalten Sie die Kontakte zu Ihren Kollegen und Kolleginnen so, wie Sie selbst behandelt werden wollen.

In diesem gesamten Kapitel haben wir Ihnen einen ganzen Blumenstrauß an Strategien und Ideen vorgestellt, die sich auf die bessere Organisation von Arbeit und Familie beziehen und auf das Zusammenspiel von beidem.

Es ist nicht nur nicht notwendig, dass Sie alle Strategien Schritt für Schritt durcharbeiten und ausprobieren. Dies wäre auch Unsinn. Denn das, was Sie tun, sollte schon zu Ihnen passen.

Fangen Sie daher mit dem Element an, das Sie in Ihrer augenblicklichen Arbeits- und Familiensituation am meisten anspricht oder von dem Sie denken, dass es Ihnen am ehesten nützt.

Dabei viel Spaß. Und: Viel Erfolg!

Kapitel 7: Entwickeln Sie Übergangsrituale!

»Rituale verbinden uns mit Vergangenheit, Gegenwart und Zukunft. Sie können unsere Beziehungen definieren und uns sagen, wer wir füreinander sind.«
Evan Imber-Black, amerikanische Familientherapeutin

In diesem Kapitel geht es uns vor allem darum, die *Übergänge*, die *Nahtstellen* von der Familie zum Beruf und vom Beruf zur Familie für alle Beteiligten befriedigend zu gestalten.

Übergang Familie–Arbeit

Beginnen Sie am Abend zuvor!

Ein guter Übergang von der Familie in den beruflichen Alltag braucht eine gute Organisation. Sorgen Sie für sich selbst und bereiten Sie also schon *am Abend zuvor* alles so weit vor, dass der kommende Morgen möglichst stressfrei beginnen kann. Und: Wie auch immer Sie dies mit Ihrer Partnerin aufgeteilt haben, bereiten Sie die erste Stunde des Tages mit Ihren Kindern so weit vor, wie dies möglich ist. Decken Sie den Esstisch, legen Sie auch die Kleidung der Kinder zurecht und sorgen Sie dafür, dass Ihre Kinder ihre Sachen, Schulsachen usw. bereits vorbereitet haben.

> **Tipp 22: Die »hohe Kunst« des Zubettgehens: Zubettgehrituale!**
> Entwickeln Sie vor dem Zubettgehen Rituale, die es Ihnen erleichtern, »Ihre Siebensachen« für den nächsten Tag bereits zu richten:
> Falls Sie Schwierigkeiten hierbei haben: Denken Sie daran, es ist hilfreich, sich die »guten Gründe« dafür zu vergegenwärtigen, warum es nicht klappt. Vor allem geht es nicht darum, sein Leben komplett zu verplanen, sondern sich mittels einer vernünftigen, sinnvollen Planung zeitliche Ressourcen zu verschaffen, um das Leben angenehmer zu erleben.

Morgenstund kann tatsächlich Gold im Mund haben …

Stehen Sie dann am nächsten Morgen so frühzeitig auf, dass sie unter normalen Umständen nicht in Eile kommen können. Auch hier wieder: Nehmen Sie sich je nach persönlichem Bedürfnis *die zusätzliche Viertelstunde* für sich selbst oder für Ihre Partnerin und sich. Natürlich gibt es Menschen, denen es schwerfällt, so früh aufzustehen, doch gerade diesen sei an dieser Stelle gesagt, dass sie diese Viertelstunde für sich am Morgen lieben werden, wenn sie sie erst einmal kennen und schätzen gelernt haben.

Eine Mutter aus der amerikanischen Studie erwähnt, für sie sei es sehr hilfreich gewesen, sich in Abschnitten von jeweils 15 Minuten bis zu einer Stunde vorgearbeitet zu haben, die sie früher aufsteht als zuvor. Sie habe nun Zeit für eine geruhsame Dusche, einen Kaffee und könne noch in ein gutes Buch schauen, bevor der morgendliche Irrsinn beginnt. Sie nutze die Zeit bewusst nicht, um zu arbeiten, sondern um es sich gut gehen zu lassen.

Tipp 23: Der frühe Spatz fängt tatsächlich den Wurm – Morgens 15 Minuten früher aufstehen!
Eine Viertelstunde mehr Zeit morgens kann uns helfen, den Tag organisierter, ausgeruhter, gesammelter zu beginnen – das sollten auch Morgenmuffel und Langschläfer mal ausprobieren …
Wer, wie, was könnte Sie darin unterstützen, 15 Minuten früher als gewöhnlich aufzustehen? Nennen Sie mindestens vier Items! Beispielsweise:
- Einen zweiten Wecker zu stellen und nicht in Reichweite des Bettes zu platzieren.
- Versuchen, früher zu Bett zu gehen.
- Zeituhr am Kaffeeautomaten anbringen, sodass dieser zur gewünschten Aufstehzeit anspringt.
- Partnerin dafür gewinnen, gemeinsam mit aufzustehen, um gemeinsam zu frühstücken.

Installieren Sie Rituale des Abschieds am Morgen!

Ein kleines, sich immer wiederholendes Spiel ist etwas, auf das Ihre kleineren Kinder mit Sicherheit *abfahren* werden. Jedoch auch Sie als Eltern können die Erfahrung machen, um wie viel leichter der morgendliche Abschied fällt, wenn er verbunden ist mit einem kleinen, fröhlichen und stets wiederkehrenden Spiel. Wenn es Ihnen als Vater zudem möglich ist, Ihre Kinder zum Kindergarten oder zur Schule zu bringen, dann können Sie diese gemeinsame Zeit nutzen. Jedoch auch hier gilt: Organisieren Sie sich gut, fahren Sie rechtzeitig los, nehmen Sie sich die Zeit, noch Spaß mit Ihren Kindern dabei haben zu können.

> **Tipp 24: Wie steht es mit morgendlichen Abschiedsritualen?**
> Beschreiben Sie Ihre bereits etablierten morgendlichen Abschiedsrituale: Wollen Sie diese beibehalten, verändern oder erweitern? Was spricht dafür und was dagegen?

Beachten Sie auch die folgenden Überlegungen:

Verändern Sie Ihre Sichtweise bezüglich des »morgendlichen Ades«! Dieser ganze Bereich des morgendlichen Abschiedes fällt umso leichter, je mehr es Ihnen gelingt, Ihren Blick darauf zu verändern. Sehen Sie es als eine Möglichkeit, Ihren Kindern *Lust auf das zu vermitteln*, was es in der Welt *zu entdecken* und *zu bewältigen* gibt.

Das Kind »in guten Händen«: Alle, die die modernen Herausforderungen der Verbindung von Familie und Beruf am eigenen Leib erlebt haben, wissen, wie bedeutsam es ist, sich sicher zu sein, *die eigenen Kinder in gute und verlässliche Hände zu geben*. Auf diesen Punkt gehen wir daher in Kapitel 11: »Soziale Netzwerke für Familien« noch näher ein.

Für den Fall der Fälle: Notfallpläne: Auch damit ist allerdings noch nicht alles erledigt. Seien Sie sicher, *dass Sie einen guten, tragfähigen Plan für Notfälle haben*. Was auch immer Sie beruflich tun, Kinder können immer einmal krank werden, kleinere oder größere Unfälle erleiden – zumindest von jetzt auf gleich Ihre Anwesenheit benötigen. Dazu gehört dann auch, nicht zu warten, bis Ihr Kind so krank ist, dass nichts mehr geht, sondern sich rechtzeitig (»proaktiv«) bei Freunden und Nachbarn zu erkundigen, ob diese wohl im Falle einer Erkältung, Grippe Ihres Kindes für den Vormittag auf Ihr Kind aufpassen könn(t)en (siehe hierzu ausführlicher Kapitel 4).

Kostbare Zeit: On the road, on the rail, by bus

Zu guter Letzt: Schaffen Sie für sich selbst Möglichkeiten, *den Weg hin zur Arbeit so zu gestalten, dass es Ihnen gut geht.* Nutzen Sie doch die Gelegenheit, wenn Sie mit dem eigenen Auto fahren:

- *Hören Sie Ihre Lieblingsmusik:* Haben Sie auch hier Mut zum Experimentieren, probieren Sie verschiedene Musikstile aus; vielleicht Entspannungsmusik auf der Hinfahrt und Hardrock auf der Rückfahrt oder umgekehrt. Leihen Sie sich CDs mit den unterschiedlichsten Musikrichtungen in Ihrer Stadtbibliothek aus. Nutzen Sie die Zeit im Auto, um Neues kennen zu lernen. *Natürlich gibt es auch viele tolle Hörbücher:* Falls Sie noch nicht »Buddenbrooks« gelesen haben, lassen Sie diese sich doch einfach vorlesen, oder ein Ratgeberbuch zu Zeitmanagement als Hörbuch …
- *Verfolgen Sie in Ruhe Ihren Radiosender mit den neuesten Nachrichten und Reportagen des Tages:* Der Deutschlandfunk bleibt aus unserer Sicht hier weiterhin unübertroffen.
- *Oder denken Sie während der Autofahrt über dies oder das nach:* Nutzen Sie die Zeit, um sich in Achtsamkeit zu üben: Entwickeln Sie Bewusstheit darüber, was Sie gerade so fühlen und denken. Was sind Ihre häufigsten »inneren Dialoge«, was ist im Augenblick Ihre vordergründigste Körperempfindung?

Ein jeder wird so seine Möglichkeiten kennen und finden. Wer mit öffentlichen Verkehrsmitteln fährt, kann lesen oder ebenfalls mit Kopfhörern Musik hören oder gar in der Menge der Menschen ein wenig versinken und die Zeit zum Träumen und Reflektieren nutzen. Wie auch immer und was auch immer Sie tun: Nutzen Sie Ihre Zeit, sich *etwas Gutes* zu tun – Sie sind es wert.

Übergang von der Arbeit zur Familie

Räumen Sie Ihren Arbeitsplatz auf, bevor Sie Feierabend machen

Wie bereits beschrieben, ist es sehr wichtig für Freude und Erfolg am Arbeitsplatz, sich dort gut zu organisieren. Daher gilt: Der gute Übergang beginnt bereits *vor dem Gang von der Arbeitsstelle.*

Nutzen Sie deshalb die letzten Minuten an Ihrem Arbeitsplatz, um diesen so zu hinterlassen, dass Sie am nächsten Tag ohne Reibungsverluste wieder gut beginnen können. Räumen Sie Ihren Arbeitsplatz also auf, und bereiten Sie, sofern Ihre Arbeitsabläufe dies möglich machen, den nächsten Arbeitstag schon vor.

Ein Vater aus einer Studie von Haddock berichtet, dass er seinen Arbeitsplatz immer so verlasse, dass dieser in Ordnung und die Arbeit des Tages wirklich abgeschlossen sei. Auch wenn dies manchmal eine zusätzliche Viertel- bis halbe Stunde koste, so ermögliche es ihm, stets ausgeglichen und bereit für zu Hause zu sein.

Hier sei wirklich angemerkt, dass es verrückt scheint, dies nicht zu tun, – denn natürlich ist das eine enorm wohltuende Erleichterung, sich morgens an einen aufgeräumten Arbeitsplatz zu setzen.

> **Tipp 25: »Getting ready and steady at Work« – Bereiten Sie Ihren Arbeitsplatz für den nächsten Tag vor!**
> Bereiten Sie Ihren Arbeitsplatz für den nächsten Tag vor, bevor Sie Feierabend machen. Beobachten Sie sich dabei: Was erschwert es Ihnen, dies zu tun, und was erleichtert es Ihnen?

Phone home: Rufen Sie zu Hause an, bevor Sie heimkommen!
Bevor Sie dann aufbrechen, kann es Sinn machen, *schon einmal kurz zu Hause anzurufen.* Schaffen Sie sich einen kurzen Einblick in das, was kommt. Mancher mag jetzt skeptisch anmerken, dass man ja dann womöglich die ganze Rückfahrt von der Arbeit sich bereits damit beschäftige. Sicher, das kann unter Umständen sein.

Wenn wir in unserer therapeutischen Praxis Familientherapien durchführen, dann hat es sich sehr bewährt, wenn wir nicht ohne Vorinformationen in einen Termin gehen. Da Familie nicht weniger wichtig zu nehmen ist als die Arbeit, warum sich also nicht Informationen einholen und bereits innerlich vorbereiten auf das, was einen womöglich erwartet? Zudem: Vergessen Sie nicht, wie groß der unschätzbare Vorteil ist, zu Hause anzurufen und zu hören, alles ist in Ordnung. Genießen Sie dann einfach den Nachhauseweg.

Wenn Sie unter Umständen Ihre Kinder auf dem Heimweg einsammeln: Nutzen Sie die Zeit, damit schon einmal alle, gerade Ihre Kinder, Dampf ablassen können. Was hier, auf dem Nachhauseweg, schon verpufft, sorgt nicht mehr für Qualm zu Hause.

Wenn Sie dann zu Hause ankommen, klar: Mit Ihren Kindern und Ihrer Partnerin kommen deren Wünsche, Erwartungen auf Sie zu. Speziell Ihre Kinder beweisen Ihnen ihre Liebe und Verbundenheit (leider) mitunter damit, dass Sie Ihnen exklusiv ihre schlechte Laune anvertrauen. So ist das mit der Liebe. Auch wenn es schwerfällt, dies stets zu akzeptieren, aber das Schlechte vertraut man dem an, bei dem man sich am sichersten fühlt. Das machen Sie mit Ihrer Partnerin doch ebenso, oder?

Tipp 26: »Major Tom to Ground Control« – Verbessern Sie das »Landemanöver« am »Flughafen Familie«!
Bereiten Sie Ihr Ankommen zu Hause vor! Spielen Sie Flugpilot: Probieren Sie einfach einmal aus, zu Hause anzurufen, bevor Sie dort landen! So können Partnerin und Kinder sich darauf einstellen und innerlich darauf vorbereiten, dass Sie nach Hause kommen!
In einer Paarberatung äußerte eine Frau einmal, dass sie sich freuen würde, wenn ihr Mann eine Viertelstunde, bevor er von der Arbeit kommt, anruft. Denn dann könne sie schon den Kaffee für ihn kochen ... – Na, sind das keine rosigen Aussichten ...?!

Schaffen Sie Rückkehrrituale!

Eine Tasse Kaffee oder Tee? Wie wäre es, wenn Sie und Ihre Partnerin, in dem Moment, wo beide zu Hause eintreffen, stets zusammen einen Kaffee oder Tee trinken?! Sich kurz hinsetzen und das besprechen, was im Laufe des Tages bei jedem passiert ist, was mit den Kindern ist, was am Abend noch anliegt, was den neuesten Klatsch über Eltern, Freunde und Nachbarn betrifft etc.

An dieser Stelle hören wir in unseren Beratungen und Therapien mit Familien häufig: »Das geht aber nicht, das ist höchstens, wenn überhaupt, ein- bis zweimal pro Woche möglich! Meist kommen wir so spät nach Hause, dass schon einer von uns mit den Kinder mit dem Abendessen beginnen muss!« – Klasse: Dann nutzen Sie doch die ein bis zwei Optionen, wo dies möglich ist!

Schauen Sie, wo in Ihrem Alltag, speziell, wenn Sie nach Hause kommen, die Inseln sind, die Sie besiedeln können. Erobern Sie sich diese. Seien Sie Eroberer Ihres Lebens. Seien Sie aber auch sicher, die nächste Flut kommt ... Bestimmt!

Dies war nun ein mögliches Ritual, welches von Ihnen auch wieder, zumindest zu Beginn, Organisation und Disziplin fordert.

Coming home: Begeben Sie sich in die »Dekompressionskammer«: Es gibt aber auch Rituale, die täglich begangen werden, von denen Sie womöglich aber gar nicht realisieren, dass Sie es ritualisiert tun.

Mehrere Eltern aus der Studie von Galinsky erzählen, dass sie den Wechsel ihrer Kleidung nutzen, um anzukommen. Wenn Sie im Beruf ausgesprochene Dienstkleidung tragen müssen, dann sehen Sie den Moment des Umziehens als Ihre eigene »Dekompressionskammer«, wie dies der amerikanische Familientherapeut Peter Fraenkel nennt. Solche Vorgänge werden Ihnen helfen, nun nicht mehr der Angestellte, Arbeiter etc. zu sein, sondern der Mann, Ehemann und Vater.

Herr Wolfrath: »Nach oben und in Ruhe auf Toilette gehen«: Herr und Frau Wolfrath kommen in die Paarberatung aufgrund von sexueller Unlust und allgemeiner Beziehungsunzufriedenheit. Herr Wolfrath ist ein hochgefragter Mann, macht häufig Überstunden und ist auch außerhalb der Firma in Gedanken viel mit seinem Job beschäftigt – worüber sich seine Frau massiv beschwert. – Als eine mögliche Bewältigungsstrategie schlage ich die Einführung einer »Job-Zuhause-Dekompressionskammer« vor. Herr Wolfrath ist von der Idee sogleich begeistert und auch Frau Wolfrath kann sich vorstellen, dass dies hilfreich sein kann. Herr Wolfrath findet dabei für sich heraus, was ihm wirklich hilft, zu Hause anzukommen: Er müsse für eine Viertelstunde zunächst »nach oben und in Ruhe auf Toilette gehen« (das Paar wohnt in einem mehrstöckigen Haus), dort oben etwas herumtrödeln können, und dann sei er soweit, um mit seiner Frau zu sprechen – und den Job auch gedanklich hinter sich zu lassen.

Tipp 27: Job-Familie-Übergänge erleichtern: Die »Dekompressionskammer«!
Wenn Sie eine »Dekompressionsschleuse« nutzen möchten, um den Übergang vom Berufs- ins Familienleben zu erleichtern, dann empfiehlt Peter Fraenkel folgendes Vorgehen:
- Fertigen Sie eine Liste von After-Work-Aktivitäten an, die Ihnen am besten dabei helfen, zu entspannen und den Übergang in den Rest des Tages gut zu gestalten. Oft genannt werden folgende Aktivitäten: Duschen, Tageszeitung lesen, ein bisschen Fernsehen schauen, joggen gehen, mit den Kindern spielen, mit der Partnerin über den Tag plaudern.
- Wichtig ist, dass Sie verschiedene After-Work-Aktivitäten ausprobieren und evaluieren, was wirklich klappt und hilft. Das andere verwerfen Sie bitte wieder.

Auf die Kinder einstellen – Give the Kids what they want

Für den Fall, dass Sie Ihre Kinder wirklich auf dem Weg irgendwo einkassieren: Versuchen Sie doch sofort mitzubekommen, welche Bedürfnisse Ihre Kinder haben. Wenn sie zum Beispiel Hunger haben, dann macht es Sinn, dafür zu sorgen, zu Hause erst einmal etwas Kleines zu essen zu machen, womöglich ein wenig Obst oder Gemüse. Vielleicht können Sie auch Ihrerseits dann Ihre Partnerin anrufen und sie bitten, schon etwas vorzubereiten, weil nämlich gleich hungrige, übelgelaunte Mäuler in ihr Haus einfallen werden.

Ein weiterer Aspekt, auf den Sie beim Ankommen achten können, ist, auch mit Ihren Kindern ein kleines Begrüßungsritual zu finden. Da gibt es praktisch keine Einschränkungen, bei kleineren Kindern können es kleine Lieder oder Reime sein, oder bei etwas größeren schlagen Sie mit der Hand ein:»Gib mir die Fünf.« Vielleicht passt so etwas ja zu Ihnen, probieren Sie es aus.

Bleiben Sie dennoch bei aller Struktur und Organisation beweglich: Wenn Sie zum Beispiel einmal einen dieser furchtbaren, stressigen Arbeitstage hatten, die selbst bei bester Planung nie völlig zu vermeiden sind, dann sorgen Sie für sich und damit auch für Ihre Familie. Gönnen Sie sich, wenn möglich, eine Extra-Ruhezone.

Seien Sie vor allem transparent, machen Sie klar, dass Sie heute von der Arbeit müde und abgespannt sind (Sie nehmen den Kindern durch diese Offenheit die Angst, diese hätten durch ihr Verhalten etc. mit Ihrer Verstimmung zu tun) und Sie nun wenige Minuten Ruhe benötigen, bis Sie wieder verfügbar sind.

Kinder, die natürlich ungeduldig auf Sie warten, können mit solch klaren, kalkulierbaren Botschaften umgehen, sofern diese wirklich gut kalkuliert und zuverlässig sind.

Zusammenfassung: Wir haben Ihnen anhand einer Vielzahl von Beispielen versucht aufzuzeigen, wie enorm sinnvoll es ist, klar und überlegt zwischen Beruf und Familie zu navigieren. Der *gelingende Übergang von der Arbeit nach Hause* ist aus unserer Sicht (die Qualitätsmanagement-Interessierten von Ihnen wissen: Die Eingangsqualität hat eine zentrale Bedeutung für die Prozess- und Ergebnisqualität) ein zentraler Baustein, damit Sie die Aufgaben zu Hause ebenfalls gut und gelingend hinbekommen. Wie Sie die Zeit zu Hause optimieren können, das zeigen wir Ihnen im nächsten Kapitel.

Kapitel 8: Optimieren und genießen Sie gute Zeiten zu Hause!

»Ich denke, dass der Sinn des Lebens darin besteht, glücklich zu sein.«
Dalai Lama

Sie wissen schon: Wir sind überzeugt, dass weniger mehr ist. Es kommt darauf, das, was man tut, *fokussiert und bewusst* zu tun. Das meinen wir mit optimieren: Sich fokussieren, die Dinge bewusst tun. Bewusstes Tun aber bitte nicht verstanden als die nach übervorbildlicher Zeitmanagementmanier völlig durchstrukturierte Einteilung Ihres Lebens. Es braucht halt auch »Hängemattentage« (s. Kapitel 3!). Optimieren heißt für uns daher nicht, immer und zu jeder Zeit in einer Art »Hab-Acht-Stellung« zu sein, *sondern Phasen von Anspannung und Entspannung abwechseln zu lassen.*

Ende der 80er-Jahre wurde in einer medizinpsychologischen Untersuchung bei Angestellten eines Großraumbüros die An- und Entspannung von deren Nackenmuskulatur wissenschaftlich erforscht. Das Ergebnis war kurioserweise, dass Angestellte mit chronischen Kopfschmerzen im Vergleich zu Angestellten ohne Kopfschmerzen keine erhöhte Muskelspannung aufwiesen. Sie unterschieden sich jedoch dadurch, dass bei Ersteren *keine Variabilität der Muskelanspannung über den Tagesverlauf beobachtet wurde!* Mit anderen Worten: Egal, ob die Angestellten mit chronischen Kopfschmerzen Pause machten oder nicht, am Ende oder Beginn des Arbeitstages standen: Ihre Muskelspannung blieb immer in etwa gleich. Die Bochumer Professorin für Medizinische Psychologie Monika Hasenbrink hat den Begriff des »Durchhalters« für solche Menschen mit Daueranspannung geprägt. (Motto: Nur nicht nachlassen, nur nicht aufgeben, nur wer durchhält, kommt ans Ziel.) – Für »Durchhalter« sind Pausen gefährlich, weil sie befürchten, sich danach nicht mehr »hochziehen« zu können. Sie verfügen über kein Vertrauen in die Selbstregulation von An- und Entspannung.

Deshalb: Gönnen Sie es sich auch einmal, abzuhängen! Seien Sie kein »Durchhalter«!

Entspannung und Co.

Entspannung (zum Teil auch durch Anspannung): Das ist das, was wichtig ist, wenn Sie wochentags nach einem anstrengenden Tag nach Hause kommen, den Übergang gut hinbekommen, die Zeit mit den Kindern und Ihrer Frau bis zum Zubettgehen der Kinder und der Erledigung der Hausarbeit also gelungen ist und sich so langsam die Erschöpfung des Tages bemerkbar machen *könnte*.

Könnte – hier beginnt die Kunst: die Erschöpfung zu spüren, zuzulassen und in den verbleibenden Stunden etwas zu tun, das Ihnen gut tut. Alleine. Oder mit Partnerin. Oder mit Freunden.

Entspannung, das ist klar, kann es auf viele, individuelle Weisen geben: Sport, Sauna, ein gutes Buch, die Zeitung lesen, ein guter Wein, Nachrichten sehen, Musik hören, ein schöner Abend mit Ihrer Partnerin, eine gegenseitige oder einseitige Massage, sich lieben, die wunderbare Tiefenentspannung im Schoß Ihrer Partnerin erleben (Sex – oh ja!). Auch das Ausprobieren von Entspannungsmethoden, wie Autogenes Training, Progressive Muskelrelaxation, Yoga etc., möchten wir nicht unerwähnt lassen.

Ein Buch mit vielen effektiven Entspannungsübungen aus dem tibetanischen Heilyoga ist »Selbstheilung durch Entspannung« (München: Scherz) von Tarthang Tulku. Viele Ideen zur Entspannung mit Kindern finden Sie in »Was Kindern gut tut! Handbuch der erlebnisorientierten Entspannung« (Dortmund: Borgmann) der Familienpädagogin Sonja Quante.

Interview mit Christoph Eichhorn

Christoph Eichhorn *arbeitet als Diplom-Psychologe in einer Schul- und Erziehungsberatungsstelle in Graubünden und als Trainer mit den Schwerpunkten Gesundheitspsychologie und Self-Coaching. Sein Buch »Gut erholen – besser leben. Das Praxisbuch für den Alltag« erschien im Frühjahr 2006 beim Klett-Cotta-Verlag.*

Ochs und Orban: Was sind nach Ihrer Erfahrung bei Männern die besonderen Probleme und Herausforderungen, was Erholung und Entspannung betrifft?
Christoph Eichhorn: Männern setzen eher berufliche Schwierigkeiten zu als private. Bei Frauen ist es eher umgekehrt. Vier Faktoren belasten vor allem Männer besonders stark.
Erstens: Neid. Beispielsweise auf das neue Auto des Nachbarn oder die als ungerecht empfundene Beförderung eines Kollegen. Neid und Alles-haben-Wollen tragen den Keim permanenter Unzufriedenheit in unser Leben. Und natürlich sind selbst die erfolgreichsten Alleshaber nicht vom Vergleichsvirus befreit, wie bereits der Philosoph Bertrand Russell bemerkte: »Napoleon beneidete Cäsar, Cäsar Alexander den Großen, und Alexander vermutlich Herkules, den es nie gegeben hat.«
Zweitens: Stark ausgeprägtes Konkurrenzverhalten gegenüber anderen. Viele Männer sehen ihr Leben als einen permanenten Wettkampf mit anderen an. Sie wollen bei der Fahrradtour die Schnellsten sein, bei der Diskussion mit den besten Argumenten stechen und am Arbeitsplatz top sein. Dadurch setzen sie sich permanent unter Druck und können nicht mehr loslassen.
Drittens: Geld, Macht und eine hohe berufliche Position sind mit hohem Sozialprestige verbunden. Sie machen es für den Einzelnen erstrebenswert, das Letzte aus sich herauszuholen. So entsteht eine riskante Kombination: Eigene und von außen an uns herangetragene Leistungsansprüche schrauben sich in Schwindel erregende Höhen. Wir holen das Letzte aus uns heraus und überfordern uns dabei.
Viertens: Ärgernisse. Lange Zeit war man der Ansicht, dass es an erster Stelle die großen belastenden Lebensereignisse wie Scheidung, eine schwierige Kindheit, Arbeitslosigkeit wären, die uns am meisten belasten. Tatsächlich setzen uns aber die »kleinen« und alltäglichen Ärgeranlässe zu, wie eine rote Ampel, der nicht richtig laufende PC, dass die Kinder ihre Schuhe wieder nicht aufgeräumt haben und vieles andere. Am gefährlichsten sind aber über lange Zeit unterdrückter Ärger und Feindseligkeit. Sie gelten als die Killeremotionen Nummer 1 und weisen sogar stärker auf eine zukünftige Herzkrankheit hin als zu hoher Blutdruck, zu hoher Cholesterinspiegel, Übergewicht oder sogar Rauchen.
Ochs und Orban: Wie hängen Belastung und Erholung zusammen?
Christoph Eichhorn: Viele Menschen haben ein Erholungsverständnis, das dem Lichtschalterprinzip entspricht. Nach Arbeitsende, so die trügerische Meinung, stelle sich, ähnlich wie bei einem Lichtschalter, Erholung wie auf Knopfdruck automatisch ein. Der Chef oder die Kunden sind nicht mehr da, es müssen keine Aufträge mehr erledigt werden, der Zeitdruck ist weg. Aber wieso bin ich dann immer noch innerlich so überdreht, fragen sich viele irritiert, obwohl ich jetzt doch

zu Hause bin? Die Antwort liegt in der komplexen Dynamik zwischen Belastung und Erholung. Die wichtigsten Aspekte dabei sind folgende:
- Art und Dauer der Belastung strahlen in die Erholungsphase aus.
- Je länger und stärker die Belastungsphase, umso länger braucht es, bis wir uns davon erholen.
- Nach geistig-psychischer Belastung, wie sie für unsere Arbeit heute typisch ist, fühlen wir uns einerseits überdreht-angespannt und andererseits energie- und lustlos.
- Nach geistig-psychischer Belastung erholen wir uns durch passives Nichtstun weniger gut. Dies steht genau im Gegensatz zu körperlicher Belastung. So ist es beispielsweise sinnvoll, nach einer anstrengenden Bergwanderung einfach nichts zu tun, ein Bad zu nehmen oder ein Buch zu lesen.

Ochs und Orban: Was empfehlen Sie gestressten Männern, die versuchen, zwischen Beruf und Familie zu navigieren?

Christoph Eichhorn: Gut erholt können wir Beruf und Familie viel besser vereinbaren als gestresst und überlastet. Deshalb möchte ich mich hier darauf konzentrieren, wie wir uns am besten erholen. Dabei sind zwei Aspekte wichtig. Zum einen: Was können wir tun, um die Belastungen während der Belastungsphase zu reduzieren? Und zum anderen: Was können wir tun, um unsere Regeneration während der Erholungsphase zu fördern?

Ochs und Orban: Wie können wir Belastungen während der Arbeitsphase reduzieren?

Christoph Eichhorn: Natürlich bilden wir uns nicht nur ein, wenn wir uns mit unseren Kräften am Ende fühlen. Es liegt nicht immer alles allein am Kopf, wie so oft behauptet wird, wenn wir uns nach einem anstrengenden Arbeitstag ausgelaugt fühlen. Dennoch hängt es auch stark von unserer Haltung ab, wie aufreibend wir unsere Tätigkeit erleben.

Wir haben zwei Möglichkeiten, wie wir unsere Tätigkeit sehen: entweder als quälenden Job, was sie noch schwieriger und belastender macht, oder als etwas Wichtiges und Bedeutsames. Dass dies selbst unter schwierigsten Arbeitsbedingungen möglich ist, zeigen die folgenden Beispiele. Ein Arbeiter eines städtischen Müllabfuhrunternehmens sagte mir in einem Interview: »Ohne meine Arbeit wäre unser Zusammenleben unerträglich.« Ein Fensterreiniger beschrieb seine Tätigkeit wie folgt: »Ich fange schon frühmorgens um 5:00 Uhr an. Ich genieße es, dass die Stadt noch schläft. Das rhythmische Wischen der Scheiben erlebe ich als Eintauchen in eine Art Trance. Ich versuche meine Arbeit immer mehr zu perfektionieren. Denn Studien haben gezeigt, dass es viele Hunderttausende an Durchgängen braucht, bis sogar ein relativ einfacher Vorgang wie das Fensterwischen zu hundert Prozent perfektioniert ist.« Ein Arbeiter in einem öffentlichen Toilettenhäuschen sagte: »Ich will, dass bei mir die Menschen ungestört und entspannt ihrem Bedürfnis nachgehen können. Damit sich alle wohl fühlen, ist einwandfreie Hygiene oberstes Gebot. Darauf achte ich ganz besonders. Auch will ich, dass sich alle ordentlich bei mir benehmen und keinen Schmutz hinterlassen. Darum schaue ich darauf, dass alle die vorhandene Ordnung einhalten.« Allen drei ist es gelungen, einer an und für sich sehr unattraktiven Tätigkeit eine besondere Bedeutung zu verleihen. Das macht sie belastbarer. Ihre positive Haltung wirkt als Stresspuffer.

Eine Reihe von wissenschaftlichen Studien hat auf die besondere Bedeutung von positiven Gefühlen aufmerksam gemacht. Sie machen uns nicht nur kreativer, spontaner, offener in der Kommunikation, flexibler im Denken und leistungsfähiger, sondern sie wirken auch als Stress- und Belastungspuffer. Sogar längerfristig gesehen. Und es gibt fast unendlich vieles, was positive Gefühle auslösen kann – wir müssen es nur erst entdecken.

»Nicht diejenigen sind arm, die wenig haben – sondern die, die alles wollen«, lautet eine alte Weisheit. Eine Haltung der Bescheidenheit und Dankbarkeit macht uns zufriedener und löst damit positive Gefühle aus, die die negativen Auswirkungen von Überlastung nachhaltig abfedern. Dankbarkeit ist auch deshalb so förderlich, weil man für vieles dankbar sein kann, ohne vorher etwas geleistet haben zu müssen. Zum Beispiel dafür, dass man gesund ist, Kinder, eine Partnerin oder gute Freunde hat, die Sonne scheint, die Kollegin oder ein Kunde freundlich ist. Gemäß der nigerianischen Weisheit: »Sei dankbar für wenig – und du wirst viel finden«, geht es nicht darum, nur für die großen Ereignisse dankbar zu sein – im Gegenteil. Und besonders hilfreich ist es, wenn wir in Dankbarkeit an die denken, mit denen wir uns besonders verbunden fühlen. Wer sich auf diesen Weg macht, wird innerlich ausgeglichener und entspannter.

Ochs und Orban: Was können wir tun, um unsere Regeneration während der Erholungsphase zu fördern?

Christoph Eichhorn: Die meisten Menschen sind bisher noch der Ansicht, sie könnten ihre Erholung dem Zufall überlassen. Dabei bringen wir täglich Höchstleistungen. Und Leistungssportler messen schon lange den Erholungsprozessen sogar die gleiche Aufmerksamkeit zu wie den Trainings- und Belastungsprozessen, wie Henning Almer, Professor an der Sporthochschule Köln und einer der weltweit renommiertesten Erholungsforscher, bereits 1996 feststellte. Aber was im Leistungssport selbstverständlich ist, hat in unsere Berufswelt noch kaum Eingang gefunden. Und das, obwohl zwei Drittel der arbeitenden Bevölkerung nach der Arbeit nicht richtig abschalten können. Die folgenden Anregungen verhelfen ihnen dazu, besser abzuschalten und zu regenerieren:

Das tun, was uns begeistert. Wenn wir in einer Tätigkeit die Welt um uns herum vergessen, dann erholen wir uns besonders gut. Ob wir Urlaubsfotos sortieren, angeln, im Chor singen, gärtnern, Briefmarken sammeln, am Auto basteln, uns mit Freunden treffen, ist unwichtig. Letztlich geht es darum, was Sie am meisten anspricht. Das kann auch durchaus etwas sein, für das wir uns anstrengen müssen, wie zum Beispiel beim Sport. Hinterher können wir stolz auf das sein, was wir geleistet haben. Das löst gute Gefühle aus, die wiederum unsere Regeneration fördern.

Soziale Beziehungen und/oder eine gute Partnerschaft sind ein besonders wirksamer Stresspuffer. So haben beispielsweise 82 Prozent der Patienten mit einer Herzkrankheit eine fünfjährige Überlebenszeit, wenn sie über ein gutes soziales Umfeld verfügen. Wenn ihre sozialen Kontakte hingegen unbefriedigend sind, so sind es nur noch 50 Prozent. Und eine gute Ehe erhöht sogar die Lebenserwartung eines Mannes. Und zwar verbessert sie seine Chancen, dass er älter als 65 Jahre alt wird, von 65 auf 90 Prozent. Sogar bei unseren Vorfahren reduzierten gute Freundschaften die Stressbelastung. Der amerikanische Neurowissenschaftler Robert Sapolsky untersuchte regelmäßig mit Hilfe von Blutproben den Stressspiegel von in der Serengeti lebenden Affen. Und war vom Ergebnis selbst überrascht. Je mehr und dauerhafter Freundschaften ein Affe hatte, umso niedriger war die Konzentration der Stresshormone in seinem Blut. Je mehr er sich um andere kümmerte und andere sich um ihn kümmerten, desto gesünder und entspannter war er. Freundschaften waren ein wirksamer Puffer gegen die Belastungen des Savannen- und Clanalltags. Aber auch hier gilt eines der wichtigsten Erholungsprinzipien, nämlich: Variatio delectat: Wer den ganzen Tag unter Menschen war, will am Abend vielleicht lieber etwas alleine unternehmen.

Ochs und Orban: Was hilft Ihnen persönlich, sozusagen entspannt und erholt Job und Familie zu vereinbaren?

Christoph Eichhorn: Neben den bereits oben erwähnten Aspekten sind für mich zurzeit besonders folgende Punkte wichtig:

- Keine Erwartungen an die Personen aus dem engsten privaten und beruflichen Umfeld stellen, wie die Partnerin, den Chef oder andere. Nicht andere sind letztlich dafür verantwortlich, wie es uns geht, sondern vor allem eine Person – nämlich wir selbst.
- Auf das achten, was andere gut können, und es entsprechend würdigen. Großzügig mit Komplimenten sein. Das fördert die Beziehung und löst positive Gefühle bei einem selbst aus, weil sich der andere freut. Und das strahlt zurück.
- Abwechslung: Nicht immer alles gleich tun – auch einmal etwas tun, was außerhalb des Üblichen liegt.
- Sich darüber im Klaren sein, dass Spannungen im Beziehungsbereich und Phasen sehr starker beruflicher Belastung normal sind. Man muss und kann nicht immer entspannt sein.

Wichtig ist, dass Sie achtsam sind, sich nicht von der nicht zu spürenden Erschöpfung des Tages in die Knie zwingen lassen, träge und ausgelaugt auf dem Sofa hängen, sich womöglich durch das Fernsehen hin und her zappen, sich mit neuen Reizen überfließen und überfordern lassen.

Glauben Sie aber nun bitte nicht, wir wüssten nicht, dass dies mitunter passiert, womöglich Sie sich sogar ganz bewusst vor den Fernseher legen und sich einfach mal von Belanglosigkeiten berieseln lassen, was ja auch guttun kann. Wovor wir warnen möchten, ist, *dies als die einzige Art zu verstehen, wie Entspannung funktioniert*. Bei Entspannung ist es entscheidend, dass man(n) *eine bunte Palette von Entspannungsmöglichkeiten* hat, dies mit Freude und Effektivität zu tun.

 Einer der Autoren (Matthias Ochs) hat eine Zeit lang auf der Suchtstation eines psychiatrischen Krankenhauses mit alkoholkranken Männern gearbeitet. Was markant auffiel, war, dass diese Männer fast immer nur eine einzige, natürlich höchst effektive Methode kannten, sich zu entspannen: Ein Mann erzählte, wenn er abends nach der Arbeit nach Hause kam, dann sei das für ihn gewesen wie Engelsglocken, die läuten würden, um ihn endlich in wohlverdiente, himmlische, entspannte Zustände zu versetzen.

Ihr Körper – übrigens, das sind auch Sie – hat das Recht, dass Sie seine Entspannung genauso bedeutsam nehmen wie all das, was zu seiner Anspannung führt. Natürlich kann zur Entspannung auch helfen, Banales zu tun. Mancher entspannt beim Spülen, viele ja auch, wenn sie kochen.

Schauen Sie zudem, was für ein Typ Sie sind: Können Sie zum Beispiel sofort gänzlich *runterfahren*, oder benötigen Sie *sanfte Übergänge*, müssen Sie sich also beispielsweise bewegen oder lesen, um Ihren Organismus langsam auf Stand-by zu schalten?

Tipp 28: Entwickeln Sie Ihr ganz persönliches »Entspannungsprogramm«!

In unserer therapeutischen Arbeit mit Patienten mit psychosomatischen Störungen, wie etwa Kopfschmerzen oder anderen funktionellen Beschwerden (Beschwerden, bei welchen die Ärzte organisch nichts finden), verwenden wir unter anderem Entspannungsprogramme, die etwa auf dem Autogenen Training (AT) oder der Progressiven Muskel-Relaxation (PMR) beruhen. Unsere Erfahrung hierbei ist, dass manche Patienten davon profitieren, aber auch ein ganze Reihe von ihnen damit nichts anfangen kann: Sie üben diese Programme nicht, können sich dabei nicht gut entspannen und keine angenehmen Körpererfahrungen damit erleben. Am besten ist immer noch, wenn die Patienten für sich selbst herausfinden, wobei sie selbst sich ganz individuell am besten entspannen können und womit sie sich am wohlsten fühlen! Und genau hierzu wollen wir Sie – auch wenn Sie natürlich nicht unser »Patient« sind – mit folgender Übung anregen: Erstellen Sie Ihr persönliches Entspannungsinventar!
- Welche Möglichkeiten, sich zu entspannen, haben Sie bereits entwickelt? Nennen Sie jeweils vier Arten, sich zu entspannen, für die drei Bereiche: Alleine? Mit Partnerin? Mit Kindern?

Wenn Sie Neues entwickeln wollen, ist es oft hilfreich, zunächst einmal zu »inventarisieren«, was Sie bereits können, über welche Fähigkeiten und welches Wissen Sie bereits verfügen!
- Welche Möglichkeiten möchten Sie gerne einmal ausprobieren: Welche? Bis wann? Mit wem?

Move yourself – Ausgleich durch Bewegung

Bewegung ist aus unserer Sicht für fast alle, die nicht körperlich arbeiten, ein ganz wichtiger Baustein zur Entspannung. Dabei sind die Art und das Ausmaß der sportlichen Aktivität wieder je individuell zu sehen. Der eine läuft gerne, der andere fährt Rad, schwimmt oder geht spazieren. Nur: Überlassen Sie diese Zeiten, in denen Bewegung und Sport stattfinden können, nicht dem Zufall. Nehmen Sie Ihre Räume zur Entspannung (auch durch Anspannung) genauso wichtig wie Ihren wichtigsten Arbeitstermin!

Zusammenfassung und abschließende Anmerkungen: Erinnern Sie sich: Ihre Kinder dulden viel, auch viel väterliche Abwesenheit, immer aber fordern sie von Ihnen die Sicherheit, in letzter Konsequenz wichtiger zu sein als die Verpflichtungen. Machen Sie sich klar, dass Sie diese Forderung nur erfüllen, wenn Sie gar nicht erst den Spagat versuchen. Nehmen Sie sich in letzter Konsequenz auch wichtiger als Ihre Verpflichtungen. *Denn diese können Sie nur dann erfüllen, wenn Sie dazu auch körperlich und geistig in der Lage sind.* Wenn Sie dies so sehen können, dann brauchen Sie weder hin- und herzuspringen noch mühsam zu balancieren, sondern Sie können relativ entspannt driften und navigieren. Daher: Genießen Sie Ihre Familie.

Kapitel 9: Genießen Sie Ihre Familie!

»Nur Menschen, die sich geliebt wissen,
können große Leistungen vollbringen.«
Daniel Goeudevert

Das ist so einfach wie ernst gemeint! Viele Männer sind sicher einverstanden mit der Behauptung, dass es ihnen guttut, sich ihrer Familie zu widmen. Doch sofort kommt eine Vielzahl von Fragen: Was heißt das denn überhaupt? Sich der Partnerin, den Kindern widmen? Was für Wege kann es geben, Spaß zu haben mit ihnen? Sicher gibt es etliche Männer, die skeptisch bleiben, weil alleine der Begriff *Spaß* heutzutage verbunden wird mit *Spaßgesellschaft*, also fehlender Ernsthaftigkeit, und somit äußerst negativ besetzt ist.

Die »Leichtigkeit des Seins« leben

Familie aber braucht Leichtigkeit. Kreative Lösungen lassen sich schwer verbinden mit einer reinen Buchhaltermentalität. Gleichwohl sind Verbindlichkeit und Geduld wichtige Pfeiler des Erfolges.

Tipp 29: Die »Leichtigkeit des Seins« leben – alleine, mit Partnerin, mit Kindern
Das Leben sowohl leicht als auch ernst nehmen zu können – beides sind wichtige Kompetenzen, um (als Mann) angemessen auf die Herausforderungen in Beruf und Familie reagieren zu können.
- Wer in Ihrer Familie ist »Experte« für die »Leichtigkeit des Seins«, wer für das »Gewicht der Welt«? Was kann der eine vom anderen lernen?
- Wie können Sie die »Leichtigkeit des Seins« erleben? Wie alleine (zum Beispiel eine tolle CD über Kopfhörer genießen, mal in Ruhe die Tageszeitung lesen), wie mit der Partnerin (beispielsweise mitten am Tag ungeplant gemeinsam im Bett Spaß haben, spontan abends essen gehen), wie mit Kindern (zum Beispiel mit dem Sohn abends nach Arbeitsende noch mal Fußball spielen, Kissen- und Auskitzelschlacht mit den Kindern)?

Spaß und Leichtigkeit sind für uns nicht dumpfes Herumalbern. Es bedeutet für uns, *Freude an sich und seinen Nächsten zu entwickeln*. Spaß und Leichtigkeit mit seiner Familie zu haben und diese zu genießen ist für uns ein Stück *gelebter Lebenskunst*. Es ist die grundlegende Fähigkeit, sich als Teil eines Ganzen zu erleben und anzunehmen.

Familiäre Verbundenheit zu leben stärkt Sie als Mann!

Für einen Teil der Männer ist die Familie die reale Möglichkeit, ein wenig von der eigenen, im beruflichen Alltag aufgebauten und aufgebauschten Wichtigkeit hintanzustellen und sich fallen zu lassen, zu entspannen und für andere als der, der ich bin, wichtig und bedeutsam zu sein, – ohne dies sein zu müssen.

Aber auch das Umgekehrte gilt: Ein anderer Teil von Männern bekommt tagtäglich in ihren Berufen die eigene Unwichtigkeit aufs Brot. Trotz ständiger Nackenschläge aufrecht durchs Leben zu gehen, das ist nun *wirklich eine Kunst*. Leichter fällt diese unfreiwillige Übung mit Unterstützung, wenn es ein Gegengewicht gibt, das hilft, die Dinge zu relativieren, eben neu zu gewichten. Dies ist die Chance, die Sie in Ihrer Familie finden können: Im aufrichtigen und ehrlichen Kontakt mit allen Familienmitgliedern haben Sie die Möglichkeit, die eigene Wichtigkeit wirklich erleben zu können, ohne dafür Besonderes leisten zu müssen. Kontakt haben heißt: da sein, offen sein für den anderen, sich für die Gedanken und Gefühle des Gegenübers interessieren, sich selber mitteilen, die anderen am eigenen Erleben teilhaben lassen. Im Kontakt sein heißt miteinander wachsen. Und lernen. Auch von Kindern.

Tipp 30: Entdecken Sie: Wann fühlen Sie sich durch Ihre Familie unterstützt?
Erinnern Sie sich: Wann haben Sie sich die letzten drei Male so richtig durch Ihre Familie unterstützt gefühlt? Gehen Sie auf (Selbst-)Expeditionsreise: Beschreiben Sie den Anlass und Ihre Gefühle so genau wie möglich!
Unterscheiden sich die Anlässe? Ähneln sie sich?

Nun lassen Sie uns nach diesen Gedanken sehen, welche Aspekte zu berücksichtigen sind und was Sie konkret tun können, um Spaß und Freude mit und an Ihrer Familie zu erleben.

Seien Sie Unternehmer, unternehmen Sie etwas mit Ihrer Familie!

Familiäre Verbundenheit herstellen

Etwas unternehmen. Das ist für uns gleichbedeutend damit, sich auf einen Weg zu machen, ein Ziel erreichen zu wollen. Dabei, so abgedroschen es klingt, ist der Weg das Ziel. Das Ziel lautet: *Verbundenheit herstellen*.

Verbundenheit entsteht nun aber nicht durch große Reden. Verbundenheit entsteht durch die tat-sächliche Erfahrung mit-ein-ander. *Verbundenheit entsteht beim Miteinander-durchs-Leben-Gehen, entwickelt sich, wenn ich spüre, dass der Mensch neben mir sich für mich interessiert, sich einsetzt, sich womöglich sogar an mir begeistert.*

An den anderen derart gebunden zu sein ist eben auch das Ergebnis gemeinsamer Erfahrungen. Wir alle wissen, dass Kinder oft sehr lange von solchen singulären Momenten zehren. Sie können noch Wochen, Monate mitunter in einer alle verblüffenden Detailgenauigkeit von zurückliegenden Erlebnissen schwärmen, die jedes Herz erwärmt. Erwachsene können das auch! – Jeder von uns, der solche Erfahrungen gemacht hat, weiß, dass sie noch lange vor dem inneren Auge präsent bleiben. Jeder weiß, wie an einem schwierigen Wochenbeginn die inneren Bilder von lustvollen Unternehmungen am Wochenende in einem widerhallen können. Drücken Sie diese nicht als störend beiseite, sondern sehen Sie diese als Inspiration für Ihre Kreativität und Ihre Fähigkeit, jenseits von Konventionen (im Beruf) wirksam sein zu können.

Tipp 31: »Feeling Family life«!
Welche Familienaktivitäten vermitteln Ihnen als Mann ein Gefühl der Verbundenheit? Beispiele: Sonntagmorgens mit »allen Mann« frühstücken. Mit Kindern Gartenarbeit machen. Familienurlaub.

Machen Sie sich auf den Weg, spielen Sie aber nicht den Entertainer

Ihre Partnerin und Ihre Kinder werden Sie dafür lieben, dass Sie ihnen gemeinsame Inseln schaffen. Tun Sie dies, ohne in Freizeitstress zu verfallen. Eigentlich ist es auch hier wieder ganz einfach: *Weniger ist mehr,* oder sorgen Sie für einen ansprechenden Inhalt, denn die Form ist eher zweitrangig. Dabei gibt es zumindest drei Ebenen, die Sie in den Blick nehmen sollten:

- die Paarebene;
- die Ebene der ganzen Familie, Ihre Partnerin und Ihre Kinder;
- Ihre Beziehung zu Ihren Kindern.

Die Paarebene: Auf dieser Ebene erfolgreich zu bestehen ist, wie wir immer wieder in unseren Paartherapien erleben, heutzutage wohl eine der schwersten Übungen – die aber nichtsdestotrotz gelingen kann. Innerhalb der Ebene Paarbeziehung gibt es wieder verschiedene Unterebenen. Diese folgen alle eigenen Wert- und Zeitvorstellungen, fast wie unterschiedliche historische Epochen.

Die Zeit des Miteinander und der Lust aufeinander folgt einem anderen Takt als die Organisation von Alltag und Arbeit. Dem Paar als sich Liebende entgleitet dabei schnell die Kontrolle über die zur Verfügung stehende Zeit. Andere, vor allem kleine Wesen bestimmen weitestgehend die Rhythmen des Alltags. Dies erzeugt dann mitunter große Spannungen zwischen den verschiedenen Ebenen. Es ist, als ob die Partner in verschiedenen Zeitaltern zugleich leben.

Wir haben bei unseren Beschreibungen hier durchaus nicht nur das klassische Mutter-Vater-Kinder-Bild von Familie vor Augen. Selbstverständlich gibt es diese Schwierigkeiten ebenso in zusammengesetzten Familien oder zwischen Partnern, die Kinder aus früheren Beziehungen haben und nicht in einem Haushalt miteinander leben. In welcher Konstellation Sie versuchen, Ihre Partnerschaft zu leben, immer zehren diese Umstände äußerst stark an den emotionalen Ressourcen der Liebe.

Darum gilt: *Schaffen Sie sich als Paar die einsame Insel.* Kreieren Sie Räume, welche die Ihren sind, wo Sie sich als Paar ungestört begegnen können. Suchen Sie gute und vertrauensvolle Babysitter, die Ihnen helfen, sich als Paar guten Gewissens abzuseilen. Hierzu nun einige konkrete Ratschläge:

> **Tipp 30: »Paarinseln« im Alltag schaffen!**
> Hören Sie auf keinen Fall auf, miteinander zu reden. Schaffen Sie sich Nischen, in denen es Ihnen gelingt, ungestörte Zeit miteinander zu reden.
> *Die 60-Sekunden-Pleasure-Points* (nach Peter Fraenkel): Fertigen Sie und auch Ihre Partnerin jeweils eine Liste an mit all den Aktivitäten, die Spaß machen, lustvoll sind und Freude bringen, die man gemeinsam innerhalb von *60 Sekunden* oder kürzer machen kann. Listen Sie Aktivitäten auf, die man durchführen kann, wenn man an einem Ort oder an verschiedenen Orten (dank neuer Technologien) ist, zum Beispiel: eine kurze Massage, ein Kuss, eine Umarmung, etwas Lustiges oder Interessantes miteinander teilen, kleine Mitteilungen in den Manteltaschen des Partners verstecken, sich einen netten (erotischen) Gruß per SMS oder E-Mail senden, einen Snack gemeinsam teilen, Planungen machen für Zeiten, wo man wieder mehr gemeinsame Zeit hat. Machen Sie zwei dieser 60-Sekunden-Aktivitäten jeweils morgens vor der Arbeit, während der Arbeit und nach der Arbeit. – Partner, die diese Technik nutzen, berichten von gesteigerten Gefühlen der Verbundenheit während des Tages, was sich auch positiv auf die Übergangsphasen zwischen Arbeit und Familie auswirkt.
> Planen Sie *kleine Paarurlaube*. Denn nicht nur die Reisen mit der ganzen Familie sollten geplant werden, nein – gerade kurze Inseln für das Paar sind enorm bedeutsam und bedürfen daher sorgfältiger und frühzeitiger Planung. Gehen Sie ins *Theater*, ins *Kino oder einfach miteinander ins Bett* und stehen Sie erst wieder auf, wenn Sie das Zimmer wirklich räumen müssen.

Das letzte der Beispiele, wie Sie und Ihre Frau/Partnerin sich einen Freiraum schaffen können, spricht das Thema Sexualität an. Sexualität. Schweres Thema? Vermintes Feld? – Ja und Nein! Miteinander zu vögeln, sich zu lieben, das macht einfach Spaß, tut gut. Gleichwohl gehen hier die klaren Meinungen darüber, wie auch das tatsächlich miteinander Erlebte und Gelebte, leider weit auseinander.

Dieser Ratgeber kann und will kein Buch zum Thema »Wie Sie es schaffen, eine lustvolle und spannende Sexualität über 40 Jahre zu leben« sein. Wir sind jedoch überzeugt, *dass Lust aufeinander, sofern sie bereits einmal bestanden hat, auch wieder zu wecken ist.*

Über Frauen wird gesagt, sie brauchen Nähe, um Sexualität zulassen zu können. Männer bräuchten dagegen Sexualität, um Nähe zu finden. Ein großes Dilemma. Aber auch Chance. Denn deutlich ist, dass Männer und Frauen gleiche Bedürfnisse haben: Nähe und Sexualität. Das Timing ist die große Herausforderung. Dazu brauchen Sie als Paar Zeit und Raum. *Zeit und Raum, sich zu suchen, zu finden, in Kontakt zu treten, wirkliche Nähe herzustellen.* ...

Die Ebene der ganzen Familie, Ihre Partnerin und Ihre Kinder: Na ja, auch wenn es jetzt banal losgeht: Gemeinsame Unternehmungen schaffen Verbundenheit. Das ist im Berufsleben nicht anders als in der Familie (denken Sie an Betriebsausflüge, Betriebsgrillfeste und Ähnliches). Außerdem: Ohne gemeinsames Handeln aller Mitarbeiter über sämtliche hierarchische Etagen geht jede Unternehmung früher oder später in den Konkurs. Auch Ihre Familie wird so Konkurs anmelden, selbst, wenn manches familiäre Insolvenzverfahren sich über Jahrzehnte hinzieht.

Wir arbeiten in unserer Praxis viel mit Familien, die, unter starkem wirtschaftlichem Druck stehend, alles der Existenzsicherung unterordnen. Da werden dann alle nach und nach krank, die Kinder verschlechtern sich in der Schule, machen Stress zu Hause, die Eltern gehen im wahrsten Sinne des Wortes am Stock, der Rücken trägt irgendwann all die Lasten nicht mehr, die Paarbeziehung existiert nur noch auf dem Papier, im Bett sowieso nicht mehr – all das, weil alle versuchen, die Existenz zu sichern.

Auf den ersten Blick natürlich völlig nachvollziehbar und gleichzeitig eben hochbrisant. Aber für solche Familien ist das Leben ein täglicher Kampf. Wenn Sie einen langen, harten Kampf bestehen wollen, dann sorgen Sie dafür, dass Sie und alle zu Hause auftanken können. Also: Schaffen Sie positive Erlebnisse miteinander. Es gibt wie immer verschiedene Wege, (dies) anzufangen.

Tipp 33: Familiäre Verbundenheit verwirklichen
- Machen Sie, Ihre Frau und Ihre Kinder sich doch Gedanken darüber, was Sie gerne miteinander tun.

- Haben Sie gemeinsame Interessen, dann planen Sie ganz konkret, wann Sie etwas zusammen unternehmen können.
- Bei unterschiedlichen Interessen: Gibt es Kleingruppen in Ihrer Familie, die etwas gerne gemeinsam machen wollen, Vater–Tochter, Vater–Sohn, Vater–Kinder, Vater–Mutter–ein Kind?
- Werben Sie bei denen, die dann nicht dabei sein können, für die Existenz der Kleingruppe und genießen Sie es.
- Ist es Ihnen möglich, das Ende der Arbeitszeit zu verbinden mit der Abholung von Kindern/Frau beim Sport? Nutzen Sie solche Momente und schauen Sie noch ein Weile zu. Sie können entspannen und Sie erleben etwas von Ihrem Kind.

Ihre Beziehung zu Ihren Kindern: Bei allem, was wir tun, um unsere Gesundheit instand zu halten, was wir tun, um bis ins hohe Alter hinein möglichst aktiv zu sein, vergessen Sie eines nie: Das Leben an sich ist eine stets tödlich endende Angelegenheit!

Die Zeit geht schneller vorbei, als es Ihnen und uns allen lieb ist. Daher: Nehmen Sie sich Zeit und geben Sie sich die Möglichkeit, von Ihren Kindern zu lernen, sie zu lehren und einfach Spaß mit ihnen zu haben.

Das Zusammensein mit Kindern, das Erleben ihrer Neugierde, ihrer uneingeschränkten Zugewandtheit ist ein zu hohes Gut, als dass Sie damit fahrlässig umgehen sollten. Genießen Sie die Möglichkeit, ausgelassen im Schwimmbad oder im Garten herumzutollen, lauschen Sie Ihren Kindern bei den sie beschäftigenden Themen. Nehmen Sie wahr, wie unwichtig Ihre Welt sein kann. Von dem großen italienischen Poeten Dante Alighieri stammt folgendes Zitat: »Drei Dinge sind uns aus dem Paradies geblieben: die Sterne der Nacht, die Blumen des Tages *und die Augen der Kinder.*«

Womöglich können Sie sogar mit einem oder mehreren Ihrer Kinder ein Hobby gemeinsam ausüben. Es gibt Väter, die erfreuen sich am Sport ihrer Kinder, Väter, die mit ihren Kindern Fahrrad fahren, die womöglich mit ihren Kindern sogar ein Musikinstrument zusammen lernen und spielen und auf diese Weise spielerisch lernen, nicht so wichtig zu sein, wie sie denken.

Zugleich spüren Sie, so wichtig und bedeutend zu sein für einen anderen Menschen, wie Sie sich das in Ihren schönsten Träume nie hätten vorstellen können. Das Lächeln eines Kindes, der Stolz in seinen Augen, wenn es zum Beispiel seinem Vater etwas Selbstgeschaffenes präsentieren darf, ein solches Lächeln werden Sie in Ihrem Berufsalltag mit Sicherheit nicht erleben.

Tipp 34: Stärken Sie Ihr seelisches Immunsystem als Mann dadurch, dass Sie Verbundenheit mit Ihren Kindern leben!
Das seelische Immunsystem von Männern wird durch familiäre Verbundenheit gestärkt: Wie haben Sie bisher Verbundenheit mit Ihren Kindern gelebt? Nennen Sie mindestens drei Dinge! *(Zum Beispiel: abends Zu-Bett-Geschichte vorlesen, gemeinsam regelmäßig in Kinderkino-Vorstellungen gehen, einmal pro Tag mit den Kindern vom Büro aus telefonieren.)*
Was wollen Sie Neues ausprobieren, um Verbundenheit mit Ihren Kindern herzustellen? Nennen Sie ebenfalls mindestens drei Dinge! *(Zum Beispiel: einmal pro Woche gemeinsam kochen, samstagnachmittags ins Schwimmbad mit den Kindern gehen.)*
Was vermuten Sie, wann/wodurch sich Ihre Kinder mit Ihnen verbunden fühlen? Nennen Sie auch hier mindestens drei Items! *(Zum Beispiel: Papa holt mich vom Fußball ab und guckt noch eine Weile zu; Papa liest mir abends noch ein Geschichte vor und kuschelt noch einen Moment mit mir …)*

Lachen Sie mit Ihrer Familie

Geschichten wie die folgende kann nur das (Familien-)Leben schreiben:

Ein Sonntagabend im Sommer 2004. Der kleine dreijährige Rainer und seine neuneinhalbjährige Schwester Gabi sitzen mit ihrem Vater beim Abendessen. Es gibt die von der Tochter von ganzem Herzen gewünschte Hühnersuppe. Über den Tisch wandert eine Maggi-Flasche, die allerdings beängstigend leer ist. Der kleine Rainer hat die Flasche in der Hand, hält sie ein wenig schräg und ist ganz unglücklich, keinen Tropfen herauszubekommen. Der Vater, der sich gerade mit der Tochter unterhält, sagt, den Sohn mit einem halben Auge wahrnehmend: »Rainer, auf den Kopf halten!« Daraufhin nimmt der kleine Rainer die Flasche hoch und hält sie über seinen Kopf.

Solche Momente, die Maggi-Flasche über dem Kopf Ihres dreijährigen Sohnes, die vergessen Sie Ihr ganzes Leben nicht.

Das ist nur eine Seite, wie Sie mit Ihrer Familie auf lachende Art und Weise leichter und entspannter werden können. Mit Ihren Kindern und auch mit Ihrer Frau herumalbern und herumtollen zu können, dies ist ein Geschenk des Himmels. Nehmen Sie es dankend und wertschätzend an und machen Sie was daraus.

Zusammenfassung und abschließende Anmerkungen: Wir haben es nun oft erwähnt. Mancher von Ihnen mag es schon nicht mehr hören wollen: Weniger ist mehr: Bei fast allem. Fokussieren Sie auf die für Sie wirklich wichtigen Dinge, Begebenheiten, Momente. So gesehen haben wir Ihnen Wege aufgezeigt, wie Sie für sich und Ihre Lieben wichtige Dinge mit Leichtigkeit angehen können. Gerade in stürmischen Zeiten, die die meisten von uns erleben, ist es wichtig, im engen Kontakt mit seiner Basisstation zu bleiben. Diese wertzuschätzen und hier auftanken zu können, Ihre Kinder und Ihre Partnerin als Kraftspender zu nutzen und diesen auch Zuwendung, Geborgenheit und Freude zu vermitteln, darum geht es. Wie Sie eine gute Grundlage für Freude und Spaß mit Ihrer Partnerin legen können, davon handelt das kommende Kapitel.

Kapitel 10: Leben Sie Gleichberechtigung: Bleiben Sie im Dialog mit Ihrer Partnerin

»Die Ehezufriedenheit steigt in Relation zur Menge an Routine-Hausarbeit, die die Ehepartner teilen.«
Scott Coltrane, amerikanischer Sozialwissenschaftler

Die beiden amerikanischen Sozialwissenschaftlerinnen Rosalind Barnett und Janet Hyde schlussfolgern in dem Übersichtsartikel »Women, Men, Work and Family« in einer der weltweit wichtigsten psychologischen Fachzeitschriften, dem »American Psychologist«, dass das Navigieren zwischen Familie und Beruf dann gut gelingt, *wenn beide Partner über angemessene Rollenflexibilität verfügen.*

Für Männer ist damit gemeint, dass diese nicht eine Selbstwertkrise entwickeln, wenn die Partnerin durch ihre Erwerbstätigkeit mehr Geld verdient als sie selbst. Vor allem bedeutet dies aber, dass Männern nicht gleich ein Zacken aus der Krone bricht, wenn sie im Haushalt tatkräftig mit anpacken. *Denn: Die wahrgenommene Gleichverteilung der Arbeit im Haushalt ist ein wichtiger Aspekt dafür, dass sich Frauen mit ihrer Partnerschaft zufrieden fühlen.*

Gleichberechtigung und Partnerschaft zu leben bedeutet ein kontinuierliches Streben nach als gerecht empfundener Arbeitsteilung, offener Gegenseitigkeit und stimmiger Ausgeglichenheit im Haushalt, bei der Kindererziehung sowie beim Treffen von Entscheidungen.

Interview mit Fritz Kuhn

Fritz Kuhn *ist Vorsitzender der Bundestagsfraktion von »Bündnis 90/Die Grünen«, die im Rahmen ihrer Familienpolitik großen Wert auf Gleichberechtigung – auch für Väter – legt. Er ist verheiratet und hat zwei Kinder im Jugendalter.*

Ochs und Orban: Ist die Vereinbarkeit von Beruf und Familie für Männer wieder in utopische Ferne gerückt?

Fritz Kuhn: Gute Familienpolitik ist keine Utopie. Entscheidend sind allen voran eine bessere Kinderbetreuung und Gleichberechtigung. Einerseits muss es die Politik zum Standard einer modernen Gesellschaft machen, dass man Kinder haben und berufstätig bleiben kann. Weil Erwerbstätigkeit der beste Schutz vor Kinder- und Familienarmut ist, müssen vor allen Fragen der Transferleistungen die Kinderbetreuung ausgebaut und der Rechtsanspruch für Kindertagesbetreuung ab einem Jahr verwirklicht werden. Es erleichtert vielen jungen Menschen die Entscheidung für Kinder, wenn es unproblematisch ist, die berufliche Tätigkeit fortzusetzen. Und es beruhigt, zu wissen, dass die Kinder von einer qualitativ hochwertigen Betreuung und Förderung profitieren. Andererseits müssen endlich überholte konservative Denkmuster verschwinden. Das Schimpfwort »Rabeneltern« für berufstätige Mütter und Väter muss aus unseren Köpfen.

Ein Blick nach Skandinavien beweist, dass tatsächliche Gleichberechtigung ein kinderfreundlicheres Klima schafft, als am Modell des männlichen Alleinverdieners festzuhalten. In Deutschland sind 35 Prozent aller Mütter und gerade mal drei Prozent der Väter teilzeitbeschäftigt. Hier ist allen voran die Wirtschaft aufgefordert, entsprechende Modelle zu entwickeln und einzusehen, dass Mütter und Väter bestimmte Qualitäten mit in den Job bringen. Frauen wollen sich in ihrem Beruf erfolgreich etablieren. Erst mehr Gleichberechtigung schafft für Frauen die Gelassenheit, sich für Kinder und Beruf zu entscheiden. Gleichberechtigung heißt aber eben auch, Männer, die Erziehungsarbeit übernehmen, nicht länger als »Aussteiger« schief anzusehen. Die derzeitigen Debatten über die Familienpolitik werden auch zur Entkrampfung beitragen.

Ochs und Orban: Wie gelingt es männlichen Politikern in Hochleistungsjobs, Familie und Beruf zu vereinbaren?

Fritz Kuhn: Meistens gelingt die Vereinbarkeit nicht oder nur unter schwierigsten Bedingungen. Viele Politiker klagen über diese Situation, insbesondere diejenigen, deren Familien weiterhin im Wahlkreis leben. Wer selten zu Hause ist, darf auch nicht erwarten, dass sich das Leben dann völlig auf ihn ausrichtet, wenn er zu Hause ist. Das verlangt viel Verständnis – der Eltern und der Kinder.

Mir ist es immer wichtig, feste Zeiten für die Familie einzuhalten, wo die Arbeit nicht hereindrängen darf. Entscheidend ist, dass man Zeit und Aufmerksamkeit für die Kinder hat. Das heißt auch, sich in arbeitsintensiven Zeiten oder auf Reisen bei den Kindern zu melden und zuzuhören, was in der Schule und zu Hause los ist. Und man muss als Politiker auch einsehen, dass mancher Termin nicht so wichtig ist wie ein Samstag mit der Familie. Dazu muss man notfalls auch gegenüber der Öffentlichkeit stehen.

Eine optimale paritätische Arbeitsteilung im Alltag ist häufig allerdings nicht ohne weiteres möglich, mitunter sogar nicht sinnvoll: Kontinuierliches Streben nach Gleichberechtigung und Partnerschaftlichkeit beinhaltet – je nach spezifischer Familiensituation – daher durchaus, dass die Partner jeweils für verschiedene Verantwortungs- und Arbeitsbereiche zuständig sind und es immer wieder kürzere oder auch längere Phasen gibt, in denen ein Partner etwa sehr viel mehr für das Geldverdienen verantwortlich ist, während der andere Partner beispielsweise größere Anteile der Kinderbetreuung übernimmt.

Wichtig ist, dass im Gesamtbild, in der langfristigen Perspektive Gleichberechtigung und Gegenseitigkeit für beide Partner verwirklicht werden. Das »Big Picture« muss für beide Partner stimmen!

Tipp 35: »Big Picture« bezüglich Gleichberechtigung entwerfen
Entwerfen Sie schriftlich das »Big Picture« der Gleichberechtigung in Ihrer Partnerschaft, entweder alleine – oder mit Ihrer Partnerin:
- Was sind die Eckpfeiler Ihres gleichberechtigten Lebensentwurfes?
- Sind diese Eckpfeiler stabil oder stehen sie auf tönernen Füßen?
- Wie manifestiert sich dieser gleichberechtigte Lebensentwurf konkret im Alltag?

Nehmen Sie Blatt und Bleistift zur Hand – Notieren Sie zu den Fragen einfach einige Stichworte (auch einige wenige Notizen können Reflexionsprozesse auslösen, die Sie einen kleinen Schritt weiterbringen …).

Das Abenteuer Gleichberechtigung

Das Streben nach Gleichberichtigung und Partnerschaft in einer (Liebes-)Beziehung setzt voraus, dass beide Partner in der Lage sind, das Zusammenleben so zu strukturieren, dass sich, obwohl sich selbstverständlich unterschiedliche Rollen herausbilden, ein Gleichgewicht ergibt.

Das aktive Leben einer gleichberechtigten, partnerschaftlichen Liebe ist insofern ein gewagtes Abenteuer, als wir gerade aktuell gesellschaftlich wieder eine starke Polarisierung erleben: Denn in dem Maße, wie Männer und Frauen versuchen, Gleichberechtigung zu leben, in dem Maße werden in der Arbeitswelt erneut wieder

Hierarchien aufgebaut. Da, wo vormals flache Hierarchien und Partnerschaftlichkeit im Berufsalltag erkämpft worden waren, da entstehen oftmals erneut hierarchisch gestaltete Gebilde. So betrachtet und eingebettet ist der Versuch, eine gleichberechtigte Partnerschaft zu leben, die

- im Vertrauen auf die Kraft der Liebe zwischen zwei Menschen ein Gleichgewicht entstehen lässt, welches
- in der Lage ist, so stark und tragfähig zu werden, dass die Partner die an das Paar gestellten Herausforderungen gemeinsam tragen können,

ein großes Abenteuer.

Das Paar-Immunsystem

Wenn zwei Menschen aufeinandertreffen, so ähnlich oder verschieden sie auch sein mögen, so werden sie doch neben Gemeinsamkeiten und den anziehenden, unterschiedlichen Anteilen, *immer auch Verletzungen und Wunden mit in ihre Beziehung bringen.*

> **Tipp 36: Gemeinsamkeiten und Unterschiede – das Salz in Ihrer »Partnerschaftssuppe« oder das schleichende Ehegift?**
> Wo liegen bei Ihrer Partnerin und Ihnen einerseits die *Gemeinsamkeiten* und andererseits die *Unterschiede*? In den Lebensthemen? Freizeitaktivitäten? Musikgeschmack? Persönlichkeiten? Schlaf- und Essgewohnheiten? Lebensmottos? Erziehungsstilen?
> Arbeiten Sie auch hier mit Listen und tauschen Sie sich darüber aus!

Wir gehen davon aus, dass die Funktion des körperlichen Immunsystems in analoger Form auch auf die Psyche anzuwenden ist: Die Fähigkeit, auf seelische Verletzungen adäquat zu reagieren und daraus Stärke zu entwickeln, gegenüber einzelnen Belastungen, Herausforderungen resilient (= widerstandsfähig) zu werden, *gilt auch für Stress auf Beziehungsebene.*

Doch nicht jede der Verletzungen und Wunden, die unsere Seele im Laufe der Jahre erlitten hat, konnte durch das Immunsystem der Seele so zufriedenstellend geheilt werden. Hier stellt sich die Herausforderung, *ein gemeinsames Paar- und Familien-Immunsystem zu entwickeln, das auf die individuell erworbenen Wunden so reagiert, dass es heilende Wirkung hat und nicht zu neuen zwischenmenschlichen Verwundungen, Verletzungen führt.*

Ein wesentlicher Baustein eines funktionierenden Paar-Immunsystems ist *Gleichberechtigung*: Bei Partnern mit einem gut funktionierenden Paar-Immunsystem unterstützen diese sich gegenseitig in ihren jeweiligen Stärken und »besseren« Eigenschaften sowie in ihren kreativen Anteilen in respektvoller Aufeinanderbezogenheit. Außerdem stellen Rollenflexibilität und -ausgeglichenheit wichtige Voraussetzungen dafür dar, dass die Partner innerhalb der Beziehung wachsen und sich entwickeln können.

Wahrgenommene Ungleichheit in der Liebesbeziehung geht hingegen mit einer Schwächung des Paar-Immunsystems einher. Die aktuelle medizinpsychologische Forschung erkennt zudem, dass die Art der Beziehungsgestaltung zwischen Partnern direkt Einfluss hat auf »Organisation und Struktur des Gehirns … (und der) dort etablierten neuronalen Beziehungsmuster«, wie der Göttinger Professor für neurobiologische Grundlagenforschung Gerald Hüther beschreibt. Er betont weiter, dass damit die Qualität der Beziehung natürlich auch unmittelbar auf Körperprozesse einwirkt. Es lässt sich also sagen, dass *das somatische Immunsystem und das seelische Paar-Immunsystem sich gegenseitig deutlich beeinflussen.* Welche Art der Beziehung empfiehlt nun Gerald Hüther? Eine Beziehungsgestaltung, *die auf Achtsamkeit, Behutsamkeit, Wertschätzung und Vertrauen aufbaut!* Denn damit schützen wir am besten unser Gehirn und unseren Körper vor »massiven und langanhaltenden Erhöhungen der Cortisolausschüttung« – mit anderen Worten vor schadhaftem chronisch-intensivem Stress. Denn: »Das Gehirn ist kein Denkorgan, sondern ein *Sozialorgan*.« Und, lässt sich ergänzen, der Körper samt Immunsystem. Es stimmt sicherlich, dass verliebte Menschen oft blind vor Liebe sind. Liebe an sich sollte aber befreien, sodass zudem gelten kann, dass Partner auch *sehend vor Liebe* werden können.

»Buchhaltung« in Paarbeziehungen

Zurück aus den neurobiologischen Gefilden: Zu Beginn einer Partnerschaft, wird – ob bewusst oder nicht bewusst – immer auch *ein Konto eröffnet*. Es wird Buch geführt über »Haben und Soll« in einer Beziehung.

Beispiel Herr Schwan und Frau Sachs: »Das bisschen Haushalt« ist (halt) doch (k)ein Problem: Herr Schwan und Frau Sachs kommen in die Paarberatung, um zu versuchen, ihre zwei Jahre bestehende Beziehung zu retten.  Frau Sachs wirft ihrem Lebenspartner pauschal vor, sie habe alles für ihn getan und nichts zurückbekommen. Sie erzählt, dass sie in der Zeit, als Herr Schwan für seine Meisterprüfung gelernt und gearbeitet hat, den Haushalt quasi »über ein Jahr alleine geschmissen« habe. Herr Schwan wundert sich. Er äußert, dass seine Lebenspartnerin diesbezüglich nie etwas beanstandet habe. Sie hätten einmal darüber geredet, eine Art Haushaltsplan einzuführen, aber da er den Eindruck gehabt habe, dass Frau Sachs dies nicht wolle, habe er davon wieder Abstand genommen und die Haushaltsführung auch nicht weiter thematisiert.

So ernüchternd und Liebesbeziehungen *ökonomisierend* sich dies anhören mag, so klar und nachvollziehbar ist das, was in der Regel geschieht: Paare sind zu Beginn ihrer Beziehung meist sehr aufeinander bezogen. Sie verbringen viel gemeinsame Zeit. Sie sagen sich permanent schöne, nette Dinge. Sie schenken sich viel Liebe, Wertschätzung und Dankbarkeit. Sie lieben sich, kommen sich nah und erleben den anderen als erfüllend. Kleine Enttäuschungen fallen in der Regel nicht ins Gewicht.

Doch auch die besten und intensivsten Beziehungen können nicht auf Dauer frisch verliebt sein. Der Alltag beginnt. Mit dem Alltag wächst die Vertrautheit, man bemerkt, wie sehr man den anderen kennt. Die andere Seite der Medaille ist: Der Reiz des Neuen, das Unbekannte, das Überraschende ist verschwunden. Für viele Paare bedeutet dieses Erleben *einen Bruch eines unausgesprochenen*

Versprechens, nämlich des mit der Beziehung eingegangenen Wunsches, Altes, Vertrautes durch Neues, Anregendes zu ersetzen. Mitunter wird dieses Vertraute natürlich auch als sehr wohltuend erlebt. Zugleich wirken Verhaltensweisen, die ich zu Beginn am anderen sehr geschätzt habe, auf lange Sicht doch irritierend: Die Partnerin, die ich wegen ihrer Lebendigkeit und Kreativität, ihrer Leidenschaft so geliebt und geschätzt habe, die macht mich nun mitunter rasend mit ihrer Sprunghaftigkeit, ihren Launen und ihrer permanenten Egozentrik.

Wenn Paare Eltern werden ...

Wenn wir nun weiterblicken in die Entwicklung von Paaren, die Eltern werden, dann macht es Sinn, die verschiedenen Phasen, die das Paar durchläuft, und die verschiedenen Ebenen, auf denen es sich aufeinander bezieht, zu beleuchten.

Eine Vielzahl von Ehen scheitert, weil es den Partnern nicht gelingt, *nach dem Elternwerden* die verschiedenen Ebenen ihrer Partnerschaft zu einem gelingenden Ganzen zu verbinden. Wobei wir mit Scheitern nicht automatisch Trennung/Scheidung meinen. Die Forschung zeigt, dass sich kinderlose Paare eher trennen als Paare mit Kindern. Kinder wirken im Durchschnitt eindeutig als »Trennungsbarrieren«. Aber eindeutig ist auch: Mit der Geburt des ersten Kindes kommt es zu einer Verminderung der Beziehungsqualität.

Lassen Sie uns auf die verschiedenen Ebenen von Partnerschaft schauen: Paare sind *Lebensgefährten*, als diese bauen sie im wahrsten Sinne des Wortes an dem Haus ihres gemeinsamen Lebens. Sie gehen nebeneinander her und planen und organisieren ihr Leben. Zugleich sind sie *Liebende*, gehen eben nicht nebeneinander her, sondern sehen sich an, sehen dem anderen tief in die Augen, nehmen ihn wahr und möchten selbst wahrgenommen werden. Sie genießen die Zeit miteinander gerade dadurch, dass sie sie häufig völlig außer Acht lassen.

Als *Eltern* richten sie ihren Blick auf die nachfolgende Generation, sie sind in diese Abfolge von Generationen hineingestellt, ob ihnen das passt oder nicht.

Im Alltag *switchen, driften und navigieren* die Partner nun ständig von einer Ebene zur anderen. Solange keine Kinder da waren, ist eine nichthierarchische, gleichberechtigte Partnerschaft meist relativ problemlos zu leben gewesen. Mit Kindern allerdings wendet sich das Blatt. Es entstehen Abhängigkeiten. Die Schutzbedürftigkeit der Kinder fordert die Eltern auf, diese zu schützen. Zugleich werden die Eltern mitunter selbst schutzbedürftig.

Clocks, Calenders and Couples – das Thema »(keine) Zeit« in Paarbeziehungen

Wie schon mehrmals im Verlauf des Buches erwähnt, *wird menschliches Zusammenleben unter anderem stark über die Vorstellungen von Zeit geprägt*. Meist gibt es sehr verschiedene Perspektiven der jeweiligen Partner über ihre individuellen Vorstellungen, Zeit für sich oder für Gemeinsames zu haben. Zugleich ist die Zeit des Miteinanders qualitativ eine andere Zeit als die Zeit für die Arbeit, diese eine andere als die Zeit, die es benötigt, eine Zukunft, eine gemeinsame Lebensperspektive zu entwickeln, und wieder eine andere als die Zeit für Kinder, die nicht nur Spaß, sondern auch Aufmerksamkeit und Fürsorge benötigen.

Häufig entgleitet uns dabei die Kontrolle über unsere Vorstellungen und unseren Wunsch, Zeit zu strukturieren. Gerade Eltern, die erwerbstätig sind, werden oft in ihren eigenen Vorstellungen, Zeit zu strukturieren, durch andere stark eingeschränkt. *Dies führt fast zwangsläufig zu enormen Spannungen zwischen den Anforderungen verschiedener Lebensbereiche.* Für Liebende, die zugleich Eltern sind, bedeutet dies häufig einen enormen Raubbau an ihren emotionalen Reserven, die sie aber benötigen, um ihre Liebe und ihre wechselseitige Wertschätzung, wie sie zu Beginn der Beziehung vorhanden waren, zu erhalten.

Der schon erwähnte New Yorker Paartherapeut Peter Fraenkel vertritt die Auffassung, *dass viele Beziehungskonflikte eigentlich Zeitgestaltungskonflikte sind*. Zeitgestaltung und Beziehungszufriedenheit bedingen nach Fraenkel einander wechselseitig. Für die Beziehungszufriedenheit ist aber nicht die faktische Zeitgestaltung entscheidend, sondern deren Bewertung – die Bedeutung, die den Zeitgestaltungen gegeben wird.

Tipp 37: »Ist meine Zeit auch deine Zeit?« – Lernen Sie »Zeit-Unterschiede« in Ihrer Partnerschaft kennen und nutzen!
Unterschiede im Umgang mit Zeit und in der Bewertung von Zeitressourcen sind in Partnerschaften nach unserer Erfahrung *Regel, nicht Ausnahme*. Folgende Ideen (in Anlehnung an Peter Fraenkel und Jochen Schweitzer) können helfen, die unterschiedlichen Bewertungen von Zeit in Ihrer Partnerschaft zu verdeutlichen und Lösungsmöglichkeiten zu finden, wie Sie die Unterschiede produktiv nutzen können, und um diese zu respektieren und zu würdigen!
Visualisieren Sie die Zeitverteilungen in Ihrer Partnerschaft, etwa durch einen Zeitkuchen oder eine Zeitlinie:
- Through the Eyes of your Wife: Lassen Sie *Ihre Partnerin* Ihre Zeitverteilung, so wie diese sie sieht, visualisieren! (In vielen Partnerschaften ist der Umgang mit Zeit ein heißes Eisen: In Paarberatungen erleben wir es immer wieder, dass der eine Partner meint, er könne den Kalender für seinen Partner viel besser strukturieren als dieser selbst – was manchmal sogar zu stimmen scheint, was die Beratung natürlich nicht vereinfacht …)
- Visualisieren *Sie* nun die Zeiteinteilung Ihrer Partnerin – so, wie Sie diese sehen!
- Visualisieren Sie und Ihre Partnerin nun jeweils die *eigenen* Zeiteinteilungseinschätzungen!

Besprechen Sie miteinander respektvoll und wertschätzend Gemeinsamkeiten und Unterschiede in den verschiedenen Zeiteinteilungen. Welche Lösungen lassen sich daraus entwickeln?

Tipp 38: Führen Sie »heilige Zeiten« (auch jenseits von Weihnachten und Ostern …) ein!
Geben Sie guten Zeitpraktiken mehr Raum, etwa durch die Vereinbarung von »heiligen Zeiten« (die sehr kurz sein können) oder, indem man schöne Einzelereignisse in einen Rhythmus bringt.

Welchem »Zeitmythos« hängen Sie an?

Erkunden Sie gemeinsam mit Ihrer Partnerin, ob Sie einem der folgenden »Zeitmythen« (nach Peter Fraenkel) unbewusst anhängen, und wenn »ja«, dann möchten wir Sie dazu einladen, diesen in Frage zu stellen.

Der Mythos der Spontaneität: Dieser Mythos bedeutet: Beziehungsgeschehen ist nur dann etwas wert, wenn es spontan und ungeplant geschieht. Er verhindert, dass wertvolles, nährendes und lustvolles Beziehungsgeschehen auch geplant (sogar oft unter Mühen geplant!) stattfinden kann.

Beispiel aus der Paartherapie: Muss Sex spontan sein?
Herr und Frau Kern kommen wegen großer sexueller Probleme in die Paartherapie. Frau Kern äußert, einfach keine Lust mehr auf Sex zu haben.  Für ihren Mann hingegen ist Sexualität eine große Quelle von Lebensfreude und Partnerschaftslust. Wir erkunden gemeinsam mögliche Zusammenhänge und Einflussfaktoren bezüglich des sexuellen Musters des Paares. Letztlich besteht die Frau darauf, dass die Ehe sehr gut sei, wenn nur ihre sexuelle Unlust nicht wäre. Ich verschreibe deshalb dem Paar, einmal die Woche zu einer genau festgesetzten Zeit miteinander ins Bett zu gehen (mit der Aufgabe für die Frau, während der sexuellen Betätigung zu erkunden, ob sie nicht doch ein ganz klein bisschen Spaß währenddessen habe, aber es sei völlig o.k., auch keinen Spaß dabei zu haben (Holla!). Wichtig sei nur, dass sie ganz regelmäßig und festgesetzt zur gleichen Zeit am gleichen Wochentag miteinander ins Bett gehen. Nach einem halben Jahr kam das Paar in die Sitzung mit der Frage an mich, ob es nicht Zeit sei, die Häufigkeit der sexuellen Kontakte pro Woche zu erhöhen. Ich fragte die beiden, an welche Häufigkeit sie denn gedacht haben. Die Frau antwortete, noch einmal mehr pro Woche (an einem Wochentag abends).
Nach einem Jahr beendeten wir die Beratung. Ich bat das Paar in der letzten Sitzung, die Qualität ihrer Ehe vor der Paarberatung und jetzt zum Ende der Paarberatung mit Hilfe einer zehnstufigen Skalierungsfrage einzuschätzen. Die Frau antwortete, der Wert vor der Beratung habe bei 1 gelegen, nach der Einführung des ersten »Sex-Tags« in der Woche bei 4 und nach Einführung eines weiteren Tags mit Sex auf 8 – wo er auch aktuell liegen würde.

Der Mythos der Perfektion: »Wir wollen alles unter einen Hut bringen« – Das bedeutet, dieser Mythos verhindert, dass sich die

Vorstellung entwickeln kann, dass es sich im Halbfertigen und Unvollständigen auch sehr gut leben lässt! Der österreichische Komponist Franz Schubert soll sogar gesagt haben: »Das Unvollendete – das ist der Sinn des Lebens.«

Denken Sie daran, dass ein gutes Leben viel mit Lebens-KUNST zu tun hat – und ist nicht die perfekte, aalglatte Kunst oft die langweiligste?!

Der Mythos der vollständigen Eigenkontrolle ohne Berücksichtigung des gesellschaftlichen Kontextes: Damit ist gemeint: »Wenn wir unsere Zeiten nicht miteinander auf die Reihe kriegen, ist es allein deine/meine/unsere Schuld.«

Es gibt in der Psychologie die Konzepte der internalen und externalen Kontrollüberzeugung: Über internale Kontrollüberzeugung verfügen Menschen, die der Ansicht sind, selbst ihr Schicksal in der Hand zu haben. Ein Zeichen externaler Kontrollüberzeugung ist hingegen, wenn Menschen das Gefühl haben, die äußeren Umstände oder irgendwelche Mächte da draußen bestimmen ihr Leben. Gesund ist meist, über eine gute Mischung aus beiden Formen der Kontrollüberzeugung zu verfügen. Ein sicherer Weg nun, um bei dem Navigieren zwischen Job und Familie zu scheitern, ist, dem Mythos der vollständigen Eigenkontrolle anzuhängen. Denn auf vieles, was in unsicheren Zeiten wie diesen passiert, haben Sie tatsächlich im Alltag oft wenig bis keinen Einfluss. Deshalb: Entspannen Sie sich: Tun Sie das, was Sie können, um ein gutes Gleichgewicht zwischen Beruf und Familie herzustellen – aber glauben Sie bloß nicht, dass das alleine in Ihren Händen oder Ihren und Ihrer Partnerin Händen liegt ...

Wie gesagt, sehr häufig sind es äußere Faktoren, die den der Elternpaarbeziehung innewohnenden Stress durch die Verbindung von Partnerschaft, Familie und Beruf zusätzlich erschweren.

Gerade die zeitlichen Anforderungen sind durch den Beruf in den vergangenen Jahren massiv gestiegen. De facto – das zeigen alle Untersuchungen – verbringen Arbeitnehmer heute sehr viel mehr Zeit am Arbeitsplatz und damit einhergehend weniger Zeit in der Familie als noch vor 20 bis 30 Jahren. Was die Gründe hierfür sein könnten, darüber spekulieren die Experten. Eine Ursache könnte sein, dass manch ein Arbeitnehmer sich am klimatisierten, ergonomisch hübsch eingerichteten Arbeitsplatz mit den zwanglosen Beziehungen zu Kollegen und Kolleginnen inzwischen einfach wohler fühlt als im täglichen häuslichen Familienchaos und Beziehungsstress. Ein anderer Grund könnte darin liegen, dass in einem Klima der chronifizierten Angst um den Arbeitsplatz Arbeitnehmer durch längere Arbeitszeiten ihr Engagement und ihre Unersetzbarkeit demonstrieren wollen.

Seit einigen Jahren wird jedenfalls wieder unverblümt von einer Erhöhung der Wochenarbeitszeit gesprochen. Parallel wird von den Mitarbeitern ein höheres Maß an Flexibilität, Mobilität und Einsatzbereitschaft erwartet. Angesichts der Arbeitslosenzahl von mindestens fünf Millionen Menschen sind die Betriebe und Unternehmen auch in der Lage, diese völlig familien- und partnerschaftsfeindlichen Forderungen durchzudrücken. Zugleich wird in den wohl üblichen Sonntagsreden gefordert, die Familien müssten entlastet werden. Wie das alles zusammenpassen soll, müssen die Akteure in den Familien dann wieder lösen – wer sonst!?

Der Heidelberger Psychologieprofessor Jochen Schweitzer schreibt in diesem Zusammenhang:

»In Debatten über hyperaktive Kinder, dissoziale Jugendliche und auch einfach über die PISA-Studie wird oft beklagt, Eltern – und hier oft alleinerziehende Eltern – nähmen sich weniger Zeit zur Beaufsichtigung und Erziehung ihrer Kinder und zur Kooperation mit der Schule. Zugleich wurden in den letzten Jahren in zahlreichen Gesetzesänderungen die Ladenöffnungszeiten immer mehr in die Abende und das Wochenende hinein verlagert – Zeiten also, in denen Kinder zu Hause sind und erzogen werden könnten. Ähnlich wurden Maschinenlaufzeiten verlängert und die Anforderungen an räumliche Mobilität von Arbeitskräften erhöht. All dies erzeugt eine De-Synchronisierung des Familienlebens und eine Schwächung der elterlichen Präsenz, gegen die Familientherapeuten meines Erachtens aus ihrer fachlichen Perspektive Einspruch erheben sollten.«

Gerade die ersten Jahre des Entstehens einer Familie sind so von enormem Stress gekennzeichnet. *Jeder dritte junge Familienvater fühlt sich laut einer aktuellen familiensoziologischen Studie »häufig total ausgebrannt«.* Jeder vierte junge Familienvater lässt seine Partnerin nicht wissen, wie schlecht er sich manchmal fühlt. 41 Prozent der jungen Familienväter sagen: »Nach dem Wochenende freue ich mich auf den Job.«

Fast logisch bleibt für die Gestaltung einer Liebesbeziehung kaum noch ein irgendwie nennenswerter Raum übrig. Nicht zufällig sind nicht nur die zeitlichen Kanäle verstopft, sondern auch der Kommunikationsfluss zwischen den Partnern ist schwerer geworden, weil Enttäuschungen, Verletzungen, Gereiztheiten ständig im Wege liegen und eine gemeinsame, aus einem Fluss empfundene Gestaltung des Lebens massiv behindern.

Happiness is easy?! Zum Gelingen von Gleichberechtigung in Partnerschaften

Nach all dem Düsteren, was nun einmal in den Blick zu nehmen ist, gibt es aber hinreichend Erkenntnisse, wie ein Gelingen von Gleichberechtigung und Partnerschaft möglich ist. Vieles an Tipps und Anregungen, die genau zu diesem Thema passen, haben wir bereits vorgestellt – gleichwohl hier noch einmal ein Blick auf die Aspekte, die sich eher aus dem alleinigen Blick auf das Paar ergeben.

Eine Liebe und Partnerschaft, die mit den Herausforderungen wächst, ist gekennzeichnet durch die Fähigkeit, *sich auszuhandeln*: Es geht nicht darum, die Wünsche und Erwartungen des anderen beinah zu erahnen und so das Geben und Nehmen sozusagen im Nebenbei im Gleichgewicht zu halten. Sondern es geht darum, miteinander zu erkennen, dass ich meinen Partner als Erwachsenen anerkenne und lerne, mit ihm erwachsen umzugehen. Dies setzt voraus, dass jeder in der Lage ist, für sich selber Verantwortung zu übernehmen, zu tragen und (emotional!) für sich selber zu sorgen.

Jeder ist sich zudem seiner Wünsche und Bedürfnisse bewusst und ist nicht mehr bereit »Kompromisse« einzugehen, die seinen Wünschen und Bedürfnissen diametral entgegenstehen. Reife Beziehungen leben bedeutet auch, eigene Erwartungen und Wünsche angemessen zu artikulieren und damit klarzukommen, wenn der Partner die eigenen Wünsche nicht realisieren kann oder will. Erwachsen zu reagieren heißt, sich dann nicht in sein eigenes Schneckenhaus zurückzuziehen, nicht den Kontakt abzubrechen und nicht mit Kontaktabbruch zu drohen.

Erwachsensein in einer Partnerschaft bedeutet, in schwierigen Zeiten in Kontakt zu bleiben und *gerade in solchen Zeiten* in Kontakt zu gehen, die Kommunikation am Leben zu halten, um miteinander zu klären, wie und unter welchen Umständen eine Erfüllung der beiderseitigen Erwartungen gelingen kann.

Auf den Punkt gebracht: Die Fähigkeit, zu verhandeln und sich auszutauschen, ist die entscheidende Fähigkeit einer partnerschaftlichen Beziehung. Gleichberechtigung geschieht demnach:

- durch Austausch,
- durch das Aushandeln auf einer Augenhöhe,
- durch das Verhandeln von eigenen Erwartungen, Wünschen und Bedürfnissen,
- im Respekt vor dem Anderssein der Partnerin,
- im Respekt und in der Achtung vor den eigenen Bedürfnissen und Wünschen und
- mittels der Erkenntnis, dass Veränderungen bei einem selbst beginnen und kein anderer dafür verantwortlich ist, dass es mir gut geht.

Ihre Partnerschaft sollte Ihnen im Gros guttun – dennoch trägt Ihre Partnerin keine Verantwortung für Ihr Wohlbefinden. Und: Wenn Sie das Gefühl haben, Ihre Partnerschaft tut Ihnen nicht mehr gut, dann übernehmen Sie Verantwortung für Veränderungen: Tun Sie das, was Sie zu einer Verbesserung leisten können, und zeigen Sie nicht mit dem Finger auf Ihre Partnerin.

Unsere Erfahrung als Paartherapeuten ist: Wenn es den Partnern gelingt, ihre jeweilige eigene Verantwortung für das Gelingen der Partnerschaft zu übernehmen, ihren eigenen Beitrag zu leisten, dann ist oft sehr viel gewonnen.

Zusammenfassung und abschließende Anmerkungen: Auf den vorangegangenen Seiten haben wir Ihnen einige Facetten davon präsentiert, wie Sie in anspruchsvollen Zeiten sich mit Ihrer Partnerin so aushandeln können, dass Sie beide aus Ihrem jeweiligen Empfinden heraus den Eindruck haben, sich verstanden und nicht überfordert zu fühlen. Sich auf einer Augenhöhe respektvoll aushandeln, die eigenen Bedürfnisse und die des Gegenübers ernst nehmen, dabei selbstverantwortlich zu bleiben – das ist das Fundament für eine gleichberechtigte Partnerschaft.

Was Sie darüber hinaus tun können, um sich, Ihre Partnerin, Ihre Kinder, kurz: Ihre ganze Familie, mit Hilfe und Unterstützung anderer weiter zu entlasten, darüber informieren wir Sie auf den folgenden Seiten.

Kapitel 11: Schaffen Sie soziale Netzwerke!

»It's not what you know, it's who you know.«
Unbekannt

Unter sozialen Netzwerken versteht man ganz allgemein unterstützende Beziehungsgeflechte von Menschen. Der Soziologe John A. Barnes hat den Begriff »soziales Netzwerk« eingeführt. Er verglich in einer aus den 50er-Jahren des letzten Jahrhunderts stammenden Studie, die er in einer norwegischen kleinen Hafenstadt durchgeführt hat, das dortige Beziehungsgeflecht mit einem Fischernetz – daher der Begriff NETZ-Werk.

»Medikament« und Entlastung

Soziale Netzwerke sind deshalb enorm wichtig, weil sie soziale Unterstützung bieten. Soziale Unterstützung – daran lassen unzählige psychologische Untersuchungen keinerlei Zweifel – ist ein enorm potentes »Medikament« bei Krisen, Stress oder Erkrankungen. Soziale Unterstützung kann sogar vor Krankheiten wie Depressionen, Angsterkrankungen oder auch Infekten bewahren. Denn, wie die wissenschaftliche Psychoimmunologie zeigt, *stärkt soziale Unterstützung tatsächlich das körperliche Immunsystem!* Fehlende soziale Unterstützung, also soziale Isolation, hingegen schwächt das Immunsystem. Mit einem guten Freund bei einer Tasse Tee quatschen, nette Verwandte besuchen oder einen Ausflug mit dem Fußballverein oder dem Fitness-Club zu unternehmen ist schlicht und einfach gut für das ganzheitliche Wohlbefinden.

Manche Psychologen gehen so weit zu sagen, dass soziale Unterstützung den vielleicht wichtigsten menschlichen Schutzfaktor darstellt. Denn mit ihm können oft auch schwere Belastungen, Lebenskrisen und ungünstige Lebenssituationen überwunden werden. Soziale Unterstützung am Arbeitsplatz durch Kollegen oder Vorgesetzte reduziert betrieblichen Stress und mildert die Stresssituationen. Unzufriedenheit, Angstzustände oder Depressionen verlieren an Intensität, wenn wir wissen, dass uns jemand in der Not zur Seite steht. Für Familien sind soziale Netzwerke deshalb so wichtig, weil sie entlasten, zum Beispiel bei der Betreuung von Kindern oder in Notsituationen. Aber auch, wenn es um so etwas Simples geht wie einen Tipp für einen guten Kinderarzt sind soziale Netzwerke unerlässlich.

Familienbande für sich genommen sind natürlich schon ein wesentlicher Aspekt der sozialen Unterstützung von Menschen – zumindest, wenn die Familie einigermaßen gut funktioniert. Soziale Unterstützungssysteme für Familien mit Kindern entstehen oft dort, wo Kinder leben und sich aufhalten, zum Beispiel:

- Geburtsvorbereitungs- und Krabbelgruppen,
- Kindergärten,
- Schulen,
- Vereine (Musikschule, Sportvereine, Theatergruppen),
- Nachbarschaft mit Kindern,
- Institutionen, wie Nachbarschaftshäuser, Volkshochschulen (mit speziellen Kursen für Kinder und Familien), Kirchengemeinden (mit Angeboten für Kinder und Familien),
- Freundes- und Verwandtenkreis (mit und manchmal auch ohne Kinder).

Diese Einladungen, die das Leben mit Kindern bietet, zu erkennen und zu nutzen, sich dadurch als Familie zu stärken, ist aus unserer Sicht eine enorme Chance. Auf den folgenden Seiten geben wir Ihnen einen Einblick in Ihre Möglichkeiten, soziale Netzwerke für sich zu »er-finden« und zu knüpfen.

Starke Familien verfügen über starke soziale Netzwerke

Es existiert ein deutlicher Zusammenhang zwischen der Isolation beziehungsweise Unverbundenheit von Familien mit der sozialen Umwelt und der »Verletzlichkeit« der Familie gegenüber Krisen und Problemen.

In einer Arbeit über schulverweigerndes Verhalten bei Kindern und Jugendlichen, die einer der Autoren (Matthias Ochs) gemeinsam mit dem Heidelberger Professor für Medizinische Psychologie Jochen Schweitzer verfasst hat, wurde herausgefunden, dass Kinder sozial eingebundener Familien die Schule weniger schwänzen. In der Arbeit auf der onkologischen Station in der Kinderklinik beobachten wir immer wieder, dass Familien mit einem chronisch oder onkologisch kranken Kind diese gesundheitliche Krise deutlich besser bewältigen, wenn sie über soziale Unterstützung verfügen. In der Akutphase der chemotherapeutischen Behandlung gerade bei jüngeren Kindern entlastet es etwa die Eltern oft ungemein, wenn sie bei der Betreuung des Kindes auf der Station Unterstützung durch Großeltern, Tanten oder Freunde erfahren. Dies ermöglicht es ihnen, einmal nach Hause zu fahren, auszuspannen und wieder Energie und Kraft zu tanken.

Im Jahr 2002 wurde in den Vereinigten Staaten vom YMCA die so genannte »Building Strong Families Study« durchgeführt. In dieser großen Untersuchung, an der 1.005 Familien teilnahmen, wurde erforscht, was soziale Unterstützung Familien konkret bringt. Ein interessantes Resultat war, *dass Mütter sehr viel stärker soziale Unterstützung aufsuchen und beanspruchen als Väter*. Soziale Unterstützungsnetze zu knüpfen stellt also ein Feld dar, wo es für uns Männer noch vieles zu beackern und zu entwickeln gibt!

Ein weiteres aufschlussreiches Ergebnis war, dass über die Hälfte der befragten Eltern angab, dass es eher die Ausnahme darstellt, wenn sie bei Schwierigkeiten und Krisen auf soziale Unterstützung zurückgreifen. Soziale Unterstützung stellt also eine potenzielle und potente Ressource für Familien dar, die immer noch viel zu wenig genutzt wird! Auch konnte in der Studie gezeigt werden, welchen rundum positiven Einfluss unterstützende soziale Netzwerke auf Familien haben können, wenn diese genutzt werden:

- Eltern, die Zugang zu sozialer Unterstützung haben und diese auch regelmäßig nutzen, verhalten sich ihren Kindern gegenüber zugewandter und herzenswärmer.
- Eltern mit tragfähigen, ausgebildeten sozialen Netzwerken neigen dazu, sich intensiver um die Erziehung und Ausbildung ihrer

Kinder zu kümmern, was sich darin ausdrückt, dass die Kinder solcher Eltern schlicht bessere Schulnoten haben. Die Kinder von Eltern mit großen sozialen Netzwerken verfügen oft selbst über ein gutes soziales Unterstützungssystem. Und umgekehrt: Eltern, die sich einsam fühlen, haben auch einsamen Nachwuchs.

- Materielle und finanzielle Vermögensbildung und soziale Unterstützung hängen zudem zusammen – wobei hierbei unklar bleibt, was Henne und was Ei ist.
- Eltern, die sich durch ihr soziales Netzwerk emotional unterstützt fühlen, neigen deutlich weniger dazu, ihre Kinder zu missbrauchen, sind besser in der Lage, mit Stress und mit Krisen umzugehen, und haben stärker das Gefühl, als Eltern Erziehungskompetenz zu besitzen.

Der Zusammenhang zwischen sozialer Unterstützung und der Vereinbarkeit von Job und Familie wurde in der Studie nicht direkt untersucht: Aber es ist klar, dass diese eben beschriebenen Aspekte (wie eine gefühlsmäßig tragfähige Beziehung zu den Kindern oder guter elterlicher Umgang mit Stress) diese Vereinbarkeit sehr erleichtern.

Soziale Netzwerke entstehen nicht wie von Zauberhand …

Soziale Netzwerke zu schaffen bedeutet, sich selbst und seine Familie in ein Netz einzubinden. Dieses Netz kann zum Beispiel aus Freunden, Nachbarn, Verwandten, Institutionen, Mentoren, positiven Rollenmodellen oder anderen positiven Beziehungsstrukturen bestehen. Mit positiven Beziehungsstrukturen sind all solche Netzwerke gemeint, *die soziale Unterstützung bieten und dazu ermutigen, sich wechselseitig zu helfen, sowie dazu beitragen, dass sich Familien weniger isoliert und alleine fühlen.*

Interview mit Thomas Baier

Thomas Baier, *42: Ich bin Beamter im mittleren Dienst und als Systemverwalter in einer Behörde tätig. Meine Frau habe ich im Mai 2005 endgültig an den Krebs verloren und bin seitdem alleinerziehender Vater von Sohn Moritz (5).*

Ochs und Orban: Sie sind nach dem Tod Ihrer Frau alleinerziehender Vater. Was ist Ihre Erfahrung bezüglich der Vereinbarung von Beruf und Familie?
Thomas Baier: Dass man gerade als Mann ziemlich schnell an seine Grenzen stößt. Das Leben hatte bis zu dem Zeitpunkt des Todes (beziehungsweise in diesem speziellen Fall bis zu dem Punkt, wo die Krankheit meiner Frau eine häusliche Pflege notwendig machte) eine gewisse Ordnung und Rollenverteilung innerhalb der Familie.
Aufgrund des besseren Einkommens gestaltete die sich so, dass doch der Großteil der Haus- und Erziehungsarbeit von meiner Frau wahrgenommen wurde. Nach dem Tod meiner Frau änderte sich ALLES. Auf einmal ist man(n) in jeglicher Hinsicht auf sich allein gestellt. Die große Frage: WIE soll ich das nur alles schaffen? Vater und Mutter sein, Liebe geben, Trauer bewältigen (bei sich und beim Zwerg), Haushalt führen, genügend Zeit fürs Kind aufbringen (Klamotten, spielen, erziehen, Termine für die Regeluntersuchungen etc.), arbeiten und schließlich und endlich auch noch sich selbst nicht vergessen? Ein Spagat, zu dem man eigentlich sechs Beine bräuchte.
Ich habe dabei das Glück, einen Arbeitgeber zu haben, der mir über die ganze lange schwere Zeit in jeder Hinsicht entgegenkam (danke an dieser Stelle, das ist leider überhaupt nicht die Regel!), sodass ich zumindest erst mal abwägen konnte, bei wie viel Verkürzung meiner Arbeitszeit (zurzeit arbeite ich 75 Prozent) es mir noch möglich ist, finanziell über die Runden zu kommen und mir dabei eine Haushaltshilfe für das Nötigste leisten zu können, um ein entsprechendes Mehr an Zeit für meinen Sohn zur Verfügung zu haben. Des Weiteren habe ich auch noch das große Glück, ein familiäres Umfeld zu haben, das nach der vormittäglichen Kindergartenzeit sich im Wechsel erst mal um meinen Sohn kümmert, denn eine dermaßen drastische Verkürzung der Arbeitszeit hätte zu große finanzielle Einbußen bedeutet.
Beruflich musste ich aber doch Abstriche machen: So musste ich die Mitarbeit in Projektgruppen aufgeben, da ich einfach nicht mehr zeitlich flexibel genug bin, und die Hauptarbeit (ich arbeite als Systemadministrator) sonst ebenfalls nicht mehr zu aller Zufriedenheit zu schaffen gewesen wäre.
Ochs und Orban: Gibt und gab es bei dieser Herausforderung (Vereinbarkeit von Familie und Beruf) für Sie als alleinverantwortlichen Vater besondere Belastungen? Wenn ja, welche?

Thomas Baier: Besondere Belastungen gab und gibt es jederzeit, wenn das Kind oder man selbst erkrankt. So habe ich kürzlich eine über drei Wochen sich hinziehende Bronchitis meines Sohnes mit durchgestanden, gefolgt von einer Lungenentzündung und schließlich noch im direkten Anschluss einen schweren Pseudokruppanfall, der notfallmäßig in einer Kinderklinik endete. In so einer Situation ist man mental ziemlich schnell im Grenzbereich. Nachts hat man den Kleinen bei sich, um ihm Geborgenheit zu geben, schläft aber selbst durch den dauernden Husten kaum. Tagsüber folgt die Arbeit, die man letztlich doch nur halbherzig erledigt, da man sich dauernd Sorgen darum macht, wie es dem kleinen Mann wohl gehen mag. Sicherlich hat man die Möglichkeit, ein paar Tage zur Pflege zu Hause zu bleiben, aber eben nur ein paar Tage. Und irgendwann regt sich auch das schlechte Gewissen gegenüber seinem Arbeitgeber beziehungsweise den Kollegen, und sei es noch so unbegründet. So bringt man sich systematisch an den Rand seiner psychischen und physischen Leistungsfähigkeit, weil man irgendwie immer versucht, das Wohl des Kindes vor Augen, es trotzdem allen anderen recht zu machen. Eine eigene, möglicherweise länger währende Krankheit, vermag ich mir im Moment überhaupt nicht vorzustellen.

Ochs und Orban: Haben Sie eigene Ideen, was Sie noch besser machen könnten, um noch gelingender zwischen Familie und Beruf zu navigieren?

Thomas Baier: So schwer es auch immer wieder fällt: Das Wichtigste ist wohl, zu versuchen, nicht allzu oft in Selbstmitleid zu verfallen, obwohl ich das Wort in diesem Zusammenhang nicht mag, denn die Situation ist einfach total besch… und man hat allen Grund, darüber zu klagen. Nur nutzt es leider gar nichts. Ein weiterer Schritt ist sicherlich, offen mit der Situation umzugehen. Das fällt Männern gemeinhin schwerer als Frauen, die sich in der Regel schon immer ein soziales Umfeld geschaffen haben, wo sie sich Rat und auch Hilfe holen, sei es über den Kontakt zum Babykreis oder zur Krabbelgruppe oder Ähnliches. Männer haben dies im Normalfall nicht. So ein Umfeld muss man(n) sich eigentlich erst einmal schaffen beziehungsweise sich überhaupt dazu überwinden, den Freundeskreis auch mal zu anderen Dingen einzuladen als zum Kartenspielen oder Fußballgucken. Warum nicht auch mal zum Babysitten, denn das Geld dafür muss auch erst einmal da sein?! Überhaupt muss man darauf aufmerksam machen, wie sehr man selbst ans Haus gebunden ist. Ich glaube, das gelingt eher selten, ist aber sicherlich eine Alternative, sich Zeit für das ein oder andere persönliche Vorhaben freizuschaufeln. Ich muss allerdings zugeben, dass es mir selbst schwer fällt, allzu häufig jemanden um etwas zu bitten, irgendwann bin ich (Mann) es einfach leid, um jede Kleinigkeit fragen zu müssen, selbst wenn es vielleicht eine Hilfe wäre. Ich vergesse dabei aber auch einfach zu oft, dass meine Freunde einfach nicht Gedanken lesen können und ich mich äußern muss, wenn ich mich nicht über unausgesprochene Dinge ärgern will.

Ochs und Orban: Wenn wir Sie nun noch einmal einladen dürfen zurückzublicken: Was hat Ihnen in der jüngsten Vergangenheit dabei geholfen, Ihren Beruf und die Verantwortung für Ihr Kind gut zu verbinden? Was würden Sie aus dieser Erfahrung anderen Männern raten?

Thomas Baier: Ich persönlich blicke immer noch sehr ungern auf das vergangene Jahr zurück. So weit, dass ich die Zeit mit meiner Frau »nur« noch als schöne Erinnerung empfinde und dankbar dafür bin, sie gehabt zu haben, bin ich sicher noch lange nicht, zu groß sind einfach der Verlust und die Leere. Ich kann aber nur jedem raten, im Interesse des Kindes und in seinem eigenen, offen und offensiv mit der Situation umzugehen; sich mitzuteilen, seine Ängste, seine Sorgen. Denn nur dann bekommt man auch Antworten oder kann sich Gehör verschaffen. Ein wichtiger Punkt ist, sich darüber klar zu werden, was man leisten kann.

Ein Vater, der früher oder später am Rande seiner Leistungsfähigkeit steht, nutzt weder sich noch seinem Kind. Mann muss versuchen, auch sich selbst nicht nur als Dienstleister im Job oder für das Kind zu sehen, sondern sich und anderen unmissverständlich klarmachen, dass hinter dem Arbeiter und Erzieher auch noch ein Mensch mit eigenen, ganz menschlichen Bedürfnissen steckt, die erfüllt werden wollen. Jede Minute, die man für sich allein abzwacken kann, ist Gold wert, für alle beide. Geholfen haben mir und immer noch helfend stehen mir dabei meine Familie und die Familie meiner Frau in ganz großem Umfang zur Seite, dafür möchte ich mich gerne bedanken.

Abschließend möchte ich bezogen auf das Thema noch einmal betonen, dass ich in meiner Situation mit meinen Vorgesetzten und Kollegen und Kolleginnen großes Glück gehabt habe und auf ein riesiges Verständnis und Unterstützung gestoßen bin. Die Tatsache, dass ich im Öffentlichen Dienst arbeite, war bei allem Unglück sicherlich in vielerlei Hinsicht eine Rettung. Wenn man als Arbeiter einer kleinen Firma nicht mehr zum Gewinn beitragen kann und daher immer mehr zur Belastung wird und dann gekündigt wird ...?! Da kann es wohl zu einer weiteren Tragödie kommen.

Soziale Unterstützung fällt jedoch nicht vom Himmel. Soziale Netzwerke knüpfen sich nicht von selbst. Sie müssen dafür etwas tun! Sie müssen auf andere Menschen zugehen! Um den Mut zu bekommen, auf andere Menschen zuzugehen, ist es erforderlich, dass

Sie sich selbst immer wieder ermutigen. Außerdem ist es wichtig, auch offen zu sein für die Anliegen anderer.

Denn ein tragfähiges soziales Netzwerk zu entwickeln und aufrechtzuerhalten ist eine Sache *des Gebens und Nehmens*. Manchmal sind Sie derjenige, der etwas geben kann, oder Ihre Familie, und ein anderes Mal sind Sie, Ihre Familie der Empfänger von Unterstützung und Hilfe.

Wie man als Mann soziale Netzwerke für sich und seine Familie schafft ...

Wie gesagt, für soziale Unterstützung müssen Sie selbst etwas tun: Pflegen Sie proaktiv Nachbarschaftskontakte, Freundschaften sowie Verwandtschafts- und Familienbande. Seien Sie gleichzeitig offen für die Anliegen, Gefühle und Gedanken Ihrer Mitmenschen, denn auch das hilft, ein vertrauensvolles Miteinander aufzubauen. Um das Selbstvertrauen zu bekommen, auf andere Menschen zuzugehen, ist es immer wieder erforderlich, dass Sie sich selbst ermutigen und motivieren. Und seien Sie sicher, mit dem Überspringen der ersten Hürden kommen erste Erfolge, diese verstärken Ihren Mut und Sie können die nächsthöhere Hürde überspringen. Soziale Unterstützung können Sie natürlich auch bei fachkundigen, professionellen Helferinnen und Helfern finden, zum Beispiel in Erziehungs-, Familien-, Ehe-, Schuldner- oder in Suchtberatungsstellen.

- *Gehen Sie raus!* Gehen Sie mit Ihren Kind auf Spielplätze, ins Schwimmbad, in die Eisdiele oder sonst wohin, wo andere Menschen mit Kindern sind. Beginnen Sie Smalltalk mit diesen Eltern.
- *Laden Sie Nachbarn, Freunde zum Essen ein.* Verabreden Sie sich zum Essen.
- Übernehmen Sie *ehrenamtliche Tätigkeiten* (in Vereinen etc.), partizipieren Sie an *Hobby-Gruppen* (zum Beispiel Lauftreffs), schreiben Sie sich für *Seminare* an der örtlichen Volkshochschule ein: Mit Menschen an Themen und Projekten zu arbeiten, die

Sinn, Freude und Spaß vermitteln, kann tiefe, verlässliche Netzwerk-Bande erzeugen.
- Gehen Sie mit Ihrer Partnerin gemeinsam auf *Elternabende*, *Kindergartenfeste* oder Veranstaltungen des *Vereins*, in dem Ihr Kind aktiv ist. Gehen Sie dort auch alleine ohne Ihre Partnerin einmal hin.
- Wenn Sie Schwierigkeiten mit Smalltalk haben oder sozial schüchtern sind: Das ist veränderbar und *kein unabwendbares Schicksal!*
- Die gute, alte, leider aus der Mode gekommene *Männergruppe* kann hilfreich dabei sein, soziale Netzwerke für Männer auch jenseits von Familie und Beruf zu etablieren. Diese können Widerstandskraft (Resilienz) in Zeiten beruflicher und familiärer Krisen fördern.
- Und vor allem: *Bleiben Sie locker.* Es ist wichtig, soziale Netzwerke nicht zu überfordern, weder beim Aufbau solcher noch bei deren Pflege.

Tipp 39: Wie gestalten Sie (als Mann und als Vater) Ihre sozialen Netzwerke?
Männer neigen dazu die Notwendigkeit sozialer Unterstützungsnetze *jenseits von beruflichen Verbindungen stark zu unterschätzen* – etwa Männerfreundschaften, kinderbezogene Kontakte, »Notfall-Netzwerke«.

Fragen Sie sich selbst:
- Welche Form der sozialen Unterstützung nehmen Sie als Vater für Ihre Familie in Anspruch?
- Wie können Sie dazu beitragen, Ihr soziales Netzwerk zu stärken?
- Wie unterstützen Sie selbst andere Väter und Familien? Was können Sie dazu tun, um unterstützender in Ihrem sozialen Netzwerk zu sein?
- Welche Form sozialer Unterstützung ist für Sie am wichtigsten, welche am zweitwichtigsten, welche am drittwichtigsten? Erstellen Sie eine Hitliste!
- Eine »Thinktank-Frage«: Was vermuten Sie als Gründe, dass die Hälfte aller Eltern sich nur selten an Freunde, Verwandte oder Institutionen wendet, um Unterstützung zu bekommen, etwa in Erziehungsfragen?

Finden Sie gute Erzieher

Es gibt fünf gute, *wissenschaftlich belegte* Gründe dafür, sein Kind spätestens nach dem ersten Geburtstag in fachlich gute Kinderbetreuung zu geben:

- Kinderbetreuungs-Kinder lernen schneller zu teilen, mit anderen Kindern zu kooperieren und Probleme effektiv zu lösen.
- Arbeitende Mütter verbringen genauso viel Zeit direkter Interaktion mit ihren Kindern wie Mütter, die ganztags zu Hause sind.
- Kinder profitieren von mehr als einer vertrauensvollen erwachsenen Bezugsperson (über den Vater hinaus).
- Die Eltern-Kind-Beziehung wird nicht zwangsläufig besser, wenn die Mutter nicht berufstätig ist.
- Wenn Arbeiten Mütter glücklich macht, dann wird das Kind auch glücklicher. Platt, aber wissenschaftlich bestätigt.

Woran erkennen Sie fachlich gute Kinderbetreuung?

In so gut wie allen Untersuchungen, die wir zum Thema »Vereinbarkeit von Job und Familie« gesichtet haben, erklären die Eltern, wie sehr ihnen hierbei hilft, wenn sie ihre Kinder in guten (Betreuungs-)Händen wissen. Deshalb zum Schluss dieses Kapitels noch eine Liste von Kriterien, die bei der Auswahl einer fachlich guten Kinderbetreuung eine Rolle spielen können. Es müssen nicht alle der folgenden Kriterien erfüllt sein. Die Liste kann Ihnen jedoch Anregungen geben, worauf Sie achten können:

- Verfügt die Kinderbetreuungsstätte über Referenzen und Empfehlungen?
- Sind die Indoor- und Outdoor-Gegebenheiten so gestaltet, dass sowohl aktives Spiel als auch Rückzug und Ruhe möglich sind?
- Ermutigen die Spielmöglichkeiten zum aktiven Lern- und Spielverhalten?
- Ist der Aufenthaltsraum der Kinder ruhig, gut belüftet und beaufsichtigt?

- Gibt es im Outdoor-Bereich Spielmöglichkeiten für verschiedene Altersstufen?
- Gibt es klare Regelungen für das Abholen der Kinder? Wann? Wer? Wie?
- Werden die Kinder freudig oder genervt von den Betreuerinnen begrüßt?
- Werden die Kinder freundlich und liebevoll verabschiedet?
- Sind die Mahlzeiten von den Nahrungsmitteln her ausgewogen und kinderfreundlich?
- Werden Sicherheitsstandards eingehalten: Sind Medikamente, Chemikalien oder Wasch- und Reinigungsmittel außer Reichweite der Kinder? Sind die Spielmöglichkeiten auf dem Außengelände sicher?
- Gibt es geplante Elterngespräche und Elternabende?
- Sind die Eltern willkommen und gerne gesehen? Werden sie ermutigt, an der Kinderbetreuung vor Ort zu partizipieren, zum Beispiel durch Besuche, Mitorganisation von Festen?
- Fühlen Sie und Ihr Kind sich gut mit der Leitung der Kinderbetreuungsstätte?
- Haben Sie das Gefühl, dass die Erzieherinnen ihre Arbeit gerne machen?
- Sind die Erzieher gut ausgebildet?
- Gehen die Erzieher auf die Bedürfnisse der Kinder stimmig ein?
- Unterhalten sich die Erzieher gerne mit den Kindern?
- Wird das Personal ebenfalls professionell unterstützt?
- Wird regelmäßiges Händewaschen eingehalten und positiv verstärkt?
- Gibt es klare, professionelle Standards bei der Neueinstellung von Erzieherinnen?
- Gibt es eine genaue Beschreibung der pädagogischen Inhalte und deren konkreter Umsetzung in der Kinderbetreuungsstätte? Ist die Umsetzung altersgerecht und entwicklungsfördernd?
- Wird auf adäquate Ernährung und körperliche Betätigung Wert gelegt? Wird darin das Kind als Ganzes gesehen?
- Gibt es reguläre Zeiten für Musik, Lesen (Vorlesen), Außenaktivitäten, kreativen Ausdruck, freies Spiel gemeinsam und alleine?

- Wird Ihr Kind in Aktivitäten einbezogen? Wird es in Gruppenaktivitäten einbezogen und hat es auch die Möglichkeit individuell zu entscheiden, was es tun will?

Zusammenfassung und abschließende Anmerkungen: In diesem Kapitel haben wir den nicht hoch genug einzuschätzenden Stellenwert sozialer Netzwerke für die Entwicklung von Faktoren, welche die Vereinbarkeit von Job und Familie erheblich erleichtern können, verdeutlicht. Außerdem finden Sie in dem Kapitel einige Ideen, die helfen können, soziale Netzwerke auch gerade als Mann zu knüpfen. Zum Schluss des Kapitels erstellten wir eine Liste mit Kriterien, die bei der Auswahl qualitativ hochwertiger Kinderbetreuung wichtig sind.

Kapitel 12: Treffen Sie Entscheidungen (pro)aktiv

»Der Wille des Menschen ist sein Glück.«
Friedrich Schiller

Die Frage, wie gute Entscheidungen getroffen werden, eröffnet ein weites Feld. Dieses Feld vergrößert sich noch, wenn wir berücksichtigen, wie die Bewertung einer Entscheidung als »gut« oder »schlecht« zustande kommt. Die Journalistin Doris Märtin schreibt in ihrem Buch »Zögern Sie noch oder handeln Sie schon? – Richtig gut entscheiden« (München, Heyne):

»So wenig, wie es im Leben selten eine einzige richtige Lösung gibt, so wenig gibt es einen Königsweg, dorthin zu gelangen. Der Grund: Keine zwei Entscheidungen sind gleich. Manche Entscheidungssituationen erfordern ein analytisches Herangehen, bei anderen kommt es darauf an, schnell zu handeln, bei wieder anderen heißt es, findig zu sein oder risikomündig …«

Eine Grundüberzeugung von uns ist, dass es Menschen Kraft gibt, wenn sie sich – so weit wie möglich – als Gestalter des eigenen Lebens begreifen (können) und auch dementsprechend handeln. Wir plädieren dafür, auf wichtige Fragen des Lebens zuzugehen, sie beantworten zu wollen, dabei Herausforderungen auch vorausschauend erkennen und das eigene Leben wirklich gestalten zu wollen.

Der Sprit für Entscheidungsprozesse: Proaktivität

Gehen Sie Entscheidungen offensiv und proaktiv an. »Proaktiv« meint, nicht zu warten, bis die Lebenssituation eine Entscheidung unausweichlich macht (weil man sonst »entschieden wird«), sondern vorausschauend mögliche Weggabelungen zu sehen, und sich Zeit zu nehmen, die verschiedenen Wege abzuwägen.

44 der berufstätigen Eltern aus der Untersuchung von Haddock erwähnten, dass Proaktivität ein wichtiger Faktor für sie sei, um zwischen Beruf und Familie erfolgreich zu navigieren. Sie berichteten, wie wichtig es ihnen sei, Kontrolle über ihr Leben, ihre Entscheidungen und Verantwortungsbereiche zu erlangen und zu behalten – anstatt sich von den Umständen hin- und herschütteln zu lassen. Als entscheidenden Faktor hierfür nannten die Paare, proaktiv Entscheidungen zu treffen. Einige Elternteile erwähnten zudem, dass es ihnen wichtig ist, die Entscheidungen proaktiv *im Hinblick auf eigene Prioritäten* zu treffen.

- »Wir sind sehr darum bemüht, unser Leben gut im Griff zu haben … damit meine ich mein eigenes Leben, das unserer Söhne, wo sie hingehen, was sie machen … Wenn du Kontrolle über dein eigenes Leben hast, dann geht es dir einfach viel besser.«
- »Ich betrachte es einfach als meine Entscheidung. Ich habe Kontrolle darüber, was ich vorhabe, anstatt, dass ich denke: ›Oh Gott, mein Terminkalender ist diese Woche zum Verrücktwerden überfüllt.‹«
- »Für mich ist die wichtigste Sache Prioritäten – diese festzulegen und Entscheidungen auf die Vereinbarkeit mit den Prioritäten so früh wie möglich abzustimmen … Wenn du Erfolg nur daran misst, was du im Beruf leistest, dann wird es für dich auch nicht sehr viel mehr geben. Wenn du stattdessen Erfolg dadurch definierst, eine glückliche Familie zu haben, eine glückliche Ehe zu haben und mit deinem Beruf glücklich zu sein, dann wirst du auch all das auf die Reihe bekommen.«

Außerdem berichteten einige Elternteile, dass sie sich regelmäßig über anstehende Entscheidungen mit ihrem Partner austauschen und dabei sorgfältig, offen und achtsam abwägen, welchen Einfluss welche Entscheidung auf das Familienleben hat. Dieses Vorgehen ermögliche es ihnen, Entscheidungen besser in Übereinstimmung mit ihren Prioritäten zu treffen. Manche sagten, dass sie versuchen, die Dinge in einem größeren Rahmen zu betrachten. Dies helfe ihnen, sich bewusst über die Konsequenzen ihrer Entscheidungen zu werden und zu sein. Sie versuchen einen Orientierungssinn für die

Richtung ihrer Leben beizubehalten und entwickeln eine Art Idealvorstellung von dem, was sie für sich und ihre Familie erreichen wollen.

- »Entscheidungen – wie außerhäusliche Freizeitaktivitäten – werden dahingehend diskutiert, wie sie die Familie als Ganzes beeinflussen.«
- »Wir reden den Tag über sehr viel miteinander … über alles Mögliche: angefangen davon, dass beim Volvo Ölwechsel gemacht werden muss, bis dahin, wer die Teller zu Mutters Haus hinüberbringt.«
- »Für uns kommt es zu Hause sehr darauf an, einen Sinn für den größeren Zusammenhang zu haben. Es geht letztlich nicht ums Scheckbuch … oder darum, die Rechnungen bezahlt zu bekommen … Du musst einen größeren Rahmen haben … ein größeres Ziel als das, was wir von Tag zu Tag tun … was uns hilft, Dinge in die richtige Perspektive zu setzen.«
- »Ich versuche immer, mein jetziges Leben aus der Perspektive eines zukünftigen Zeitpunktes zu betrachten.«

Listen to your Heart: Und was ist mit den Gefühlen bei Entscheidungen …?!

Proaktivität stellt beim Treffen von Entscheidungen einen sehr hilfreichen Faktor dar. Ein weiterer wichtiger Faktor ist *Bewusstheit über die Gefühle, die mit der Entscheidung und den Entscheidungsalternativen verbunden sind.* Denn, wie der Hirnforscher Professor Gerhard Roth betont: »Alle Entscheidungen sind letztlich Gefühlsentscheidungen.«

Gefühle sind im Körper verortet. Mit Bewusstheit ist in Anlehnung an den Begründer der Gestaltpsychotherapie Fritz Perls das freie Erspüren dessen, was in uns auftaucht, gemeint. Deshalb lassen sich die Gefühle, die mit Entscheidungsalternativen verbunden sind, am besten kennen lernen, wenn Sie Ihre körperlichen Reaktionen auf die Entscheidungsalternativen erkunden.

Tipp 40: So nutzen Sie Ihre Gefühle in Entscheidungsprozessen!
Körperliche Reaktionen sind physiologische Vorgänge, die durch Zellaktivität entstehen:
- Erkunden Sie: Welche *körperlichen Vorgänge und Empfindungen* entstehen in Ihrem Körper als Antwort auf verschiedene Alternativen A, B, C etc. einer zu treffenden Entscheidung!
- Lenken Sie Ihre Aufmerksamkeit auf das Gebiet in Ihrem Körper, das spontan *die meisten Empfindungen und Sensationen als Antwort auf eine der Entscheidungsalternativen produziert.* Fangen Sie mit Alternative A an. Wiederholen Sie das Ganze mit Alternative B, dann mit C etc. Die Aufmerksamkeit soll sich nicht auf diesen Bereich fixieren, sondern *mehr dort ruhen.* Bleiben Sie mit der Aufmerksamkeit in diesem Bereich, während Sie über Ihr Gefühl, das Sie dort antreffen, schreiben. Formulieren Sie einfache, kurze Sätze. *Lassen Sie eher das Gefühl den Satz schreiben, als dass Sie über das Gefühl schreiben.*

Lange Zeit wurde die Rolle von Emotionen innerhalb von Entscheidungstheorien vernachlässigt. Es wurde davon ausgegangen, dass Menschen rationale Entscheider sind, die eine Wahl lediglich nach Kosten-und-Nutzen-Überlegungen abwägen. Heute ist klar, dass Gefühle eine im wahrsten Sinne des Wortes entscheidende Rolle in jeder Phase von Entscheidungsprozessen spielen. Der niederländische Wissenschaftler Marcel Zeelenberg von der Universität Tilburg beschäftigt sich mit dem Gefühl der Reue, das sich im Zusammenhang mit Entscheidungen, bei denen im Nachhinein negative Konsequenzen erlebt wurden, einstellen kann. Reue ist ein Gefühl, das als sehr intensiv und aversiv erfahren werden kann. In einem Artikel mit dem schönen bildhaften Titel »The use of crying over spilled milk« (Vom Nutzen, über verschüttete Milch zu jammern«), der in der Fachzeitschrift »Philosophical Psychology« kürzlich erschien, resümiert er, dass antizipierte Reue in Verbindung mit Entscheidungsalternativen die Wahl heftig beeinflussen kann. Und dass der Sinn von erlebter Reue (sich über verschüttete Milch zu ärgern) in einem verstärkten Lernen aus unseren Fehlern besteht. Die Moral von der Geschichte: Gefühle spielen nicht nur in der Vorentscheidungsphase eine kritische Rolle, sie haben beim Lernen aus bereits getroffenen Entscheidungen, die als negativ erlebt werden, eine maßgebliche Funktion.

Rückschläge und innere Kämpfe nach getroffenen Entscheidungen: Ganz normal

Der Weg bis zum Treffen einer wichtigen Entscheidung *ist in der Regel mit enormen Spannungen und auch Konflikten verbunden.* Der Osnabrücker Professor für Familientherapie Arist von Schlippe schreibt: »Es gibt vielleicht keine wirklich bedeutsame Veränderung in unserem Leben, ohne dass sie begleitet wäre von heftigen Gefühlen des Loslassens des Gewohnten, von Angst, Trauer, Schmerz – und oft halten wir krampfhaft auch an quälenden Formen von Existenz fest, um genau diesen Gefühlen auszuweichen.«

Diese heftigen Gefühle im Zusammenhang mit Entscheidungsprozessen als normal zu betrachten, sie akzeptieren, aushalten und »integrieren« zu können, das ist ein wichtiger Aspekt für gelingende Entscheidungen – sowohl beruflich als auch privat. Nach dem Treffen einer Entscheidung, nach der Wahl aus einem Pool von Entscheidungsalternativen, *ist nicht gleich* »*alles gut*«: Es werden die Kosten der Entscheidung bewusst; *die abgewählten Entscheidungsalternativen gewinnen nochmals an Attraktivität und Wert.* Der texanische Psychologe John Norcross postuliert, dass ein Entscheidungs- beziehungsweise Veränderungsprozess mehrere Phasen umfasst. Eine wichtige Phase dieses Veränderungsprozesses ist diejenige der Rückschläge und inneren Kämpfe, die der Phase des handelnden Umsetzens der Entscheidung folgt. Die letzte Phase ist die der Konsolidierung der Entscheidung. Es braucht psychische Kraft, *die getroffene Entscheidung so für sich selbst zu bewerten, dass sie gut zu (er)tragen ist und in sinnhafte Strukturen passt.*

Was hat dies alles mit der Vereinbarkeit von Job und Familie zu tun? Nun: Entscheidungen im familiären und beruflichen Bereich betreffen in der Regel das, w*as uns besonders viel bedeutet.* Solche Entscheidungen sind oft mit intensiven Gefühlen und auch mit Spannungen verbunden – das geht gar nicht anders. Mit diesen sowohl »positiven« als auch »negativen« Emotionen, Gefühlen und Anspannungen bei Entscheidungen im Bereich Familie und Beruf zu rechnen und diese ertragen zu können erleichtert Weichenstellungen zu einer besseren Vereinbarkeit von Beruf und Familie ungemein!

Wie Sie gute Entscheidungen treffen

Familien-Brainstorming

Brainstorming ist eine bekannte Methode zum Generieren von (Lösungs-)Ideen. Das wichtige Element dabei ist, dass alle Einfälle, mögen sie auf den ersten Blick auch abwegig oder »verrückt« erscheinen, geäußert werden können. Erst im zweiten Schritt werden die Äußerungen auf ihre Realisierbarkeit hin überprüft. Der »Pfiff« an dieser Methode ist, dass man die normale vorhandene innere Zensur etwas lockert: Plötzlich tauchen Ideen auf, die bei genauerem Betrachten dann doch nicht so abwegig oder verrückt erscheinen wie auf den ersten Blick. Oft können sich leichte Abwandlungen von im Brainstorming geäußerten Einfällen dann als kreative Lösungsmöglichkeiten erweisen. Beim Familien-Brainstorming nutzt man nun die Ideen aller möglichen Familienmitglieder, um kreative Lösungsoption zu kreieren, die den Horizont bezüglich Handlungsmöglichkeiten bei anstehenden Entscheidungen erheblich erweitern können.

Beim Familien-Brainstorming darf jedes Familienmitglied – Groß und Klein – Ideen zu dem Problem entwickeln: Die einzige Regel, die dabei gilt, ist, dass alles gesagt werden darf: der hypervernünftige Vorschlag genauso wie der abgedrehte Gedanke.

Wichtig ist, dass beim Brainstorming zum Schluss drei bis vier Ideen dabei sind, die klappen könnten. Zudem muss Brainstorming keine einmalige Angelegenheit sein: Das Wunderbare am Familien-Brainstorming ist ja gerade, dass es im Familienalltag fortgesetzt werden kann. Man redet weiter über das Thema, mal bei Tisch, mal »zwischen Tür und Angel« und weitere Ideen können produziert werden, die alle dazu beitragen können, Handlungs- und Entscheidungsoptionen kreativ zu erweitern.

Die Familien-Zeitmaschine

Wie in den Äußerungen der erfolgreichen Paare der Haddock-Studie bereits deutlich wurde, ist es hilfreich, sich vorzustellen, welche Auswirkungen eine Entscheidung in der Zukunft haben wird. Begeben Sie sich mit Ihrer Familie hierfür in die Familien-Zeitmaschine, die Vorgehensweise sehen Sie in folgendem Tipp.

> **Tipp 41: Begeben Sie sich in die »Familien-Zeitmaschine«**
> Wenn Sie vor einer Entscheidung stehen, *projizieren Sie die konkreten Entscheidungsalternativen in die Zukunft*! Schreiben Sie auf:
> - Wie wird es *Ihnen* vermutlich mit Entscheidungsalternative A, B und C in einem halben Jahr und in zwei Jahren gehen?
> - Was denken Sie, wie es *Ihrer Partnerin* vermutlich mit Entscheidungsalternative A, B und C in einem halben Jahr und in zwei Jahren gehen wird?
> - Was vermuten Sie, wie es *Ihren Kindern* mit Entscheidungsalternative A, B und C in einem halben Jahr und in zwei Jahren gehen wird?
> - Wie wird es *Ihrer Familie* als Ganzes mit Entscheidungsalternative A, B und C in einem halben Jahr und in zwei Jahren gehen?
>
> Alternativ dazu: Erzählen Sie sich etwa bei Tisch gegenseitig, was Sie vermuten, wie es Ihnen mit Entscheidungsalternative A, B und C in einem halben Jahr und in zwei Jahren gehen wird.

Selbst wenn hierbei natürlich vor allem Erwartungen in den buntesten Farben (von Katastrophenszenarien bis zu rosigsten Zukunftsentwürfen) formuliert werden: Erwartungen neigen manchmal dazu, zur Wirklichkeit zu werden.

Die guten, alten Pro-und-Contra-Listen

Bei der Frage zum Beispiel, ob es denn Sinn machen kann, nun weiter Miete zu zahlen oder Eigentum zu erwerben, ist es durchaus sinnvoll, sich einmal die ganzen Pros und Contras aufzuschreiben. Vergessen Sie allerdings nicht, hier auch gefühlsmäßige Punkte hinzuzufügen, denn letztlich sollten Sie nie nur mit dem rationalen Verstand entscheiden, unterschätzen Sie nie, dass rationale Entscheidungen auch ganzheitlich getragen werden sollten.

> **Tipp 42: »The Pros and Cons of …«**
> Wer kennt sie nicht: die guten, alten Pro-und-Contra-Listen. Unterschätzen Sie dieses Instrument jedoch nicht: Das Schreiben von Pro- und-Contra-Listen ist ein wichtiger Vorgang beim Reifungsprozess von Entscheidungen – wie der Gärungsprozess beim Wein (auch wenn man

> diese Listen dann am Ende verwirft ...). Vergessen Sie nicht, bei der Erstellung von Pro-und-Contra-Listen auch rein gefühlsmäßige Aspekte hinzuzufügen!
> Ein schönes Beispiel für eine Pro-und-Contra-Liste findet sich in Nils Borstnars und Gesa Köhrmanns »Selbstmanagement mit System«, da diese auch systemische Aspekte (die Familie, die Umwelt) berücksichtigt.

Das Gute daran, sich nicht zu entscheiden

Nun noch eine Technik, die der Proaktivität beim Entscheidungentreffen scheinbar zuwiderläuft: nämlich »gute Gründe« dafür zu sammeln, sich nicht zu entscheiden. Manchmal befinden wir uns in Situationen, in denen wir *auf Teufel komm raus* eine Entscheidung erzwingen wollen. Dadurch geraten wir jedoch unter so enormen Druck, dass wir handlungsunfähig werden. In solchen Situationen kann das Sammeln guter Gründe dafür, sich nicht zu entscheiden, Klärung bringen.

Beispiel Herr und Frau Queisser: Sich zu schnell für Scheidung entscheiden. Herr und Frau Queisser kommen in die Familienberatung, da sie Probleme mit den Besuchsregelungen bezüglich ihres sechsjährigen Sohnes Luka haben. In der zweiten Stunde der Beratung erarbeiten wir, dass ein Grund für die unklare Besuchsregelung die unklare Beziehung zwischen Herrn und Frau Queisser ist. Das Paar hat sich zwar getrennt und auch die räumliche Trennung vollzogen. Aber ob es zu einer endgültigen Scheidung kommt oder nicht, das sei noch völlig ungeklärt, erzählen beide.

Wir sammeln dann gute Gründe dafür, sich noch nicht für oder gegen eine endgültige Scheidung zu entscheiden. Es kommt heraus, dass Frau Queisser vor drei Jahren eine Außenbeziehung hatte und diese Untreue-Krise von dem Paar noch nicht bewältigt worden ist. Die folgenden Beratungsstunden sind emotional sehr aufgeladene Stunden. Ein Resultat dieses Bearbeitungsprozesses ist, dass das Paar zum ersten Mal spürt, dass die Untreue-Krise gemeinsam bewältigbar sein kann und nicht automatisch zur

Scheidung führen muss. Herr und Frau Queisser entwickeln in den darauffolgenden Sitzungen tatsächlich die Fähigkeit, die Untreue-Krise als Chance zu nutzen, um sich als Paar weiterzuentwickeln.

Um sich proaktiv stimmig entscheiden zu können, kann es also sinnvoll sein, zunächst zu klären, *wofür es auch gut sein kann, sich nicht zu entscheiden.* Im Beispiel eröffnete das Nichtentscheiden dem Paar die Möglichkeit der nachträglichen Bewältigung einer Krise, die den Weg frei machte, um wieder aufeinander zugehen zu können. *Proaktive Entscheidungen sollten also von einem puren Entscheidungsaktivismus deutlich abgegrenzt werden.*

> **Tipp 43: Eine Kiste guter Gründe dafür, sich nicht zu entscheiden**
> Wenn eine Entscheidung ansteht, Sie sich aber unsicher sind, stellen Sie selbst, gemeinsam mit Ihrer Partnerin, gemeinsam mit Ihrer Familie eine »Kiste guter Gründe« (ein Ausdruck, der von der Heidelberger Familientherapeutin Andrea Ebbecke-Nohlen stammt) zusammen dafür, sich bezüglich der konkret anstehenden Entscheidung jetzt noch nicht zu entscheiden.
> - Beispielsweise läuft man nicht Gefahr, eine Entscheidung zu treffen, die noch nicht reif ist.
> - Man verletzt womöglich einen anderen Menschen nicht, wenn man selber noch nicht sicher ist, wo man zu einer Frage steht.
> - Man kann mögliche Alternativen besser kennen lernen.
> - Man kann sich eine unangenehme Begleiterscheinung, von der man weiß, dass sie einen womöglich in die Knie zwingen könnte, noch ein wenig aufsparen.
> - Man trifft keine falsche Entscheidung.

Worst-Case-Szenario – Best-Case-Szenario

Die folgende Übung in Tipp 44 ermöglicht es, den gesamten Optionsraum der mit einer Entscheidung verbundenen Alternativen aufzuspannen.

Tipp 44: »Katastrophenfantasien und Wolkenschlösser«
Katastrophenfantasien und Wolkenschlösser haben mit der Realität oft wenig zu tun – gleichwohl können Sie unser Handeln in Entscheidungssituationen (ungünstig) leiten:

- Malen Sie sich einerseits detailliert aus, wie die Konsequenzen der Entscheidung sich gestalten, wenn alles in Ihrem Sinne optimal läuft.
- Malen Sie sich andererseits genauso detailliert aus, wie die größtmöglich negativen Auswirkungen Ihrer Entscheidung ausschauen könnten. Listen Sie alle negativen Konsequenzen auf und entwickeln Sie für jeden Punkt einen funktionsfähigen Notfallplan, der dann zum Einsatz kommen könnte.
- Oft ist es im Leben jedoch so, dass weder das Allerbeste noch das Allerschlimmste eintritt. Formulieren Sie nun eine Art Mittelweg aus Worst- und Best-Case-Szenario.

Zusammenfassung und abschließende Anmerkungen: Ob ich mit meiner Frau zusammenbleibe oder lieber mit einer anderen leben möchte, ob ich in meiner Firma weiterarbeiten oder lieber einen anderen Job annehmen möchte, das alles sind Entscheidungsfragen. Wichtig für gute Entscheidungen ist es, als Mann trotz des ökonomischen Drucks, der sich massiv verstärkt hat, eine innere Unabhängigkeit bei Entscheidungen gegenüber Karriere- und Geldverlockungen zu behalten. Hierzu kann beitragen, über Werkzeuge zu verfügen, wie gute Entscheidungen im Kontext der Familie getroffen werden können. Dies war das Anliegen dieses Kapitels. Und bedenken Sie dennoch immer: Ob eine Entscheidung »gut« oder »schlecht« ist, das bleibt letztlich eine Frage der Perspektive – und somit Ihrer Bewertung … Ein schönes Beispiel hierfür ist die recht bekannte alte chinesische Parabel vom alten Mann und seinem Pferd. Weil sie so gut zum Thema »Bewertung von Entscheidungen« passt, nehmen wir sie als Epilog zu diesem Kapitel.

»Ein alter Mann lebte in einem Dorf, sehr arm, aber selbst Könige waren neidisch auf ihn, denn er besaß ein wunderschönes weißes Pferd. Könige boten fantastische Summen für das Pferd, der Mann aber sagte: ›Dieses Pferd ist für mich kein Pferd, sondern ein Mensch. Und wie könnte man einen Menschen, einen Freund verkaufen?‹
Eines Morgens fand er sein Pferd nicht im Stall. Das ganze Dorf versammelte sich, und die Leute sagten: ›Du dummer alter Mann! Wir haben gewusst, dass das Pferd eines Tages gestohlen würde, wenn du es nicht verkaufst. Welch ein Unglück ist dir jetzt nur widerfahren!‹

Der alte Mann aber sprach: ›Geht nicht so weit, von einem Unglück zu sprechen. Sagt einfach: Das Pferd ist nicht im Stall. Wer weiß, was darauf folgen wird – ob es ein Unglück oder Segen ist, vermag ich nicht zu sagen.‹
Die Leute lachten den Alten aus. Sie hatten immer schon gewusst, dass er ein Narr war. Nach zwei Wochen aber kehrte das Pferd plötzlich zurück. Es war nicht gestohlen worden, sondern hatte sich ein Stück Freiheit genommen und brachte mit sich noch ein Dutzend anderer wilder Pferde. Wieder versammelten sich die Leute und sagten: ›Alter Mann, du hattest recht! Es war kein Unglück, sondern ein Segen.‹ Der Alte aber entgegnete: ›Wieder geht ihr zu weit! Sagt einfach: Das Pferd ist zurück … wer weiß, ob das ein Segen ist? Es ist nur ein kleiner Ausschnitt des Ganzen, und ihr seid wie jemand, der aus einem Buch nur ein einziges Wort gelesen hat – wie könnt ihr ein Urteil über das Buch abgeben?‹ Verärgert wandten sich die Leute ab. Sie alle glaubten, der Alte würde die Unwahrheit sprechen – zwölf Pferde waren mitgekommen …
Der alte Mann hatte einen Sohn – seinen einzigen –, der anfing, die Wildpferde zuzureiten. Eines baldigen Tages fiel dieser Sohn vom Pferd und brach sich beide Beine in einer Weise, dass er für immer ein Krüppel zu bleiben drohte. Sogleich versammelten sich die Leute und sagten zu dem Alten: ›Wieder hattest du recht! Dein einziger Sohn kann jetzt seine Beine nicht mehr gebrauchen, er war deine einzige Stütze. Jetzt bist du ärmer als zuvor – welch ein Unglück ist über dich gekommen!‹
Der Alte aber antwortete: ›Ihr seid von Urteilen besessen. Geht nicht so weit. Sagt nur, dass mein Sohn sich die Beine gebrochen hat. Niemand weiß, ob dies ein Unglück oder ein Segen ist. Das Leben kommt in Bruchstücken auf uns zu und mehr bekommt ihr nie zu sehen!‹
Es dauerte nicht lange, da kamen Soldaten in das Dorf und schleppten alle jungen Männer fort, um in einen großen Krieg zu ziehen. Nur der Sohn des Alten blieb zurück, weil er ein Krüppel war. Der ganze Ort war von Klagen und Wehgeschrei erfüllt, weil dieser Krieg nicht zu gewinnen war und man wusste, dass die meisten der jungen Männer nicht zurückkehren würden.
Wieder kamen die Bewohner zum Alten und sprachen: ›Du hattest recht, alter Mann – es hat sich als Segen erwiesen: Dein Sohn ist zwar ein Krüppel, er ist aber noch bei dir. Unsere Söhne sind für immer fort!‹ – ›Ihr hört nicht auf zu urteilen!‹, sprach der Alte, ›Sagt nur dies: dass man eure Söhne in die Armee eingezogen hat und meinen Sohn nicht. Wer weiß, ob es ein Segen oder Unglück ist?‹ Und sie begannen, den alten Mann als Weisen zu verehren – wer weiß, ob dies ein Segen oder ein Unglück war?«

Kapitel 13: Do it your Way: Mut zur eigenen Vision (als Mann)!

»Wir haben Angst vor dem, was uns anders macht.«
Anne Rice

Lebensvisionen und Leitbilder – auch jenseits von Familie und Partnerschaft

Wie schon in den vorherigen Kapiteln angeschnitten: Die Basis für ein gelingendes Zusammenspiel zwischen Familie und Beruf, für ein gelingendes Familien-, Arbeits- und Zeitmanagement stellt die Ausrichtung an den eigenen Prioritäten dar! Beruf und Familie zu vereinbaren stellt natürlich selbst schon eine solche Priorität, solch ein Leitbild dar.

Wir sind überzeugt, dass es für Männer ebenso wichtig ist, *eigene Lebensvisionen auch jenseits von Partnerschaft und Familie zu entwickeln und zu verfolgen*. Lebensvisionen, die sich auf die »Mission« (ein Begriff aus dem Coaching), als Mann in der Welt zu sein, beziehen. Unsere Erfahrung in der therapeutischen Arbeit mit Männern ist, dass, *je klarer Männer eigene Lebensvisionen verfolgen, sie paradoxerweise umso eher in der Lage sind diese mit Partnerschaft, Familie und Beruf zu vereinbaren.*

Interview mit Micha Acher

Micha Acher (geb. 1971) *ist ein Musiker aus dem oberbayrischen Ort Weilheim. Er spielt in verschiedenen Musikprojekten, in denen er unterschiedliche musikalische Interessen von Jazz über Elektronika und Alternativrock bis hin zu Film- und Minimalmusik verwirklicht. Mit seiner bekanntesten Band »The Notwist« gewann er für die wunderschöne Platte »Neon Golden« 2002 den renommierten Preis der Deutschen Schallplattenkritik. Er ist verheiratet und hat zwei Kinder im Vorschulalter. (Weitere Information unter www.notwist.com; www.msjohnsoda.com; www.tiedandtickeldtrio.com)*

Kapitel 13: Do it your Way: Mut zur eigenen Vision (als Mann)!

Ochs und Orban: Hast du den Eindruck, dass es für (Rock-)Musiker schwerer ist, Job und Familie zu vereinbaren, da regelmäßige Tagesstrukturen (wie es ja gerade Kleinkinder oft fordern) möglicherweise beim Touren, bei Plattenaufnahmen oder beim Songschreiben nur schwer zu verwirklichen sind?

Micha Acher: Für mich ist das alles nicht so schwer. Das liegt aber nicht an mir, sondern an meiner Frau, die seit sieben Jahren nichts anderes macht, als den Kindern einen geregelten Tagesablauf mit festen Strukturen zu bieten. Deshalb habe ich eigentlich immer die Möglichkeit, mich auf meine Musik zu konzentrieren.

Ochs und Orban: Ich habe gelesen, dass du einmal ziemlich viel Geld abgelehnt hast, das dir eine Telefonfirma geboten hat, um einen Notwist-Song für einen Werbespot verwenden zu dürfen. Du unterwirfst also scheinbar deine Vorstellung von Musik und das Vermarkten von Musik nicht irgendwelchen äußeren Zwängen und Moden, gehst diesbezüglich deinen eigenen Weg und verkaufst dich nicht – im wahrsten Sinne des Wortes: Hilft dir diese Klarheit auch bei der Vereinbarkeit von Job und Familie oder eventuell manchmal auch nicht (man könnte ja auch denken, dass etwa deine Frau sich gefreut hätte, wenn die Telefonfirma das Geld auf euer Konto überwiesen hätte für Altersabsicherung oder Ausbildung der Kinder …)?

Micha Acher: Ich suche mir die Leute, mit denen ich zusammenarbeiten will, genau aus! Geld ist da erst mal nicht so wichtig. Da sind wir uns auch zu Hause einig. So erziehen wir auch unsere Kinder! Wir haben bis heute noch nicht bereut, dieses Geld abgelehnt zu haben, obwohl wir bis heute noch keine Altersabsicherung oder Ähnliches haben. Wir können uns aber so eine Einstellung nur leisten, weil wir extrem bescheiden leben.

Ochs und Orban: Was hilft dir konkret, Job und Familie besser zu vereinbaren? Wo liegen dabei Schwierigkeiten für dich und wo klappt es bereits gut?

Micha Acher: Ich habe eigentlich keine Probleme, beides zu vereinbaren. Für meine Familie brauche ich meine Musik und umgekehrt! Wir sind es alle gewöhnt, dass ich einen Beruf habe, bei dem ich manchmal sehr lange auf Tour bin und dann aber wieder sehr lange zu Hause bin und dann auch zu Hause arbeite und komponiere. Wir kennen es nur so. Es wäre schrecklich für uns alle, wenn ich einen normalen Beruf hätte mit geregelten Arbeitszeiten.

Ochs und Orban: Was machst du, um dich zu regenerieren und wieder Kraft für Job und Familie zu tanken?

Micha Acher: ??? – Musik hören.

Insofern stellt dieses letzte Kapitel auch eine Art Tür »nach draußen« dar, die auf einen Lebensbereich von Männern verweist, der nicht unmittelbar mit Beruf und Familie und dem Navigieren dazwischen zu tun hat.

Es gibt eine lange Liste möglicher Prioritäten von Männern: beruflicher Erfolg, Bescheidenheit, Ehrlichkeit, ein Buch schreiben, eine eigene Bibliothek aufbauen, Fairness, finanzielle Sicherheit, Altersvorsorge betreiben, finanzielle Freiheit, Fitness, Freundschaften aufbauen und pflegen, Vorbild sein und vieles mehr.

Gerade die Vielzahl von denkbaren Möglichkeiten macht deutlich, dass die Formulierung einer konkreten Vision ebenso wichtig wie befreiend sein kann, um als Mann seinen Weg zu finden und zu gehen beziehungsweise zu gehen und zu finden.

Tipp 45: Was weckt in Ihnen ein Gefühl von Zuversicht und Mut?
Zum Aufwärmen für das Thema »Lebensvisionen« hier vier nützliche Fragen (aus Nils Borstnars und Gesa Köhrmanns »Selbstmanagement mit System«):
- Welche größeren reizvollen Aufgaben gab es in Ihrer Vergangenheit?
- Was ist für Sie eine interessante Herausforderung für die Zukunft?
- Für was können Sie sich so richtig begeistern?
- Was weckt in Ihnen positive Gefühle, wie zum Beispiel Freude und Mut?

Eine tragende Lebensvision ist dadurch gekennzeichnet, dass sie Arbeit und Familie einschließt, aber auch darüber hinausweist – etwa zu den Bereichen »Sinn« oder »Kultur« oder »Spiritualität«.

Gerade *Spiritualität* halten wir in turbulenten Zeiten, die durch Unsicherheit, Krisen und Umbrüche im Großen sowie im Kleinen geprägt sind, für einen wichtigen Baustein *bei der Entwicklung von Resilienz*. Die eigene Spiritualität stellt oft einen sehr intimen und damit potenziell verletzlichen persönlichen Bereich dar. Im Folgenden einige einfache Praktiken, wie Sie Erfahrung damit machen können, was Spiritualität für Sie vielleicht sein könnte. Diese Ideen stammen aus dem Buch »Constructive Psychotherapy« (New York: Guilford) des amerikanischen Verhaltenstherapeuten und Systemwissenschaftlers Michael J. Mahoney und wurden von uns etwas modifiziert.

Die (heilige) Kunst des Pausierens: Nutzen Sie Alltäglichkeiten, die Sie daran erinnern, eine kleine Pause einzulegen. Nehmen Sie einen tiefen Atemzug, entspannen Sie sich, lassen Sie los. Versuchen Sie für nur einen Moment ganz im Hier und Jetzt zu sein. Nutzen Sie alltägliches Warten (im Autostau, an der Kasse …) als Möglichkeiten für bewusstes Innehalten.

»Zeuge« der eigenen Empfindungen sein: Erlauben Sie sich, all die unterschiedlichen, vielfältigen Empfindungen und Sensationen *in Ihrem Körper wahrzunehmen und wertzuschätzen.* Nutzen Sie diese, um »Freundschaft mit dem eigenen Körper (zu) schließen« – so der Titel eines Buches der Heidelberger Medizinpsychologin Hanne Seemann.

Mitgefühl und Dankbarkeit praktizieren: Mitgefühl und Dankbarkeit stehen in unserer postkapitalistischen Leistungsgesellschaft nicht hoch im Kurs. Dennoch: Praktizieren Sie *in Anwesenheit von Schmerz und Frustration Mitgefühl.* Seien Sie *aufmerksam für das Leid*, das eigene und das der anderen.

Wenn Sie feststellen, dass Sie gerade einmal wieder andere beurteilen, zum Beispiel abwerten, *ergänzen Sie jedes Mal innerlich den Zusatz:* »Genau wie ich« – das hilft Bescheidenheit zu entwickeln. Wie auch immer die aktuelle Situation in Ihrem Alltag oder in Ihrem Leben insgesamt ausschaut, versuchen Sie, *diese wertzuschätzen und dankbar für sie zu sein.*

Vertrauen Sie Prozessen höherer Ordnung: Entspannen Sie sich mit Ihren Bedürfnissen, alles zu verstehen, zu erklären und zu kontrollieren, was in Ihrem und dem Leben anderer Menschen passiert. Akzeptieren Sie die grundlegenden Dynamiken des Lebens. *Achten Sie, was immer für Sie als heilig gilt* (Liebe, Leben, Licht etc.). Erlauben Sie sich, *der Resonanz zu vertrauen, die zwischen ihren persönlichen Ordnungsprozessen und Ordnungsprozessen höherer Ordnung besteht.*

Praktizieren Sie bewusstes Handeln: aus Ihrem Herzen (als Ihrem »Mobile Home«) heraus. Handeln Sie aus Ihren besten Absichten heraus und entsprechend diesen. *Walk the Talk!* Lebensvisionen sind innere Leitbilder, die unser Handeln bestimmen. Der Heidelberger Life-Leadership-Experte Lothar Seiwert spricht von »Mission-Statements«. Sie haben *ganzheitliche Qualitäten*, verfügen also etwa über *gedankliche* und *emotionale* Anteile und sind auch *körperlich verankert*. Es ist wichtig, sich eigene innere Leitbilder bewusst zu machen und zu überprüfen. Ansonsten wirken diese sich unbewusst auf unser Verhalten aus. Wenn Sie etwa mit dem unbewussten Leitbild durch die Welt gehen, dass Sie letztlich ohnehin nicht das erreichen können, was Sie wollen, dann sind die besten gut formulierten Ziele zum Scheitern verurteilt.

Beste Grundlage für Ihre Lebensvisionen sind Ihre individuellen Bedürfnisse und Sehnsüchte. Ein guter Indikator für die Stimmigkeit von Lebensvisionen ist, *ob sie in Ihnen Gefühle von Mut, Zuversicht und Freude hervorrufen*. Die Bedürfnisse und Sehnsüchte erwachsen jedoch nicht im luftleeren Raum. Sie fußen auf Ihren vergangenen und gegenwärtigen Erfahrungen. Für eine stimmige visionäre Zukunftsorientierung ist ein sinnhaftes, ordnendes Verstehen Ihrer erlebten Vergangenheit deshalb sehr hilfreich. Sie wissen ja: Nur Bäume mit tiefen Wurzeln können auch eine breite Krone tragen. Eine Lebensvision, ein Leitbild *eint im optimalen Fall unterschiedliche Wünsche und Bedürfnisse*.

Die Funktion von Visionen ist es, unserem Leben eine Grundorientierung zu geben. Denken Sie hierbei an Ziele, die Sie bereits verwirklicht haben. Diese Grundorientierung gibt Ihnen die Kraft, um die Realisierungsphasen Ihrer Ziele durchhalten zu können

Mit Hilfe der folgenden Übungen können Sie Ihren Visionen, Lebenszielen und Wünschen näherkommen:

Tipp 46: Wo soll die Reise hingehen? Wo wollen Sie hinsegeln?
Hier finden Sie Fragen (manche davon formuliert in Anlehnung an Ideen aus dem Buch von Fritz B. Simon und seiner Frau Christel Rech-Simon »Zirkuläres Fragen« [Heidelberg: Carl Auer]), die Sie dabei unterstützen, sich *Ihrer Lebensvisionen, -träume und -ziele* bewusst zu werden.

- Welche (männlichen) *Sehnsüchte* tragen Sie in sich?
- Was steckt in Ihnen, was sich (an Männlichkeit) *entfalten* will?
- Was ist für Sie der *Sinn des Lebens*? Was für *Werte leiten Ihr Handeln*? Was möchten Sie *erreichen*? Warum?

- *Wofür* leben Sie (als Mann)? Welchen *Lebenstraum* haben Sie? Wie sieht dieser *konkret* aus?
- Was haben Sie *bislang* probiert, um Ihren Lebenszielen und -träumen näherzukommen? Was hat sich bisher *am meisten/am wenigsten* hierbei bewährt?
- Sind Sie dem, was Ihnen im Leben wichtig ist, schon einmal *früher nähergekommen?* Wenn ja, was waren die äußeren und *inneren Bedingungen und die Umstände* – speziell: Was haben Sie, was haben andere konkret dazu geleistet?
- Wie könnten Sie dazu beitragen, Veränderungen in die gewünschte Richtung Ihrer Lebensvisionen und -ziele *zu verhindern?* (Sogenannte »Verschlimmerungsfragen« funktionieren sozusagen wie »von hinten durch die Brust«: Sie helfen uns manchmal eher, unsere Wege ins Glück zu erkennen, als Verbesserungsfragen …)
- Was haben Sie von *Ihrer Mutter, Ihrem Vater* mitbekommen, das Sie dabei unterstützt, Ihren Lebenstraum (als Mann) zu verwirklichen? Was möchten Sie *genauso* machen wie Ihre Eltern und was *anders?* Was haben Sie von *Ihrem Vater darüber gelernt/nicht gelernt*, wie Männer Ihre Lebensträume verwirklichen?
- Was glauben Sie, ist der Sinn des Lebens für *Ihre Partnerin?* Was denken Sie, dass Ihre Partnerin denkt, was Ihr Lebenstraum ist?
- Was möchten Sie *Ihren Kindern* vermitteln: Ist es das »Survival of the Fittest« im real existierenden postsozialistischen Kapitalismus? Wenn dieses nicht: Was dann? Oder: Was auch noch?
- Welche Vorstellungen haben Sie *vom Leben vor und nach dem Tod?*

Tipp 47: Übungen »Rede zum 75. Geburtstag« und »der allwissende Engel«

Eine schöne Übung, um dem näherzukommen, was für Sie persönlich ein erfülltes Leben bedeutet, stammt von dem in diesem Buch schon mehrmals erwähnten Zeit- und Selbstmanagement-Experten Lothar Seiwert. Stellen Sie sich vor, *es wird zu Ihrem 75. Geburtstag eine Geburtstagsrede gehalten*:
- Was wird dort *wahrscheinlich* über Sie erzählt?
- Was wäre Ihnen *wichtig*, dass dort über Sie gesagt wird?
- Über welche Ihrer *Lebensleistungen und Persönlichkeitseigenschaften* würden Sie sich freuen, wenn diese gewürdigt würden?
- Wenn in dieser Rede ein *Leitmotto für Ihr Leben* formuliert werden würde, wie sollte dies heißen?

Eine Variante der Übung könnte so aussehen: Stellen Sie sich vor, ein *allwissender Engel* sagt Ihnen, was *Ihr Job auf Erden* ist:
- Was sagt dieser?
- Über was, von dem, was der Engel/der Sufi sagt, würden Sie sich freuen, worüber vielleicht auch nicht?

Sich selbst auf die Schliche kommen: Die Methode der progressiven Abstraktion

Der Medienwissenschaftler Nils Borstnar und und die Theologin Gesa Köhrmann empfehlen in ihrem Buch »Selbstmanagement mit System – Das Leben proaktiv gestalten« (Kiel: Ludwig) zum Entdecken von Leitvisionen die Methode der progressiven Abstraktion. Damit kann Leitbildern, Wünschen und Zielen auf den Grund gegangen werden: Es kann vom Wunsch und Bedürfnis zum zugrunde liegenden Leitbild, zur Lebensvision vorgedrungen werden – und umgekehrt. Er folgt nun ein Beispiel für diese Methode:

Anliegen: Ich möchte mit weniger Arbeit mehr Geld verdienen.
Erster Abstraktionsschritt: Warum möchte ich mit weniger Arbeit mehr Geld verdienen? – Damit ich mich endlich gut bezahlt fühle und zudem Zeit gewinne, um Dinge zu tun, die ich schon lange tun wollte.
Zweiter Abstraktionsschritt: Warum möchte ich mich endlich gut bezahlt fühlen und zudem Zeit gewinnen, um Dinge zu tun, die ich schon lange tun wollte? – Weil ich davon überzeugt bin, dass ich dann viel zufriedener bin als bisher, auch, weil ich gerne mehr Zeit haben möchte zu schreiben.
Dritter Abstraktionsschritt: Warum bin ich davon überzeugt, dass ich dann viel zufriedener bin als bisher und ich dann mehr Zeit habe, zu schreiben? – Weil ich denke, dass ich dadurch mehr von den Dingen tun kann, die mir wirklich gut gelingen, und ich dadurch beruflich noch erfolgreicher werde als bisher.
Vierter Abstraktionsschritt: Warum möchte ich mehr von den Dingen tun, die mir wirklich gut gelingen, und dadurch beruflich noch erfolgreicher werden als bisher? – Weil ich gerne arbeite und ich gleichzeitig auch mehr angemessene Entlohnung für meine Tätigkeit sehen möchte.

Wichtig ist es, Leitbilder, Ziele immer wieder neu zu formulieren, weil neue Aspekte hinzukommen können und weil sich »Potenziale durch ihre Realisationen verändern können«, wie das der Systemwissenschaftler und Psychologe Günter Schiepek formulierte.

Schiepek meint damit ungefähr, dass durch die Verwirklichung von Zielen sich diese selbst wieder verwandeln können. Die mehrmalige Wiederholung der schriftlichen Formulierung festigt den Blick auf die Vision. Überhaupt: Schriftliches Fixieren der Ziele und Visionen ist enorm wichtig! Es macht einen qualitativen Unterschied, es stellt einen Quantensprung dar, ob man sich seine Visionen »nur« in Gedanken ausmalt (was natürlich auch nicht schlecht ist) oder diese schriftlich formuliert! Und sodann in Teilschritte aufteilt, was wir im Folgenden darstellen möchten!

Vom Leitbild zu den Zielen: Konkretisieren und Formulieren

Lebensvisionen verwirklichen sich nicht von selbst. Sie müssen – mal wieder, da kommen Sie nicht raus! – *proaktiv* auf diese hinarbeiten. Es hat sich bewährt, Lebensvisionen und Lebensziele in kleinere Teilschritte, in über- und untergeordnete Ziele aufzuteilen. Hierfür bietet sich die Systematik von Borstnar und Köhrmann (Ludwig, Kiel 2004, S. 48) an:

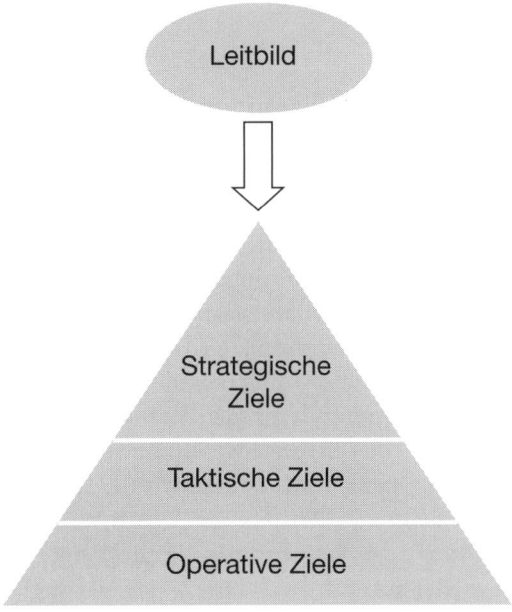

Strategische Ziele sind eher langfristige Ziele, die im Hauptbild bereits angelegt sind. Es handelt sich um übergeordnete Hauptziele, die aufgrund ihrer langfristigen Terminierung besonders richtungsweisend sind. Die Leitfrage für die Ermittlung Ihrer strategischen Ziele lautet: Wo wollen Sie langfristig hin? – *Taktische Ziele* sind mittelfristige Ziele, die den strategischen Zielen untergeordnet sind. Es handelt sich um Zwischenziele, die erforderlich sind, um die strategischen Ziele zu erreichen. Sie sind also zweckdienlich und stecken einen mittelfristigen Planungshorizont ab. Die Leitfrage für die Ermittlung Ihrer taktischen Ziele lautet: Welche größeren Schritte sind erforderlich, um das strategische Ziel zu erreichen? *Operative Ziele* sind kurzfristige Ziele, untergeordnete Teilziele, die für das Erreichen der übergeordneten taktischen und strategischen Ziele benötigt werden. Ein großes Ziel lässt sich nur durch viele kleine Handlungen in mehreren Etappen erreichen. Operative Ziele sind die nächstliegenden Orientierungspunkte und somit besonders handlungsweisend. Die Leitfrage für die Ermittlung der operativen Ziele lautet: Was muss für das Erreichen der taktischen Ziele getan werden?

Sonic Youth oder die Power jugendlicher Visionen

Dietmar Hansch, Facharzt für psychosomatische Medizin am Universitätsklinikum Aachen, empfiehlt Männern in seinem klugen Selbstmanagement-Buch »Evolution und Lebenskunst – Grundlagen der Psychosynergetik« (Göttingen: Vandenhoeck & Ruprecht), bei der Entwicklung von handlungsleitenden Lebensvisionen *sich von den Träumen und Ideen, die Sie als Jugendliche hatten, inspirieren zu lassen*: »Lassen Sie also ruhig einmal Ihre Jugendträume aufleben, und heben Sie Ihren Blick in den Sternenhimmel«, empfiehlt Hansch. Er gesteht, einer seiner Jugendträume habe aus Science-Fiction-Fantasien bestanden. Als er kurz vor der Jahrtausendwende einen Artikel des deutschen Astronauten Ulrich Walter über die Besiedelung der Milchstraße las, flammte die alte, vergessen geglaubte Begeisterung wieder auf:

»Auch dreißig Jahre nach der ersten und letzten Landung auf einem fremden Gestirn gibt es sie also noch – ernsthafte Menschen, die konkrete Szenarien nicht etwa für einen bescheidenen Flug zum Mars, sondern für die Kolonisierung unserer ganzen Galaxis entwickeln: von der internationalen Raumstation über so genannte Insel-Habitate bis zu riesigen Raum-Archen, auf denen es sich lebt wie auf einen Planeten. Das Ganze soll übrigens in nur zehnlionen Jahren zu schaffen sein. Vielleicht muss man den blauen Planeten wirklich einmal aus der Ferne mit einem Blick umfasst haben, um noch so denken zu können.«

Hansch baut die Idee der Galaxiebesiedelung weiter aus und macht an diesem Beispiel deutlich, wie aus strategischen Zielen sich operative Ziele ergeben und aus operativen Zielen wiederum taktische Ziele.

»Aus diesem Oberziel *(Galaxiebesiedelung, Anm. der Autoren)* ergibt sich dann jede Menge von Unterzielen wie von allein. Wir müssen es lernen, die Biosphäre zu stabilisieren und den Artenreichtum zu erhalten, weil wir die Natur zum Leben brauchen, weil sie wunderschön ist und weil wir unsere Raum-Archen ja irgendwie vollbekommen müssen. Um diese Ziele zu erreichen, braucht es Frieden und globale Kooperation. Dies wieder erfordert globale Gerechtigkeit, einen Mindestwohlstand für alle, und vor allem: Bildung ... Daran ist nun eine Vielzahl weiterer politischer, wirtschaftlicher und wissenschaftlich-technischer Probleme geknüpft. Und es lässt sich diese Folge fortsetzen bis in ganz konkrete Alltagsentscheidungen hinein.«

Auch wenn für Sie die Besiedelung der Milchstraße nicht unbedingt eine Mission darstellen mag – so möchten wir Sie dennoch dazu ermutigen, nochmals Ihre Jugendträume aus der Klamottenkiste zu packen.

Mit der vorgestellten Methode der progressiven Abstraktion kommen Sie den in Ihren Jugendträumen liegenden Bedürfnissen und Wünschen leicht auf die Spur. Hinter den Traum, Rockstar zu werden, steht vielleicht das Bedürfnis nach einem Leben mit Leidenschaft und Selbstausdruck. Die juvenile Vision, nach Stockholm zu fahren, um dort den Nobelpreis entgegenzunehmen, ist möglicherweise mit dem Wunsch verbunden, etwas Wesentliches zum Erhalt unserer Umwelt beizutragen. Die Idee aus dem Jugendalter, eine eigene Autowerkstatt zu haben, ist womöglich mit dem Verlangen nach Freiheit und Unabhängigkeit verbunden.

Im nächsten Schritt würde es darum gehen, Möglichkeiten zu entwickeln, wie Sie diese Ihre Grundbedürfnisse und -wünsche auch leben können, ohne Rockstar, Nobelpreisträger, Besitzer und Meister einer Kfz-Werkstatt zu sein.

Unsere Erfahrung in der Arbeit mit Männern ist, *je bewusster diese sich ihrer Jugendträume sind, umso weniger müssen diese über Berufsjugendlichkeit halbgar ausagiert werden.*

Wir empfehlen Ihnen also, Ihre jugendliche Begeisterungsfähigkeit und Innovationskraft als Ressource zu nutzen, die es wiederzuentdecken gilt.

Tipp 45: Nutzen Sie Ihre Jugendträume und -sehnsüchte als eine mögliche innere Tankstelle für Ihr Mannsein
- Welche *Sehnsüchte* und *Träume* hatten Sie als *Jugendlicher*? Schreiben Sie Ihre Jugendträume auf – Stichworte genügen!
- Welche *Lieder, Platten, Bücher und Kinofilme* haben Sie als Jugendlicher angesprochen? Welche Sehnsüchte, welche Visionen von einem guten Leben waren damit verbunden? (Nennen Sie mindestens je einen Lieblingssong, ein Lieblingsbuch, einen Lieblingsfilm.)
- Was waren Ihre Sehnsüchte bezüglich Beruf, Familie und Beziehung als Jugendlicher?
- Wie können Sie davon etwas in Ihrem heutigen Leben konkretisieren und leben?

Bearbeiten Sie Ihre Jugendträume beispielsweise mit der oben vorgestellten Methode der progressiven Abstraktion und finden Sie somit heraus, welche grundlegenden Sehnsüchte und Bedürfnisse deren Grundlage waren/sind!

Zusammenfassung und abschließende Anmerkungen: In diesem Kapitel war uns wichtig, Sie dafür zu begeistern, eigene Visionen für Ihr Leben zu entwickeln, die zwar Familie und Beruf integrieren können, aber nicht komplett in diesen beiden Lebensbereichen aufgehen. Wir stellten Ihnen Techniken vor, die dabei helfen können, den eigenen Lebensvisionen und -missionen auf die Schliche zu kommen. Doch, denken Sie daran, dass es, wie der amerikanische Regisseur Spike Lee einmal formulierte, nicht reicht, eine Vision zu finden und zu haben. *Man braucht auch die Kraft, sie zu verteidigen.* Einen Schwerpunkt haben wir hierbei auf das Thema »Spiritualität« gesetzt. Denn, wie der Sozialwissenschaftler und Leiter des Männer-Ausbildungsinstituts »for! (ju:)« Götz Haindorff richtig sagt:»Der reale Vater ist symbolisch und konkret immer das, was wir in uns entdecken müssen – es ist immer und ultimativ die Suche nach dem höheren Selbst.«

Epilog

Lebenskunst für Männer. Das war unsere Einladung an Sie, wie Sie Job und Familie erfolgreich verbinden.

Wir sind nun am Ende unserer Rundreise angelangt. Wir hatten Sie eingeladen, sich auf eine bunte Farbpalette, auf einen vielfältig bestückten Bauchladen an Gedanken und Vorschlägen einzulassen. Hier und da haben wir einen Zwischenstopp gemacht, uns intensiver mit einzelnen Aspekten beschäftigt und versucht, Ihnen tiefere Einblicke und viele, viele Handlungsmöglichkeiten zu geben.

Weniger ist mehr. Dieser Grundsatz zieht sich durch viele unserer Anregungen und Gedanken.

Sich zu reduzieren, die wesentlichen Dinge zu erfassen, die wesentlichen Beziehungen in den Fokus des eigenen Lebens zu nehmen, *dies ist die Quintessenz aus unserem Rundflug.* Wo immer Sie zwischenlanden und sich haben von uns einladen lassen zu Zwischenlandungen – diesen Geist werden Sie finden.

Dem scheint auf den ersten Blick zu widersprechen, dass wir Ihnen eine Fülle von Anregungen und Tipps in diesem Ratgeber gegeben haben. Wir haben dies ganz bewusst getan, *um es Ihnen möglich zu machen, aus dieser Vielfalt heraus einen eigenen Weg zu finden.*

Wir möchten noch einmal an Sie appellieren: *Haben Sie den Mut, Ihren eigenen Weg zu gehen!* Folgen Sie Ihren Wünschen, Ihren Bedürfnissen und Ihren Notwendigkeiten bei der Auswahl der Anregungen und Tipps.

Es gibt eine unendliche Zahl von Möglichkeiten, den eigenen Weg zu gehen, es gibt aus unserer Sicht allerdings nur einen Weg, dies zu tun: Nämlich, indem Sie den Mut aufbringen, aus sich heraus loszugehen.

Wir haben bei der Erstellung dieses Ratgebers selbst viel lernen müssen darüber, uns zu organisieren (sozusagen effektives Zeit-, Arbeits- und Selbstmanagement zu betreiben), Privates und das Schreiben eines solchen Buches miteinander in Einklang zu bringen, dabei selbst nicht auszubrennen und zugleich eine Arbeit abzuliefern, mit der wir inhaltlich und qualitativ zufrieden sind. Dies ist nicht immer einfach gewesen, auch mit dem Abgabetermin gibt es immer noch Dinge, die wir gerne anders machen würden, aber auch hier gilt: Weniger ist mehr. Auch wir mussten lernen, nicht perfekt sein zu wollen.

Insofern bedanken wir uns bei Ihnen, dass Sie bis hierhin unserer Einladung gefolgt sind und diese Rundreise mit uns unternommen haben.

Ihnen und uns wünschen wir, dass wir aus der Beschäftigung mit diesem Thema Schlüsse ziehen, eine gelebte (Lebens-)Kunst daraus machen, die es uns und unseren Lieben ermöglicht, das Leben entspannter, sinnerfüllter und freudvoller anzugehen. Denn, um den Kreis zu schließen, sei an das von uns gewählte Eingangszitat von dem großen jüdischen Arzt Sigmund Freud erinnert: Der Mensch (und also auch der Mann ...) braucht eben beides, um glücklich zu sein: sowohl Arbeit als auch Familie!

Literaturverzeichnis

Allgemeine Empfehlungen zum Thema »Vereinbarkeit von Beruf und Familie für Männer«

Asgodom, Sabine: Balancing. Das ideale Gleichgewicht zwischen Beruf und Privatleben. Econ, München ³2002. Ein schönes Büchlein zum Work-Life-Balancing – nicht nur für Frauen!
Biddulph, Steve: Männer auf der Suche. Beust, München 2003. Der australische Familientherapeut und Männerforscher Steve Biddulph hat sich des Männerthemas angenommen und ein praktisches, populärwissenschaftliches Buch für Männer geschrieben, das einen ersten Zugang zur Männerthematik ermöglicht, ohne viel Vorwissen vorauszusetzen.
Fraenkel, Peter: Contemporary Two-Parent Families: Navigating Work and Family Challanges. In: Walsh, F. (Ed.): Normal Family Processes, Guilford, New York ³2003. Der akademische Sammelbandbeitrag fasst den »State of the Art« zum Thema profund zusammen.
Galinsky, Ellen: Ask the Children: The Breakthrough Study that Reveals how to Succeed at Work and Parenting. Quill/HarperCollins, New York 1999. So genannte »Ground Braking Study« zum Einfluss der elterlichen Berufstätigkeit auf die seelische Gesundheit von Kindern. Außerdem viele schöne Ideen zum Verbessern der elterlichen Arbeitszufriedenheit. Zu dem Buch haben wir schon in der Einleitung ein bisschen was geschrieben ...
Kerber, Bärbel: Die Arbeitsfalle – und wie man sein Leben zurückgewinnt. Strategien gegen die Selbstausbeutung und für ein wertvolles Leben. Metropolitan, Düsseldorf 2002. Die Autorin nennt Wege, wie man der »Erschöpfungsfalle« entkommen kann ...
Levine, James A./Pittinsky, Todd L.: Working Fathers – New Strategies for Balancing Work and Family, Addison-Wesley, Reading, Massachusetts 1997. Grundlegendes, sehr gutes Buch zum Thema aus den USA sowohl mit wichtigen theoretischen Überlegungen als auch mit nützlichen praktischen Tipps – allerdings schon ein klein bisschen »out of date« (1997 erschienen ...) und sicherlich nicht zu 100 Prozent auf deutsche Verhältnisse übertragbar.
Schnack, Dieter/Gesterkamp, Thomas: Hauptsache Arbeit? – Männer zwischen Beruf und Familie. Rowohlt, Reinbek bei Hamburg 1998. Mit seinem wunderbaren Buchklassiker »Kleine Helden in Not« war Dieter Schnack einer der klugen »männerbewegten« Kämpfer der ersten Stunde.

Hier sein lesenswertes Statement zum Thema »Männer zwischen Beruf und Familie«.
Seiwert, Lothar J.: 30 Minuten für deine Work-Life-Balance. Gabal, Offenbach ³2002. Kleines, preiswertes Taschenbuch mit wichtigen Basics zum Thema.
Seiwert, Lothar J.: Die Bären Strategie. In der Ruhe liegt die Kraft. Ariston/ Hugendubel, Kreuzlingen/München 2005
Seiwert, Lothar J.: Mehr Zeit für das Wesentliche. Besseres Zeitmanagement mit der SEIWERT-Methode. MVG, Landsberg ⁴2001. Siehe Interview mit Professor Seiwert in diesem Buch auf Seite 70ff.
Wahlgren, Anna: Das KinderBuch. Wie kleine Menschen groß werden. Beltz, Weinheim 2004. Das Buch von Anna Wahlgren beruht auf dem Erfahrungsschatz einer Mutter, die neun Kinder ins Leben begleitet hat. Ihr Durchblick, ihre Einsicht und tief empfundene Liebe den Kindern gegenüber macht aus dem »KinderBuch« ein Buch, das seine Leser über Jahre hinweg begleiten wird, das sie persönlich anspricht und ihnen Mut macht.

Kapitelspezifische Buchempfehlungen

Kapitel 1: Flexibilität und Ökonomie sind Trumpf?!

Ahrendt, Hannah: Vita activa oder Vom tätigen Leben. Piper, München ⁴2002. Hannah Arendts politische Theorie kritisiert die Reduktion tätigen Lebens auf Arbeit und Konsum und insistiert auf dem Freihalten und der Erweiterung der Öffentlichkeit – soziologisches Standardwerk.

Kapitel 2: Living simply: Entkomplizieren Sie Ihr Leben!

Braig, Axel/Ulrich Renz: Die Kunst, weniger zu arbeiten. Argon, Berlin 2001. Ein klasse Plädoyer für den Müßiggang, die Kunst des Privatier-Daseins und die Lust am Leben – anstatt sich krank- und totzuarbeiten. Von zwei Männern geschrieben, die »ausgestiegen« sind (und – muss man zum besseren Verständnis betonen – genug Schotter hatten, um sich dies leisten zu können …).
Küstenmacher, Werner/Seiwert, Lothar J.: Simplify your life. Einfacher und glücklicher Leben. Campus (Frankfurt/New York ¹⁴2005. Inzwischen hyperbekannter Klassiker zum Thema – mit hübschen Bildchen und Tausenden schön systematisierten Tipps.
Schmid, Wilhelm: Philosophie der Lebenskunst. Eine Grundlegung. Suhrkamp, Frankfurt am Main 1998. Wilhelm Schmid rehabilitiert das Anliegen des großen französischen Philosophen und Psychologen Michel Foucault: Die Sorge um sich selbst!

Schmid, Wilhelm: Schönes Leben? Einführung in die Lebenskunst. Suhrkamp, Frankfurt am Main 2000. Die Lightversion seines Opus magnum »Philosophie der Lebenskunst«.

Wikström, Owe: Vom Unsinn, mit der Harley durch den Louvre zu rasen. Lob der Langsamkeit. Oesch, Zürich 2003. Weises Essay über Entschleunigung, Einfachheit und Spiritualität – und den wunderbaren russischen Autor Fjodor M. Dostojewski.

Kapitel 3: Wertschätzen Sie (Familien-)Zeit!

Doherty, William J./Carlson, Barbara Z.: **Putting Family First – Successful Strategies for Reclaiming Family Life in a Hurry-up World. Owl/Henry Holt, New York 2002.** Wunderbar, ganz wunderbar. Haben wir manches draus übernommen. Gibt es leider nur in Englisch.

Hatzelmann, Elmar/Held, Martin: **Zeitkompetenz. Die Zeit für sich gewinnen. Übungen und Anregungen für den Weg zum Zeitwohlstand. Beltz, Weinheim und Basel 2005.** Alternativtitel zu den klassischen Zeitmanagement-Ratgebern mit dem Ansatz, die eigene Lebenszeit souverän gestalten zu können. Flüssig geschrieben, klar gegliedert, mit zahlreichen Zusammenfassungen und illustriert mit Karikaturen.

Hochschild, Arlie R.: **Keine Zeit: Wenn die Firma zum Zuhause wird und zu Hause nur Arbeit wartet. Leske & Budrich, Opladen 2002.** Tolle, aufrüttelnde amerikanische Studie zur Angst von Männern (und Frauen) vor dem häuslich-familiären Chaos und Stress, die nach Dienstschluss auf einen warten …

Juul, Jesper: **Was gibt's heute? Gemeinsam essen macht Familien stark. Beltz, Weinheim und Basel 2005.** Jesper Juul ist ein sehr erfahrener dänischer Familientherapeut. In diesem schön geschriebenen Buch wendet er sein enormes Erfahrungswissen auf das Thema »Familienmahlzeiten« an.

Ochs, Matthias/Schweitzer, J. (2005): **Systemische Familientherapie bei kindlichen Kopfschmerzen.** *Psychotherapie im Dialog*, 6 (1), 19–26. … mit Ideen für die familiäre Entspannungskultur (z.B. Familien-Hängemattentage) – nicht nur für Kopfschmerzkinder …

Schlote, Axel: **Du liebe Zeit! Erfolgreich mit Zeit umgehen. Beltz, Weinheim und Basel 2002.** Axel Schlote ist ein Kommilitone von uns aus Osnabrücker Studienzeiten. Er plädiert dafür, jeder Mann solle sein Zeitmanagement selbst in die Hand nehmen und sich auch mal diesbezüglich auf noch nicht ausgetretene Pfade begeben – und »Zeitpionier« werden, wie er Menschen nennt, die sich dies trauen …

Kapitel 4: Get organized: Organisieren Sie sich zu Hause!

Browning, Nigel/Moseley, Jane: Haushaltsmanagement: So spart Mann Zeit und Energie. Sanssouci/Hanser, München 2003. Ein ganzer Container voll mit Abbildungen, Tabellen und Tipps zum Haushaltsmanagement! Der Clou an dem Werk: for men only – EXTRA FÜR MÄNNER!

Hilsberg, Regina: Mehr Zeit für die Familie: Wie Sie den Alltag richtig organisieren. Rowohlt, Reinbek bei Hamburg 1999. Feine Ideen zum Haushaltsmanagement …

Reinhardt, Susanne/Voss Dieter: Der Familien-Manager: Den Haushalt effektiv planen und organisieren. Eichborn, Frankfurt am Main 2003. Tabellen, Kalender, Listen und Pläne rund ums Haushaltsmanagement – zum Kopieren und Raustrennen.

Kapitel 5: Work at Work: Nutzen Sie die Arbeitszeit zum Arbeiten!

Forsyth, Patrick: Erfolgreiches Zeitmanagement. Effektiver arbeiten, mehr erreichen. Falken, Niedernhausen/Ts. 1997. Sehr gute Einführung …

Guderian, Claudia: Arbeitsblockaden erfolgreich überwinden. Schluss mit Aufschieben, Verzetteln, Verplanen! Kösel, München 2003. Schönes Buch mit vielen Tipps zum Thema – anstatt sich selbst zu kasteien, weil man mal wieder unter Aufschieberitis, Burn-out oder Ähnlichem leidet, sollte man lieber einen Blick in dieses Buch werfen…

Tulku, Thartang: Geschicktes Wirken – Arbeit erfolgreich meistern. Dharma Publishing, Münster 1994. Ein buddhistischer Ansatz zur Überwindung von Arbeitsstörungen …

Kapitel 6: You can get Satisfaction: Steigern Sie Ihre Arbeitszufriedenheit!

Bassett, Lucinda: Angstfrei leben: Das erfolgreiche Selbsthilfeprogramm gegen Stress und Panik. Beltz, Weinheim und Basel 2000. »Best Book« zum Umgang mit Stress und zur Bewältigung von Stresserkrankungen wie Panik, Angst und Depression.

Kolitzius, Helmut: Das Anti-Burnout Erfolgsprogramm. dtv, München ³2004. Helmut Kolitzius ist Facharzt für Psychiatrie und Psychotherapie. Er bietet hier konkrete Übungen und kreative Anregungen zur Befreiung aus der Sackgasse des stressigen Alltags.

Stollreiter, Marc: Aufschieberitis dauerhaft kurieren: Wie Sie sich selbst führen und Zeit gewinnen. MVG, Landsberg 2003. Sehr schön! Besteht aus einer Unmenge an Tipps, wie man Aufschieberitis bekämpfen kann.

Kapitel 7: Entwickeln Sie Übergangsrituale!

Imber-Black, Evan, u.a.: Rituale. Rituale in Familien und Familientherapie. Carl-Auer, Heidelberg ³2006. Das Buch ist gespickt mit Ideen und vielfältig gestaltet. Durch die vielen vollkommen unterschiedlichen behandelten Kontexte und Traditionen fällt es beim Lesen immer leichter, das Eigentliche eines Rituals zu verstehen.

Diekemper, Elisa/Reimann-Höhn, Uta: Rituale geben Sicherheit. Wie Kinder Vertrauen entwickeln. Herder, Freiburg 2001. Anhand von über 100 Beispielen zeigen die Autorinnen, dass Rituale unabdingbar zum Alltag gehören. Ihre Kraft und Stärke können genutzt werden, um schwierige und komplexe Situationen zu meistern.

Kapitel 8: Optimieren und genießen Sie gute Zeiten zu Hause!

Banks, Ian: Alles, was Männer über ihre Gesundheit wissen sollten. Oesch, Zürich ²2006. Der umfassende medizinische Ratgeber für Männer.

Eichhorn, Christoph: Gut erholen – besser leben. Klett-Cotta, Stuttgart 2006. Einen guten Einblick in die Entspannungs- und Erholungskonzepte dieses Buches bekommen Sie im Interview mit ihm in diesem Buch...

Tulku, Thartang: Selbstheilung durch Entspannung. Körper- und Atemübungen, Selbstmassage und Meditationstechniken. Scherz, Bern 1992. Der buddhistische Rinpoche Thartang Tulku hat eine Art sehr effektives Entspannungsprogramm, eine Art tibetanisches Heilyoga, entwickelt, das aus vielen, vielen Einzelübungen besteht – die besten Übungen finden Sie in diesem Buch.

Kapitel 9: Genießen Sie Ihre Familie!

Giesecke, Mark Andreas: So werden Sie erfolgreich! Karriere machen, mehr Geld verdienen, mehr Zeit für sich und seine Familie haben, mehr Lebensqualität in Gesundheit genießen. BoD GmbH, Norderstedt 2001. Der Autor ist eine Art Tausendsassa (Jogger, Chorleiter, Programmierer, Vater, Jazzer, Lebenskünstler ...), der hier viele gute Ideen vorstellt ...

Ochs, Matthias/Orban, Rainer: Was heißt schon Idealfamilie?! Wie Alleinerziehende, Scheidungskinder und Patchworkfamilien glücklich werden. Eichborn. Frankfurt am Main 2002. Unser Erstlingswerk, leider schon vergriffen. In Internet-Antiquariaten und Second-Hand-Shops werden ab und an noch Restexemplare angeboten. Wir planen aber eine zweite, überarbeitete und erweiterte Auflage ...

Kapitel 10: Leben Sie Gleichberechtigung: Bleiben Sie im Dialog mit Ihrer Partnerin

Gottman, John: Die 7 Geheimnisse der glücklichen Ehe. Ullstein, Berlin 2002. John Gottman gilt zurzeit als weltweit renommiertester Paartherapieforscher. Das Buch hat einen etwas doofen Titel, enthält aber die wichtigsten praxisrelevanten Erkenntnisse aus seiner inzwischen Jahrzehnte umfassender Forschung, gegossen in Paarratgeberform. Absolut empfehlenswert!

Hantel-Quitmann, Wolfgang: Die Liebe, der Alltag und ich. Partnerschaft zwischen Wunsch und Wirklichkeit. Herder, Freiburg im Breisgau 2006. Sehr empfehlenswertes Buch von dem Professor für Familienpsychologie Wolfgang Hantel-Quitmann zum Thema »Männer zwischen Beruf und Familie« mit Schwerpunkt auf dem Aspekt der Paarbeziehung – keine akademische schwer zu verdauende Kost, sondern schmackhaft für »jedermann«.

Hollstein, Walter: Geschlechterdemokratie – Männer und Frauen: Besser miteinander leben. Verlag für Sozialwissenschaften, Wiesbaden 2004. Ein eher akademisches Werk zur Frage des Geschlechterverhältnisses: Wer sich drauf einlässt, aufs Akademische, wird jedenfalls belohnt …

Möller, Michael Lukas: Die Wahrheit beginnt zu zweit. Das Paar im Gespräch. Rowohlt, Reinbek bei Hamburg 2003. Ebenfalls ein Klassiker der Paarratgeber-Literatur. Es wird die Technik der Zwiegespräche vorgestellt, die nach unserer paartherapeutischen Erfahrung bedeutsam zur Verbesserung der Paarkommunikation beitragen kann. Ansonsten bietet das Buch ein bisschen 70er-Jahre Encounter-Bewegung-Flair – was angesichts des aktuellen Trends zur Technokratisierung, Ökonomisierung und Biologisierung des psychologischen und psychotherapeutischen Feldes als Kompliment für das Buch gemeint ist!

Willi, Jürg: Was hält Paare zusammen? Der Prozess des Zusammenlebens in psychoökologischer Sicht. Rowohlt, Reinbek bei Hamburg 1991. Klassiker der Paarratgeber-Literatur. Für jeden, der sich ernsthaft mit der Psychodynamik von Paarbeziehungen auseinandersetzen möchte, ein »Muss«!

Kapitel 11: Schaffen Sie soziale Netzwerke (für Ihre Familie und sich selbst)!

Granovetter, M.: The strength of weak ties. In: American Journal of Sociology, Vol. 78, 6, 1360–1380. 1973. Grundlagenartikel zum Thema …

Tsirigotis, Cornelia/Schweitzer-Rothers, Jochen/Schlippe, Arist von: Coaching für Eltern. Mütter und Väter und ihr ›Job‹. Carl Auer, Heidelberg 2006. Unter anderem zur Bedeutung sozialer Netzwerke bei der Erziehung Ihrer Sprösslinge …

Kapitel 12: Treffen Sie Entscheidungen (pro)aktiv

Doris, Märtin: Zögern Sie noch oder handeln Sie schon? Richtig gut entscheiden. Heyne, München 2005. Die Autorin stellt anschaulich und leicht zu lesen verschiedenen Entscheidungstheorien vor. Sie beleuchtet das Thema »Entscheidungen treffen« nachvollziehbar und praxisbezogen – und schafft es, der Komplexität des Gegenstandsbereichs dennoch gerecht zu werden ... Empfehlenswert!

Kirchler, Erich, u.a.: Liebe, Geld und Alltag. Entscheidungen in engen Beziehungen. Hogrefe, Göttingen 2000. Es werden Ergebnisse zahlreicher Studien über die Liebe und über enge Beziehungen, über ökonomische Entscheidungen und die Interaktion zwischen den Partnern berichtet. Ziel ist es, ein Gesamtbild der Entscheidungsdynamik zu Hause zu vermitteln.

Smith, Jane: 30 Minuten für die richtige Entscheidung. Gabal, Offenbach ²1999. Kleines, preiswertes Gabal-Taschenbuch mit wichtigen Basics zum Thema.

Kapitel 13: Do it your Way: Mut zur eigenen Vision (als Mann)!

Borstnar, Nils/Köhrmann, Gesa: Selbstmanagement mit System – Das Leben proaktiv gestalten. Ludwig, Kiel 2004. Klar strukturierte Anleitung, um eigene Ziele zu entwickeln, zu verfolgen und zu erreichen – außerdem immer auch mit Blick auf die Systeme, in denen man sich beim Zieleentwickeln, -verfolgen und -erreichen bewegt.

Hansch, Dietmar: Evolution und Lebenskunst: Grundlagen der Psychosynergetik. Vandenhoeck & Ruprecht, Göttingen 2002. Dietmar Hansch ist Arzt für Psychosomatik am Aachener Universitätsklinikum. Dieses Buch ist einem der klügsten und im positiven Sinne anspruchsvollsten Selbstmanagement-Ratgeber, den wir kennen. Klasse!

Fachwissenschaftliche Literatur

Bundesministerium für Familie, Senioren, Frauen und Jugend (1999). Männerforschung als Beitrag zur Geschlechterdemokratie: Ansätze kritischer Männerforschung im Überblick. (Zu beziehen über: www.bmfsfj.de)

Burke, R. J. (2004). Work and Personal Life Integration. International Journal of Stress Management, 11(4), 299–304.

Carr, D. (2002). The Psychological Consequences of Work-Family Tradeoffs for Three Cohorts of Men and Women. Social Psychology Quarterly, 65(2), 103–124.

Fraenkel, P. (1994). Time and Rhythm in Couples. Family Process, 33, 37–51.

Fraenkel, P. (1998). Times and Couples, Part I: The Decompression Champer. In T. S. Nelson & T. S Trepper (Eds.), 101 More Interventions in Family Therapy (pp. 140–144). New York: The Haworth Press.

Fraenkel, P. (1998). Times and Couples, Part I: The Sixty-Second Pleasure Point. In T. S. Nelson & T. S Trepper (Eds.), 101 More Interventions in Family Therapy (pp. 145–149). New York: The Haworth Press.

Fraenkel, P. (2001). Beeper in the Bedroom. Psychotherapy Networker, March/April 2001.

Haddock, S. A./Zimmermann, T. S./Ziemba, S. J./Current, L. R. (2001). Ten Adaptive Strategies for Family and Work Balance: Advice from Successful Families. Journal of Marital and Family Therapy, 27(4), 445–458.

Nordenmark, M. (2002). Multiple Social Roles – a Resource or a Burden: Is it Possible for Men and Women to Combine Paid Work with Family Life in a Satisfactory Way? Gender, Work and Organization, 9(2), 125–145.

Oberndorfer, R./Rost, H. (2002). Auf der Suche nach den neuen Vätern. Familien mit nichttraditioneller Verteilung von Erwerbs- und Familienarbeit. Forschungsbericht Nr. 5 des Staatsinstituts für Familienforschung an der Universität Bamberg. Bamberg: Staatsinstitut für Familienforschung an der Universität Bamberg.

Peeters, M. C. W./de Jonge, J./Janssen, Peter P. M./van der Linden, S. (2004). Work-Home Interference, Job Stressors, and Employee Health in a Longitudinal Perspective. International Journal of Stress Management, 11(4), 305–322.

Westman, M./Etzion, D./Gortler, E. (2004). The Work-Family Interface and Burnout. International Journal of Stress Management, 11(4), 413–428.

Schweitzer, J./Ochs, M. (2003). Das Auffinden bisher ungesehener Beziehungsmöglichkeiten – systemisch-konstruktivistische Diagnostik. In: M. Cierpka (Hg.), Handbuch der Familiendiagnostik (155–171), 2. überarbeitete u. ergänzte Auflage. Berlin (Springer).

Schweitzer, J. (2003). Der Rhythmus, wo ich immer mitmuss – Zeitverteilung als sozialer Sprengstoff. Vortragsmanuskript zur Jubiläumstagung »Systemische Mühlen klappern anders«. Wenger Mühle Centrum, 20.06. 2003.

Schweitzer, J./Schlippe, A./Ochs, M. (2006). Theorie und Praxis der systemischen Psychotherapie. In B. Strauß, F. Caspar, F. Hohagen (Hg.), Lehrbuch der Psychotherapie, Göttingen (Hogrefe).

Thompson, L. & Walker, A. J. (1989). Gender in Families: Women and Men in Marriage, Work, and Parenthood. Journal of Marriage and the Family, 51, 845–871.

Vasquez, K./Durik, A. M./Hyde, J. S. (2002). Family and Work: Implications of Adult Attachment Styles. Personality and Social Psychology Bulletin, 28(7), 874–886.

Bildnachweis

Logos:	Florian Mitgutsch, München
S. 28:	Oswald Huber/Baaske-Cartoons, Müllheim
S. 73, 102, 151:	Klaus Pitter, Wien
S. 99:	aus: Seiwert, Lothar: 30 Minuten für deine Work-Life-Balance. Gabal, Offenbach
S. 101:	Ulrike Rath, Aachen
S. 105:	Peter Thulke, Berlin

Kontakt

Wir bieten an: Beratung, Coaching, Supervision, Seminare, Fortbildung.

Wenn Sie uns kontaktieren möchten, dann sind wir unter folgenden Adressen für Sie zu erreichen:

Dr. sc. hum, Dipl.-Psych. Matthias Ochs
Psychologischer Psychotherapeut
Systemischer Familientherapeut HSI/SG
Staatl. gepr. Fachkraft für Qualitätsmanagement
Universitätsklinikum Heidelberg
Zentrum für Psychosoziale Medizin
Institut für Medizinische Psychologie
Bergheimer Str. 20
69115 Heidelberg
E-Mail: Matthias_Ochs@med.uni-heidelberg.de, oder
Matthias_Ochs@web.de

Dipl.-Psych. Rainer Orban
Systemischer Familientherapeut HSI/SG
KOMPASS gGmbH
Lindenstraße 1
27232 Sulingen
E-Mail: rainer.orban@web.de, oder
orban@kompass-sulingen.de

Außerdem können Sie uns unter unserer Institutsadresse erreichen:
ISAF - Institut für Systemisches Arbeiten und Forschen
www.isaf.info
E-Mail: info@isaf.info

Skandinaviens meistgelesenes Elternbuch

»**Das KinderBuch« unterscheidet sich von allen Ratgebern für Eltern, die es bisher gegeben hat. Hier wird nicht erzählt, welche Fehler Eltern machen.** Vielmehr geht es Anna Wahlgren darum, dass Eltern lernen, ihrer inneren Stimme, ihrer eigenen Vernunft zu vertrauen. Sie traut Eltern Fähigkeiten und Ressourcen zu, die von »professionell« Zuständigen oft unterschätzt werden. Dabei geht sie auf alles ein, was mit der Entstehung eines Kindes bis zu seinem Erwachsenwerden zu tun hat. Ein ausführliches Register macht das Buch darüber hinaus zu einem großartigen Nachschlagewerk.

»*Das wohl ungewöhnlichste Buch für Eltern, das es gibt – und das schönste. Denn die Autorin – neunfache Mutter, dabei alles andere als perfekt und außerdem politisch unkorrekt – gibt Eltern das Wichtigste überhaupt: Vertrauen und Mut. Ein großartiger Ratgeber – und ein ganz besonderes Geschenk für alle Eltern.*« Bremervörder Zeitung

»*Anna Wahlgrens Buch ist ein Glücksfall des Gesprächs über Familie und in seiner unbekümmerten Redeweise ein Solitär. Schon allein wegen dieser ansteckenden Freude am Leben mit Kindern lohnt sich seine Anschaffung. Man wird sich darauf gefasst machen müssen, dass es nicht beim Buch bleibt. Das KinderBuch macht Lust auf eine größere Familie.*« FAZ

Anna Wahlgren
Das KinderBuch
Wie kleine Menschen groß werden
Gebunden, 824 Seiten
ISBN 3 407 85787 X